ACCESO GRATIS ***a la Lectura en la Nube***

Para visualizar el libro electrónico en la nube de lectura envíe junto a su nombre y apellidos una fotografía del código de barras situado en la contraportada del libro y otra del ticket de compra a la dirección:

ebooktirant@tirant.com

En un máximo de 72 horas laborables le enviaremos el código de acceso con sus instrucciones.

Estereotipos y sesgos en las narrativas sobre migraciones.

Una mirada interdisciplinar sobre su función

Procedimiento de selección de originales, ver página web:

www.tirant.net/index.php/editorial/procedimiento-de-seleccion-de-originales

Dolores Morondo Taramundi
Elena Ghidoni
Coordinadoras

Estereotipos y sesgos en las narrativas sobre migraciones.

Una mirada interdisciplinar sobre su función

tirant humanidades
Valencia, 2025

En caso de erratas y actualizaciones, la Editorial Tirant Humanidades publicará la pertinente corrección en la página web www.tirant.com.

La presente obra ha sido sometida a la revisión de pares ciegos según el protocolo de publicación de la editorial a efectos de ofrecer el rigor y calidad correspondiente tanto en su contenido como en su forma, aplicándose los criterios específicos aprobados por la Comisión Nacional E 016 (BOE num. 286, de 26 de noviembre de 2016).

EDITA: TIRANT HUMANIDADES
C/ Artes Gráficas, 14 - 46010 - Valencia
TELFS.: 96/361 00 48 - 50
FAX: 96/369 41 51
Email:tlb@tirant.com
www.tirant.com
Librería virtual: www.tirant.es
DEPÓSITO LEGAL: V-3609-2025
ISBN: 978-84-1081-538-4
MAQUETA: Disset Ediciones

Si tiene alguna queja o sugerencia, envíenos un mail a: atencioncliente@tirant.com. En caso de no ser atendida su sugerencia, por favor, lea en *www.tirant.net/index.php/empresa/politicas-de-empresa* nuestro Procedimiento de quejas.

Responsabilidad Social Corporativa:
http://www.tirant.net/Docs/RSCTirant.pd.

Este libro se ha realizado en el marco del proyecto RESEST (Resiliencia del derecho antidiscriminatorio a los sesgos y estereotipos: desafíos y propuestas de intervención), ref. PID2021-123171OB-I00, financiado por el Ministerio de Ciencia e Innovación.

Los capítulos que lo componen son resultados de la discusión llevada a cabo durante el segundo taller del proyecto RESEST, celebrado en la Universidad Carlos III de Madrid en abril de 2024. En esta ocasión se han presentado y discutido los primeros borradores.

Índice

Los estereotipos en la vertebración de la desigualdad y en su justificación

Dolores Morondo Taramundi y Elena Ghidoni*

1. Introducción

Desde hace décadas, el fenómeno de la migración ha comenzado a ser representado y vinculado con marcos discursivos asociados a la crisis, la emergencia y la amenaza a la seguridad y el orden público. El enfoque securitario promovido por el discurso político y mediático, reflejado en las políticas migratorias, ha resultado en una reducción de los derechos de las personas migrantes, tanto en la gestión de las fronteras como en el acceso a derechos, bienes y servicios en la Unión Europea. La crisis sanitaria derivada de la pandemia y la actual crisis de vivienda han tenido un impacto desigual sobre los grupos más vulnerables, al punto de ser descritas como lupas de las desigualdades.

Estas tendencias se han visto acompañadas por un incremento de la intolerancia hacía las personas migrantes, particularmente las de origen africano, romaní, y de religión musulmana[1]. En su informe más reciente,

* Este trabajo se ha realizado en el marco del proyecto RESEST (Resiliencia del derecho antidiscriminatorio a los sesgos y estereotipos: desafíos y propuestas de intervención), ref. PID2021-123171OB-I00, financiado por el Ministerio de Ciencia e Innovación. El capítulo es el producto de una reflexión conjunta y un intercambio continuo entre las autoras, tanto en fase de diseño como de redacción. Ambas autoras han contribuido en igual medida a conceptualizar y redactar las siguientes secciones: Sección 1. Introducción, Sección 4. Los desafíos teóricos y prácticos de las narrativas sobre la migración, y Sección 5. Estructura del libro. La Sección 2. Narrativas basadas en estereotipos: una definición operativa, es a cargo de Elena Ghidoni. La Sección 3. La función justificativa de los estereotipos, es a cargo de Dolores Morondo.

1. Agencia Europea de Derechos Fundamentales (FRA) (2024), *Fundamental Rights Report*, publicada en junio de 2024 y disponible en: https://fra.

la Agencia Europea de Derechos Fundamentales (FRA) ha subrayado la necesidad de fortalecer las garantías de derechos humanos en frontera y de adoptar una postura firme contra todas las formas de racismo e intolerancia.

El enfoque securitario en la gestión fronteriza entra en conflicto con el discurso y los compromisos de la Unión Europea para combatir el racismo y la xenofobia.[2] Entre estos compromisos, los más recientes son el conjunto de estrategias de igualdad y planes de acción adoptados en 2020 por la Comisión Europea, entre los cuales destacan el Plan de Acción contra el Racismo, el Marco Estratégico para la Población Gitana y el Plan de Acción para la Integración y la Inclusión.[3]

En términos generales, las políticas públicas y las iniciativas de la sociedad civil contra el racismo y la xenofobia en Europa se centran en campañas de sensibilización y en la difusión de contra-narrativas sobre la migración,[4] es decir, en narrativas alternativas y prácticas discursivas como las descritas por Arturo Lance et al. (2023). Asimismo, se han implementado estrategias basadas en el contacto intergrupal, en las cuales la interacción cotidiana entre miembros de diferentes grupos busca fomentar el conocimiento mutuo y reducir los prejuicios (Pettigrew y Tropp, 2006). No obstante, los estudios sobre la efectividad de las estrategias de contestación al discurso racista son todavía escasas (Lance et

europa.eu/sites/default/files/fra_uploads/fra-2024-fundamental-rights-report-2024_en.pdf

2. Resolución del Parlamento Europeo, de 10 de noviembre de 2022, sobre justicia racial, no discriminación y antirracismo en la Unión (2022/2005(INI)).
3. Plan de Acción sobre integración e inclusión 2021-2027; Plan de acción dirigido a aplicar el pilar europeo de derechos sociales; Plan de acción antirracismo de la UE para 2020-2025; Marco estratégico de la UE para la igualdad, la inclusión y la participación de los gitanos para 2020-2030.
4. Algunos ejemplos están recogidos en Berta Güell y Blanca Garcés-Mascareñas (2024), en el informe de Hein de Haas (2024) y el estudio coordinado por Benno Herzog (2024).

al., 2023). De manera particular, algunas investigaciones han demostrado que las estrategias fundamentadas en evidencias y datos no resultan eficaces para cuestionar las estructuras de poder ni para revertir las narrativas dominantes sobre la migración (de Haas, 2024).

En este capítulo, proponemos un análisis que permita profundizar en el conocimiento del funcionamiento de las narrativas discriminatorias. Conocer su funcionamiento es un paso esencial para diseñar políticas y estrategias de respuesta efectivas. Para ello, abordaremos las narrativas sobre migraciones a partir de la noción de estereotipos, un concepto clave en los estudios sobre discriminación. Aunque la literatura sobre estereotipos se ha desarrollado principalmente en el ámbito de los roles de género, sus hallazgos pueden extrapolarse y aplicarse a otras formas de categorización y discriminación. Estas contribuciones resultan valiosas para esclarecer los mecanismos subyacentes a la representación del fenómeno migratorio.

Esta introducción se centrará, en primer lugar, en definir los términos que enmarcan esta investigación, y que sirven como base analítica para las contribuciones de este libro. Aunque nuestras reflexiones se enmarcan en el ámbito jurídico, este capítulo propone directrices metodológicas aplicables al análisis de narrativas estereotipadas en diversos tipos de discurso, no exclusivamente jurídicos. En el segundo apartado, se profundizará en la hipótesis de trabajo que ha guiado los casos de estudios recopilados en este volumen. Dicha hipótesis sostiene que los estereotipos cumplen una función justificativa en relación con la desigualdad, tanto en sus formas estructurales como en la acción discriminatoria y en el discurso. A continuación, se propone una reflexión crítica en torno a tres aspectos fundamentales en la creación de las narrativas sobre las personas migrantes: los procesos de categorización y sus paradojas, las dinámicas de visibilidad/invisibilidad y su relación con la interseccionalidad, y la necesidad de superar el enfoque dicotómico del estereotipo para construir soluciones emancipadoras. Estos aspectos, que han surgido de manera transversal a lo largo de varios capítulos, ofrecen una base para profundizar en su análisis y enriquecer algunas reflexiones previamente planteadas (Ghidoni y Morondo Taramundi, 2022a y 2022b). Finalmente, a modo de conclusión, se presenta la estructura del libro y los temas abordados en él, trazando un mapa de los debates fundamentales y señalando nuevas líneas de investigación en el estudio de las narrativas estereotipadas.

2. Narrativas basadas en estereotipos: una definición operativa

El estudio sobre estereotipos, sesgos y prejuicios cuenta con una trayectoria consolidada en disciplinas como la sociología, la psicología y los estudios de literatura (Allport, 1954; Bhabha, 1994; Bobo, 1999). En el ámbito de las ciencias jurídicas su desarrollo ha sido más tardío, y sólo en las últimas décadas se ha observado un interés creciente en el análisis de sentencias y aspectos procesales concretos (Bernardini y Giolo, 2024; De Giuli, 2023; La Spina, 2021; Morondo Taramundi, 2023).

Recogiendo los avances doctrinales sobre el tema, en este trabajo se conceptualizan los estereotipos como generalizaciones sobre los atributos y roles que determinados grupos sociales poseen o les son asignados (Cook y Cusack, 2010: 9). Esta definición pone el foco en el mecanismo de la generalización, identificándolo como el núcleo problemático que sustenta la estereotipación. Aunque no siempre se identifica claramente en qué difieren estereotipo y generalización, o más precisamente, qué condiciones determinan el paso de una generalización a un estereotipo, centrarse en la generalización permite abordar los estereotipos no como meras construcciones subjetivas, sino como categorizaciones más amplias y difusas. Además, analizar los estereotipos como categorizaciones permite cuestionar el proceso mismo de creación de categorías y las relaciones de poder que lo sustentan.

La naturaleza cognitiva del mecanismo de la generalización lo distingue de conceptos afines, como sesgos y prejuicios, aunque estos conceptos suelen emplearse de manera intercambiable en la literatura. A pesar de la falta de consenso sobre estos matices conceptuales, en este capítulo se identifican los sesgos y prejuicios con actitudes más subjetivas, vinculando los primeros al concepto de error y los segundos con el aspecto emotivo de juicios de valor negativos hacía un grupo determinado y sus miembros (Ghidoni y Morondo Taramundi, 2022a: 44). Si bien existe una relación frecuente entre el mecanismo cognitivo (generalización), el aspecto emotivo (prejuicio) y el componente conativo (la discriminación), nuestro análisis se centra en la dimensión cognitiva, ya que permite explorar la relación entre estereotipos y formas de desigualdad estructural.

La generalización estereotipada se caracteriza por su estructura dicotómica, que reduce una realidad compleja a dos alternativas opuestas, construidas de manera jerarquizada. Las dicotomías y sus insidias han sido un hilo conductor en los estudios sobre los procesos de categorización y opresión de diversos grupos sociales. Una de las dicotomías fundamentales traza una línea divisoria entre un "nosotros" occidental, colonial y asociado a la civilización, y una "otredad" ajena, bárbara e inferior (Bhabha, 1994). A partir de esta división jerarquizada inicial, se generan otras dicotomías relacionadas con la migración. Como señalan Michael Collyer y Hein de Haas (2010: 470), las categorías migratorias se construyen sobre dicotomías basadas en criterios como el espacio-tiempo (migrante permanente vs. temporal; interno vs. internacional), el lugar y la dirección de la migración (inmigración vs. emigración; origen vs. destino), la perspectiva estatal (legal/regular vs. ilegal/irregular) y las causas del proceso migratorio (trabajo, estudio, pensión o familia; forzada vs. voluntaria). La distinción entre "buenas" y "malas" familias migrantes (La Spina, 2019), generada por las normas que regulan la reagrupación familiar, se sustenta en múltiples sistemas de poder, como el racismo, el sexismo y el clasismo. El estándar de la "buena familia migrante" se construye sobre el modelo nuclear de familia, los roles de género de sus miembros (por ejemplo, la dependencia económica y de estatus administrativo) y la disponibilidad de recursos, entre otros factores.

En el núcleo de los debates contemporáneos sobre migración, se observa una dicotomía fundamental que contrapone la figura del refugiado, amparada por el derecho internacional, con la del migrante económico, excluido de dicho marco de protección. Ambas categorías se construyen como esencias inmutables y jerárquicamente contrapuestas, de modo que la pertenencia a una excluye automáticamente la inclusión en la otra. Esta oposición binaria simplifica la complejidad y fluidez del fenómeno migratorio, así como de los múltiples factores que lo determinan (Crawley y Skleparis, 2018). Además, como se argumentará más adelante, esta dicotomía opera como un dispositivo de justificación para diversas formas de opresión, tales como la expulsión, la segregación laboral, la violación de derechos fundamentales, la discriminación en acceso a bienes y servicios, la violencia institucional en las fronteras, el *racial profiling* y otras formas de violencia y discriminación sistémica.

Como se ha señalado en el debate feminista sobre el dilema de la diferencia (Minow 1990), el discurso público y jurídico construyen la diferencia — en este caso, la condición de migrante — de manera hetero-designada como un atributo identitario de ciertos grupos. Este enfoque desplaza la atención desde la construcción social de la diferencia hacia su conceptualización como un rasgo innato. Por ello, resulta fundamental centrar el análisis en el proceso de creación de la categoría "migrante", identificar las funciones que estas categorías cumplen y examinar las consecuencias derivadas de su uso (Crawley y Skleparis, 2018: 60). Además de analizar el proceso, la función justificativa y las consecuencias de estas categorías, es necesario incorporar preguntas críticas sobre quién las crea y desde qué posición de poder se articulan (hetero-designación). Estas preguntas nos llevan a examinar el mecanismo de la hetero-designación y su efecto de serialización en la construcción de categorías estereotipadas (Ghidoni y Morondo Taramundi, 2022a).

Las categorías generadas por normas y políticas migratorias son ejemplos paradigmáticos de hetero-designación, es decir, formas de nombrar al "otro", y definir su espacio y su rol, desde una posición de poder (*top-down*). Aunque los estudios sobre migración han demostrado el carácter fluido y multifacético de este fenómeno, las hetero-designaciones lo reducen a etiquetas estancas e inmutables. Estas categorizaciones, enmarcadas en un sistema de poder patriarcal, colonial y capitalista, no son neutras, aunque puedan presentarse como positivas o negativas. La hetero-designación genera identidades serializadas o, como las define Celia Amorós (2005), "intercambiables", en las que los individuos — en este caso, las personas migrantes — no pueden emerger como sujetos autónomos. Cuando intentan articular una identidad subjetiva, son percibidos como excepción que los excluye de la norma protectora.

Las narrativas estereotipadas sobre la migración reflejan formas complejas de desigualdad que requieren de un análisis interseccional. Un ejemplo ilustrativo se encuentra en las normas y prácticas interpretativas plagadas de estereotipos en los ámbitos de la reagrupación familiar y el asilo. Fulvia Staiano (2013) y otras autoras han destacado cómo las normas de género y el régimen migratorio interactúan para limitar los derechos de las familias transnacionales, particularmente el derecho al respeto de la vida familiar de las mujeres migrantes. Al migrar, estas mujeres rompen con las normas del cuidado y con el estándar de familia normativa incorporado en el sistema migratorio. Asimismo, las mujeres que migran huyendo de la violencia de género (Peroni, 2018) están expuestas a estereotipos que determinan si sus experiencias encajan con ciertos moldes de violencia y roles de género, como el del hombre cuidador y la mujer víctima. Estas narrativas dificultan, o incluso imposibilitan, el reconocimiento de las situaciones de riesgos que sufren las mujeres migrantes y su acceso a la protección por el Artículo 3 CEDH. Además, en este libro se aborda el papel de los estereotipos en el trato hacia las trabajadoras del sector doméstico y de cuidados, así como hacia las madres en régimen de privación de libertad. Estos ejemplos revelan mecanismos simultáneos de invisibilidad e hiper-visibilidad (Garcés Amaya, 2021), que operan para perpetuar la exclusión de estos grupos.

Los estereotipos asociados a la migración suelen sustentar inferencias que conectan el estatus migrante con diversas amenazas al orden público, a la identidad cultural, los valores occidentales y el bienestar de la ciudadanía. En concreto, la migración ha sido frecuentemente asociada con peligros para el mercado del trabajo, el acceso a la vivienda y a otros bienes y servicios del Estado de bienestar (Herzog, 2024). Asimismo, se ha construido una narrativa que presenta a los migrantes como una potencial invasión de terroristas que pretenden desmantelar la civilización occidental (de Haas, 2024:12). Estas narrativas, de carácter claramente negativo, emplean un lenguaje hiperbólico — como el mito de la "invasión migratoria", ampliamente estudiado por Hein de Haas (2008) — para generar confusión, polarización y apelar a emociones como el miedo, el odio y el rechazo.

Sin embargo, paralelamente a estas narrativas negativas, existen otras que buscan resaltar aspectos positivos de la migración, dando así lugar a lo que se ha denominado la "narrativa celebrativa" (de Haas, 2024: 14). Esta narrativa enfatiza los beneficios económicos, culturales y sociales que los migrantes aportan a las sociedades de acogida. Desde el análisis de estereotipos, resulta interesante detenerse en esta ambivalencia, ya que la presencia de narrativas positivas y negativas no es exclusiva de la migración, sino que también se observa en relación con otras formas de desigualdad, como las de género. Esta dualidad parece ser consustancial a los mecanismos de estereotipación.

3. La función justificativa de los estereotipos

Los trabajos reunidos en este volumen se enmarcan en una orientación específica sobre la conceptualización de los estereotipos, basada en el marco teórico del proyecto RESEST, en cuyo contexto se desarrolló esta investigación. De manera sintética, la tesis central del proyecto RESEST sostiene que, independientemente de si consideramos que los estereotipos poseen una valencia negativa, positiva o neutra en cuanto a su contenido, o si su naturaleza es descriptiva o prescriptiva, su característica fundamental — aquello que los hace relevantes y lo que justifica la creciente atención que están recibiendo en la doctrina y la literatura — radica en su función, la cual siempre resulta negativa.

Gran parte del debate académico en torno a la función de los estereotipos examina si esta impacta en el plano cognitivo o en el componente conativo, es decir, en el comportamiento discriminatorio (Giolo 2024; Arena 2024). En ambos casos, la literatura propone distinguir entre dos categorías de estereotipos: los dañinos y los no dañinos (o neutros). Desde esta perspectiva, el derecho antidiscriminatorio y las garantías asociadas a los derechos fundamentales y humanos deberían ocuparse exclusivamente de los estereotipos dañinos, aquellos que generan un agravio en las oportunidades o limitan el acceso a los derechos de las personas injustamente estereotipadas.

La tesis subyacente a esta investigación adopta un enfoque distinto, inicialmente desarrollado desde una perspectiva feminista (Ghidoni y Morondo Taramundi, 2022a) y que este trabajo busca ampliar hacia la teoría crítica en general. En este enfoque, los estereotipos se analizan en su relación con las estructuras de poder. Es en esta relación donde reside su función distintiva: naturalizar e invisibilizar ciertas estructuras de dominación, como las jerarquías sociales basadas en el sexo, la raza, la clase, el estatus migratorio y otros ejes de subordinación. En este sentido, los estereotipos cumplen una función justificativa de dichas jerarquías sociales, y por ello, como se ha señalado anteriormente, resultan siempre negativos.

Consideremos, por ejemplo, los estereotipos racistas como "los gitanos roban" o "los migrantes se aprovechan de las ayudas económicas para no trabajar". Estos estereotipos no prescriben comportamientos a los grupos estereotipados (gitanos o migrantes); es decir, no indican que los gitanos deban robar o los migrantes vivir de ayudas públicas. Tampoco tienen un valor descriptivo, pues no buscan transmitir información veraz. Más bien, su función consiste en justificar el trato discriminatorio que estos grupos reciben. Por ejemplo, explican el acto de quien agarra su bolso con fuerza al ver a una persona gitana en el metro, o el comportamiento de los dependientes que persiguen a clientes gitanos en una tienda o les niegan la entrada. Asimismo, justifican normas o prácticas discriminatorias en el acceso a bienes y servicios, tanto públicos como privados.

En definitiva, los estereotipos actúan como mecanismos que legitiman las jerarquías sociales de los sistemas de dominación que los generan, que sea el racismo, el patriarcado, la heteronormatividad, el clasismo o el capacitismo. Estos sistemas de dominación generan estereotipos con el propósito de naturalizar e invisibilizar las jerarquías sociales y las designaciones externas impuestas por el poder. Esto no resta importancia a las características específicas de los estereotipos, como la valencia negativa o positiva de su contenido, o su presentación como descriptivos o prescriptivos. No obstante, lo que esta investigación enfatiza — y que queremos reflejar en este volumen — es que la función de los estereotipos nunca es neutral. Aunque su contenido pueda parecer positivo (por ejemplo, "las mujeres son pacíficas") o basarse en generalizaciones aparentemente respaldadas por datos (como "las mujeres cuidan"), su efecto sigue siendo perpetuar las jerarquías sociales derivadas, en estos ejemplos, de la división sexo/género, invisibilizando la relación de poder subyacente.

En trabajos anteriores, hemos destacado la importancia de centrarse en la función justificativa de los estereotipos (Ghidoni y Morondo Taramundi, 2022a y 2022b). En resumen, entender que esta función es la característica definitoria de los estereotipos, en contraste con otros tipos de generalizaciones, permite analizar las estructuras de poder y la desigualdad estructural y sistémica de una manera que no ofrecen los instrumentos de garantía del principio de igualdad de tipo liberal, como el derecho antidiscriminatorio y las garantías de los derechos fundamentales. El derecho antidiscriminatorio de tipo liberal individualiza la discriminación, entendiéndola como el comportamiento de sujetos concretos que causan un daño determinado a una persona en situación comparable a la de otra persona no perjudicada, sin que medie una justificación objetiva. En esta óptica individualizada, el daño del estereotipo se reduce a una "clasificación errónea" de un individuo en relación con las características atribuidas a su grupo de manera estereotipada. Las soluciones propuestas suelen pasar por la contextualización — es decir, el examen particularizado de las características del sujeto concreto — y el uso de excepciones, que en casos específicos eximen de la aplicación del estereotipo (o más precisamente, de las normas estereotipadas) a personas que, individualmente, presentan información discordante.

El enfoque centrado en la función justificativa de los estereotipos revela que, aunque estos efectivamente clasifican a los individuos de determinados grupos y les atribuyen características y comportamientos (pre)determinados, lo crucial no es la casuística del individuo que singularmente se ajusta más o menos a esas características, ni la injusticia de los efectos de esa clasificación. Lo importante son las razones por las cuales el estereotipo atribuye esas características y comportamientos a los miembros de determinados grupos, y los efectos que dicha atribución tiene sobre el conjunto de los grupos. Retomaremos el ejemplo de los estereotipos sobre los gitanos. Tanto los estereotipos negativos (como los que asocian a las personas gitanas con el robo, el trapicheo o la mentira) como los que son positivos (los que las asocian con el folklore, la música o el estilo de vida libre), han servido para justificar — es decir, para hacer parecer racionales, necesarios o naturales — todos los dispositivos normativos que atañen a los gitanos, como la segregación escolar[5] y residencial[6], el control reproductivo[7] y la normalización de la violencia tanto privada[8] como pública / institucional.[9] Además

5. STEDH n. 57325/00 *D.H. y Otros c. República Checa* (GS), 13 de noviembre de 2007 (TOL9.083.322), STEDH n. 11146/11 *Horvath y Kiss c. Hungría*, 29 de abril de 2013 (TOL9.061.995).

6. STEDH n. 27013/07 *Winterstein y Otros c. Francia*, 13 de octubre de 2013 (TOL9.060.110), STEDH n. 54476/14 *Pastrama c. Ucrania*, 1 de abril de 2021 (TOL8.373.392).

7. STEDH n. 15966/04 *I.G. y Otros c. Eslovaquia*, 13 de noviembre de 2012 (TOL9.062.581), Decisión TEDH n. 54041/14 *G.H. c. Hungría*, 9 de junio de 2015 (TOL6.406.815).

8. STEDH n. 57885/00 *Gergely c. Rumanía*, 26 de abril de 2007 (TOL9.079.871), STEDH n. 25536/14 *Škorjanec c. Croacia*, 28 de marzo de 2017 (TOL6.410.187), STEDH n. 3289/10 *Burlya y Otros c. Ucrania*, 6 de noviembre de 2018 (TOL6.879.485).

9. STEDH n. 38361/97 *Anguelova c. Bulgaria*, 13 de junio de 2002 (TOL9.091.416), STEDH n. 43577/98 y 43579/98 *Nachova and Others v. Bulgaria*, 6 de julio de 2005 (TOL9.084.917), STEDH n. 68780/10 *Guerdner y Otros c. Francia*, 17 de

justifican — y hacen parecer naturales o racionales — las actitudes sociales de los no-gitanos respecto a los gitanos, que van desde el recelo hasta el odio, el desprecio o el paternalismo. En consecuencia, los estereotipos sirven para invisibilizar la relación jerárquica entre los gitanos, como grupo social, y los no-gitanos o el grupo social dominante, evitando que esta relación sea cuestionada o problematizada, y presentándola como el resultado de un estado de cosas supuestamente natural (la pretendida dimensión descriptiva, más o menos adherente a la realidad, de los estereotipos).

Enfocarse en la función justificativa de los estereotipos implica, por tanto, situar en el centro del análisis la relación de poder que estos encubren y cuestionarla. La identificación de los estereotipos nos debe ayudar a visualizar y visibilizar los mecanismos de poder que los estereotipos pretenden invisibilizar. Por ello, en los trabajos reunidos en este volumen, los estereotipos no se identifican simplemente como un "producto" que cualifica a las personas inmigrantes (delincuentes, potenciales terroristas, gorrones, culturalmente ajenos e imposibles de integrar, etc.), sino que se analizan los procesos que crean esas narrativas, los mecanismos que despliegan y los efectos que producen.

4. Los desafíos teóricos y prácticos de las narrativas sobre la migración

Existen numerosas cuestiones aún abiertas en el campo de estudio de los estereotipos, y las contribuciones de este libro abordan en profundidad varios de estos aspectos. En este apartado, presentamos nuestras reflexiones en torno a algunos aspectos clave en la creación de narrativas sobre migrantes: los procesos de categorización y sus efectos

abril de 2014 (TOL9.056.862), STEDH n. 70555/10 *Ion Bălăşoiu c. Rumania* 17 de febrero de 2015 (TOL6.407.548).

(aparentemente) paradójicos, como la visibilidad/invisibilidad, y la necesidad de superar el enfoque dicotómico del estereotipo para construir soluciones emancipadoras.

4.1. Procesos de categorización e hiper-vulnerabilidad

La generalización desempeña un papel fundamental en el análisis de los estereotipos, ya que constituye su estructura portante. A partir de esta premisa, la postura mayoritaria al identificar el daño por estereotipación, así como su posible solución, es la de considerar el estereotipo como una generalización indebida, ya sea por su falsedad o su falta de correspondencia con el individuo en cuestión. En consecuencia, la solución propuesta suele centrarse en dar mayor atención a las características individuales o en una contextualización más precisa, privilegiando un modelo de juicio individualizado o contrastando la generalización estereotipada con las características concretas del individuo. De esta manera, generalización y juicio individualizado se construyen no solo como pareja binaria, sino también como modelos jerárquicamente ordenados y mutuamente excluyentes, siendo el juicio individualizado el modelo que garantiza mayor justicia en el caso concreto. Los estudios de caso propuestos en este libro analizan cómo esta visión dicotómica limita nuestra comprensión del daño causado por la estereotipación y restringe la formulación de soluciones efectivas.

Un ejemplo paradigmático del doble uso de la generalización se analiza en el capítulo de Encarnación La Spina sobre la construcción de la categoría de migrante vulnerable. Por un lado, las políticas migratorias emplean un mecanismo de generalización para asimilar diversas situaciones migratorias a la irregularidad, estableciendo una sinonimia entre migración irregular, falta de autorización y solicitud fraudulenta de protección internacional. Este automatismo, según advierte la autora, contribuye a consolidar la narrativa de la migración como causa de crisis y justifica la adopción de políticas de control y expulsión más estrictas en la Unión Europea. Por otro lado, en la jurisprudencia del TEDH opera un mecanismo inverso de sobre-especificación, en el que para ser reconocidos dentro de la categoría de vulnerabilidad que da derecho a protección internacional, no solo es necesario cumplir con una condición migratoria particular (como la de solicitante de asilo), sino también someterse a un examen individualizado. Paradójicamente, una mayor individualización se corresponde con una menor protección, ya que la individualización fragmenta la categoría de vulnerabilidad y establece un umbral de especificidad (la hiper-vulnerabilidad) más difícil de acreditar. Así, la individualización no sólo segmenta la categoría de migrante, sino que también convierte la protección en una categoría residual, aplicable solo a situaciones de desamparo extremo. De este modo, el concepto de vulnerabilidad, inicialmente introducido para abordar formas de desigualdad desatendidas por los modelos tradicionales de protección, se transforma en un dispositivo de restricción que desvirtúa el propio mecanismo de la protección internacional.

En resumen, la categoría de migrante se construye como homogénea en el contexto de los mecanismos de control previo (*pre-screening*), mientras que, al evaluar el derecho a la protección internacional, esta homogeneidad desaparece y se sustituye por un criterio de hiper-vulnerabilidad. Lo que evidencia este análisis es que tanto la generalización como la individualización desempeñan un papel central en la justificación de los sistemas de poder y, en particular, en la consolidación de las políticas anti-migratorias. Este análisis resulta crucial para cuestionar la idea predominante de que el principal perjuicio de los estereotipos radica en la falta de individualización.

4.2. Categorías migrantes atrapadas entre la hiper-visibilidad y la invisibilidad

El estudio de los estereotipos revela múltiples ambigüedades y tensiones inherentes a los mecanismos del poder, las cuales requieren un análisis más profundo. Entre estas, la dicotomía invisibilidad/hiper-visibilidad de las personas migrantes constituye un aspecto central en el debate sobre generalizaciones y estereotipos. Para comprender estos efectos se deben considerar dos aspectos: los procesos que los generan, y el papel de la interseccionalidad.

Por un lado, estos efectos pueden vincularse con los mecanismos de construcción de la categoría migrante como una serie amorfa, una característica típica de las clases subalternas. La serialización produce estos efectos aparentemente paradójicos: los sujetos en serie no pueden diferenciarse del fondo homogéneo de su grupo y, al mismo tiempo, cualquier intento de reivindicar una subjetividad propia y distanciarse de la serie los posiciona en el plano de la excepcionalidad. Este fenómeno se manifiesta en la fragmentación de las categorías protegidas en subgrupos, como los migrantes vulnerables, los sujetos interseccionales, etc., que restringe el alcance de la protección a algunas situaciones excepcionales: cuanto más específica sea la categoría y el nivel de vulnerabilidad, más difícil será demostrar la discriminación. Este es uno de los efectos paradójicos generados por una lectura identitaria de la interseccionalidad, ampliamente discutido en la literatura sobre derecho antidiscriminatorio (Morondo Taramundi, 2021). En ambos casos, ya sea como sujeto en serie o como excepción, se genera un efecto de desamparo, pues el individuo queda excluido de los parámetros jurídicos que determinan las violaciones de los derechos humanos.

Por otro lado, la interseccionalidad como herramienta analítica permite visibilizar cómo ciertos estereotipos son abordados en las políticas públicas, mientras que otros son silenciados. Este silencio o invisibilidad contribuye a la reproducción de determinadas jerarquías sociales dentro de la Unión Europea, como ocurre en el caso de las políticas europeas de cuidado. Como señala Alazne Irigoien, la lucha contra los roles de género estereotipados en el ámbito de los cuidados omite el papel de la raza y la clase en la estructuración de las necesidades de cuidado. Además, en la construcción del discurso sobre los cuidados, el género se consolida como una categoría monolítica, desvinculada de otras dinámicas de poder que interactúan simultáneamente. Esta dinámica no sólo invisibiliza, sino que también refuerza la desigualdad que enfrentan estas mujeres migrantes y de clase baja, quienes constituyen esa mano de obra "asequible" y "de calidad" que las políticas identifican como solución al problema.

4.3. Más allá de la dicotomía buen/mal sujeto migrante

Los capítulos de Jesús García Cívico e Aitor Ibarrola introducen un último tema de relevancia para el estudio crítico de los estereotipos, centrado en las posibles soluciones o propuestas para trascender el marco dicotómico impuesto por la estereotipación.

Tanto en los estudios feministas como en los de migración, se ha cuestionado la estrategia de la resignificación en clave positiva de los roles o atributos estereotipados como solución a las hetero-designaciones, ya sean patriarcales, racistas o de otra índole (Morondo Taramundi, 2015). La resignificación, o más específicamente, la inversión de valores asociados con las adscripciones de características o roles, ha sido — y continúa siendo — una estrategia común dentro de los movimientos de emancipación, tanto en movimientos de base como en entornos institucionales, manifestándose en discursos y prácticas de diverso tipo. Ejemplos de ello incluyen el *business case* que promueve la igualdad de género en función de los beneficios económicos atribuidos a un supuesto estilo de liderazgo femenino, o la narrativa celebrativa de la migración, que presenta a (ciertas categorías de) migrantes como la solución al invierno demográfico y a la escasez de mano de obra en sectores productivos específicos (de Haas, 2024: 14). En ambos casos, la inversión de valores se produce a costa de un retorno a la esencialización identitaria y sin cuestionar la hetero-designación que subyace a estas adscripciones (Morondo Taramundi, 2015).

Abrazar o enfatizar características positivas asociadas a sujetos migrantes no hace más que reforzar una visión esencializada de la diferencia, así como la división jerárquica entre "ellos/as" y "nosotros/as". Como señala García Cívico en su análisis de la literatura decolonial, una mera inversión de valores no llega a superar la reducción identitaria. Es preciso abandonar el marco dicotómico para romper con las jerarquías, ya que dentro de la dicotomía no existen opciones verdaderamente emancipadoras. Los estereotipos, como se analiza en el capítulo de Ibarrola, contienen una dualidad de significados — como la santa y la puta, o el escarnio y el deseo — que evidencia la imposibilidad de resignificarse individualmente.

6. Estructura del libro

Los trabajos reunidos en este volumen ponen a prueba la hipótesis de la función justificativa de los estereotipos a través de diversos casos de estudio que analizan en profundidad los estereotipos presentes en el ámbito de la migración. En concreto, los análisis se centran en dos ámbitos principales: el control de fronteras y el acceso a bienes y servicios por parte de las personas migrantes. Asimismo, se examina la construcción de los sujetos migrantes y su representación en distintos productos culturales. Las contribuciones comparten un interés común por explorar las ambigüedades y paradojas subyacentes a las categorías estereotipadas, además de abordar la interseccionalidad entre género y migración.

De los trabajos emergen tres bloques temáticos principales, que se presentan a continuación. En el capítulo inicial, Maggy Barrère proporciona una introducción exhaustiva de las coordenadas teóricas que sustentan el libro y su hipótesis central de trabajo: la función justificativa de los estereotipos. En este capítulo, se introduce el concepto de discriminación estructural como el marco en el que se sitúan los estereotipos, entendidos como mecanismos de reproducción y justificación de relaciones desiguales de poder entre grupos. La propuesta crítica de Barrère otorga un papel central a la interseccionalidad, tema que se desarrolla en manera específica en los capítulos 2 y 3. Estos textos profundizan en uno de los aspectos más relevantes de la interseccionalidad en acción: la dinámica de hiper-visibilización/invisibilización generada por la intersección entre ejes de poder, así como su traducción por los estereotipos. Alazne Irigoien ilustra esta dinámica mediante un análisis crítico del discurso aplicado a las políticas europeas de cuidados. Su estudio destaca la paradoja inherente a este discurso, que construye los cuidados como barreras para el acceso de (ciertas) mujeres al mercado laboral, al mismo tiempo que invisibiliza la raza y la clase como categorías que sustentan dichos cuidados. Por su parte, Catalina Tassin Wallace propone indagar el tema de la visibilidad e invisibilidad a través de las categorías del reconocimiento y el menosprecio. Para ello, el capítulo se centra en los estereotipos complejos sobre las "malas madres" y su papel como justificadores de vínculos valorativos en casos de reunificación familiar de mujeres migrantes que han cometido algún delito.

Vinculado estrechamente a los procesos de visibilidad/invisibilidad, el mecanismo de categorización constituye el eje central de los capítulos de Encarnación La Spina y Juana Goizueta. La Spina propone un análisis lingüístico para detectar inferencias implícitas en el discurso jurídico y político sobre la migración. Por su parte, Goizueta aborda el caso de la activación de la protección temporal para (algunos) refugiados de Ucrania, analizando la Decisión del Consejo que revela el papel de la raza en la definición de quiénes pueden beneficiarse de dicha protección (los nacionales ucranianos) y quiénes no (los solicitantes de asilo, refugiados, extranjeros con permiso temporal o en situación irregular).

El texto de Cristina de la Cruz plantea una crítica a ciertos estudios científicos que, al abrazar el mantra de la objetividad y la neutralidad de los datos, contribuyen a invisibilizar la discriminación y los estereotipos que la sustentan. Varias investigaciones sobre el acceso a servicios financieros descartan la variable de género como explicación de la brecha en acceso a estos servicios, argumentando que la diversidad y heterogeneidad de las mujeres emprendedoras hacen imposible atribuir al género la situación de desventaja en la que se encuentran. Estas diferencias individuales serían, según estos estudios, las causas de la brecha, no el género, ya que las situaciones y contextos específicos de cada mujer imposibilitan llegar a conclusiones generalizables para todas ellas. La reflexión de De la Cruz resulta especialmente relevante en relación con los llamados estereotipos descriptivos, que suelen evaluarse en función de su grado de correspondencias con evidencias empíricas, lo cual a menudo desvía la atención del papel del poder en la construcción e interpretación de los datos.

Finalmente, para aportar una reflexión en torno a las estrategias anti-estereotipos, los capítulos de Jesús García Cívico y Aitor Ibarrola retoman la tesis de la superación de la dicotomía estereotipada. Muchos estudios sobre narrativas abogan por estrategias como la exposición a contra-narrativas, las campañas de sensibilización, estrategias discursivas (Herzog, 2023; Herzog y Lance Porfilio, 2022), o la creación de nuevas categorías (Crawley y Skleparis, 2018: 50). Como se ha defendido en otras ocasiones, el núcleo del problema no radica en la falta de información ni la necesidad de simplificar datos complejos, sino en la existencia de unas agendas políticas orientadas a conservar el orden social existente (de Haas, 2023). García Cívico e Ibarrola exploran vías de fuga de la jaula dicotómica en las representaciones culturales, a través de ejemplos de hibridación, cosmopolitismo crítico y ruptura de los patrones estereotipados, facilitadas por el imaginario fluido de la frontera.

Este volumen reúne contribuciones multidisciplinares que, a partir de temas de relevancia contemporánea, ofrecen diversas reflexiones en torno a las narrativas migratorias en clave jurídica, económica, literaria y cultural. La riqueza de los debates sobre los estereotipos y la transversalidad de los temas abordados en este volumen (e.g. invisibilidad, dicotomías, paradoja, categorías y procesos de categorización) apuntan a la necesidad de profundizar en este campo de estudio, fomentando un mayor diálogo entre distintos saberes y enfoques. Esta introducción busca contribuir a dicha tarea, trazando un mapa de los diversos temas que emergen a partir de la hipótesis de trabajo sobre la función justificativa de los estereotipos.

7. Referencias

Allport Gordon W. (1954). *The nature of prejudice.* Cambridge, MA: Addison-Wesley.

Amorós, Celia (2005). *La gran diferencia y sus pequeñas consecuencias... para las luchas de las mujeres.* Madrid: Cátedra.

Arena, Federico J.(2024). "Stereotipi e il dovere di trattare le altre persone come individui". En Maria Giulia Bernardini y Orsetta Giolo (coord.), *Giudizio e pregiudizio. Gli stereotipi di genere nel diritto.* Torino: Giappichelli Editore.

Bernardini, Maria Giulia y Giolo, Orsetta (coord.) (2024). *Giudizio e pregiudizio. Gli stereotipi di genere nel diritto.* Torino: Giappichelli Editore.

Bhabha, Homi K. (1994). *The Location of Culture.* London: Routledge.

Bobo, Laurence D. (1999). "Prejudice as group position: microfoundations of a sociological approach to racism and race relations". *Journal of Social Issues* 55, 445–472

Collyer, Michael y de Haas, Hein (2012) "Developing Dynamic Categorisations of Transit Migration". *Population, Space and Place*, 18, 468-481.

Cook, Rebecca y Cusack, Simone (2010). *Gender Stereotyping: Transnational Legal Perspectives.* Philadelphia: University of Pennsylvania Press.

Crawley, Heaven y Skleparis, Dimitris (2018). "Refugees, migrants, neither, both: categorical fetishism and the politics of bounding in Europe's 'migration crisis'. *Journal of Ethnic and Migration Studies*, 44(1), 48-64.

de Giuli, Anna (2023). "Igualdad y creencias discriminatorias: de las ciencias psicológicas al ámbito jurídico". *Revista Internacional De Pensamiento Político, 18*(18), 285–304.

de Haas, Hein (2008). "The Myth of Invasion: the inconvenient realities of African migration to Europe". *Third World Quarterly, 29*(7), 1305–1322.

de Haas, Hein (2023). *How migration really works. A factful guide into the most divisive issue in politics*, London: Penguin Viking.

de Haas, Hein (2024). "Changing the migration narrative: On the power of discourse, propaganda and truth distortion". *IMI Working Paper No. 181/PACES Project Working Paper No. 3.* Amsterdam: University of Amsterdam.

Garcés Amaya, Diana Paola (2021). "Representaciones de género y otredad en la evaluación de solicitudes de asilo en España: Identificación de las estrategias discursivas y estereotipos en la narrativa de las autoridades". *FEMERIS: Revista Multidisciplinar De Estudios De Género*, 6(3), 65-85.

Ghidoni, Elena y Morondo Taramundi, Dolores (2022a). "El papel de los estereotipos en las formas de la desigualdad compleja: algunos apuntes desde la teoría feminista del derecho antidiscriminatorio". *Discusiones*, 28(1), 37-70.

Ghidoni, Elena y Morondo Taramundi, Dolores (2022b). "Análisis contextual, interseccionalidad y función justificativa de los estereotipos en el derecho: una réplica". *Discusiones*, 28(1), 109–128

Ghidoni, Elena y Morondo Taramundi, Dolores (2024). "Contro la neutralità dello stereotipo: una lettura critica a partire dal giusfemminismo". En Maria Giulia Bernardini y Orsetta Giolo (coord.), *Giudizio e pregiudizio. Gli stereotipi di genere nel diritto*. Torino: Giappichelli Editore.

Güell, Berta y Garcés-Mascareñas, Blanca (Coord.) (2024). Assessing the production and impact of migration narratives: BRIDGES key findings. https://doi.org/10.5281/zenodo.10657210

Herzog, Benno (ed.) (2024). *Migraciones y Discursos. Propuestas para el Debate Público*. Madrid: Observatorio Español de Racismo y Xenofobia. Disponible en: https://www.inclusion.gob.es/oberaxe/ficheros/documentos/Migraciones_Discurso.pdf

Herzog, Benno y Lance Porfillio, Arturo (2022). "Talking with racists: insights from discourse and communication studies on the containment of far-right movements". *Humanities and Social Sciences Communication*, 9, 384.

La Spina, Encarnación (2019). "Buenas/malas" familias migrantes y su integración en la Unión Europea". *Migraciones Internacionales*, *10*(36).

La Spina, Encarnación (2021). "Indirect Discrimination and Racist Stereotypes in the European Court of Human Rights' Case Law on Family Migration". *Diritto e Questioni Pubbliche*, 21(2), 31-53.

Lance Porfilio, Arturo, Ludwig, Lino A. y Herzog, Benno (2023). "Contestar al racismo. Apuntes desde una crítica inmanente". *Methaodos. Revista de ciencias sociales* 11(1), m231101a12.

Minow, Martha (1990). *Making All the Difference: Inclusion, Exclusion, and American Law*. Ithaca: Cornell University Press.

Morondo Taramundi, Dolores (2015). "Una Sonda en el Post-Patriarcado: El Debate Sobre Emancipación y Libertá Femminile en el Feminismo Italo-Español". *Gênero & Direito*, *4*(2), 14-34.

Morondo Taramundi, Dolores (2021). "Desigualdad compleja e interseccionalidad: 'reventando las costuras' del derecho antidiscriminatorio". En Dolores Morondo, Cristina De la Cruz y Encarnación La Spina (coord.) *Desigualdad compleja e interseccionalidad: una revisión crítica*. Madrid: Dykinson.

Morondo Taramundi, Dolores (2023). "Stereotypes as mechanisms of inequality and alienation: A view from antidiscrimination law". *Oñati Socio-Legal Series*, *13*(3), 710–729.

Peroni, L. (2018). "The Protection of Women Asylum Seekers Under the European Convention on Human Rights: Unearthing the Gendered Roots of Harm". *Human Rights Law Review*, 18(2), 347-370.

Pettigrew, Thomas F. y Tropp, Linda R. (2006). "A meta-analytic test of intergroup contact theory". *Journal of Personality and Social Psychology*, 90(5), 751-783.

Staiano, Fulvia (2013). "Good mothers, bad mothers: Transnational mothering in the European Court of Human Rights' case law". *European Journal of Migration and Law*, 15(2), 155–182.

La puesta a prueba de la discriminación indirecta en el caso del trabajo del hogar: ¿Dónde quedan los estereotipos?

María Ángeles Barrère

1. Introducción

Este trabajo se inscribe en una propuesta para que la cultura jurídico-política transite desde un Derecho antidiscriminatorio a un Derecho anti*subor*discriminatorio (Barrère, 2024), entendiendo que solo desde este último se puede dar respuesta a situaciones de injusticia social que tienen una base sistémica e interseccional en la que se inscriben los estereotipos.

Para dotar de justificación específica a esta propuesta, utilizaremos como banco de prueba una actuación jurídica concreta. Se trata de la Sentencia del Tribunal de Justicia de 24 de febrero de 2022, *as. CJ*, C-389/20, que utiliza el concepto de discriminación indirecta por razón de sexo para caracterizar la ausencia en la legislación española (entonces vigente) del derecho a la prestación por desempleo en el trabajo del hogar. Según se mantiene aquí, esta Sentencia constituye un ejemplo de la utilización de un recurso conceptual ampliamente celebrado por el Derecho antidiscriminatorio, como es la discriminación indirecta por razón de género, como una cortina de humo ante problemáticas de subordiscriminación que, por tanto, y debido a ese humo, no resultan perceptibles, ni en la legislación ni en el razonamiento jurídico. Utilizar esta Sentencia como banco de pruebas no significa que se trate de un caso aislado, ya que este tipo de eclipse se produce en otros casos de discriminación indirecta sentenciados por el TJ[1]. Lo que tiene de interesante el supuesto al que se refiere la Sentencia de 2022 es que el fenómeno subordiscriminatorio que no aflora con el uso de la discriminación indirecta tiene un alcance sistémico y grupal particular, en tanto que, debido a la intersección de varios sistemas de poder, afecta especial y desproporcionadamente a determinadas mujeres (concretamente, migrantes y en situación administrativa irregular o "sin papeles"). También pone en evidencia la utilización del Derecho antidiscriminatorio judicial como parche ante conflictos sociales que requieren cambios en las estructuras históricas de subordinación.

Para desarrollar el análisis planteado, el trabajo comienza con un apartado (número 2) en el que se pone de relieve la situación de injusticia sociojurídica que lo motiva, como es el de cierto uso jurisprudencial del concepto de discriminación indirecta que, si bien sirve para solventar intereses puntuales de las trabajadoras del hogar, reproduce un sistema de poder que las subordiscrimina. En el apartado siguiente (número 3) se aborda en detalle el caso seleccionado como banco de prueba que, como ha sido mencionado, pivota sobre el reconocimiento del derecho a la prestación por desempleo en el trabajo del hogar a partir de la Sentencia de 24 de febrero de 2022 del Tribunal de Luxemburgo, en cuyo análisis se otorga especial relevancia a las Conclusiones del Abogado General. Posteriormente (apartado número 4) se recogen los fundamentos teóricos que justifican la necesidad de una nueva respuesta jurídica al caso en cuestión basada en la perspectiva de la intersección de los sistemas de poder, para, por último (apartado número 5), terminar con unas conclusiones destinadas a subrayar la pertinencia de introducir en la cultura jurídica el esquema conceptual del Derecho antisubordiscriminatorio.

2. La discriminación indirecta en el Derecho de la Unión Europea

1. Sentencia del 13 de mayo de 1986, caso Bilka, C-170/84 (TOL4.219.332); Sentencia del 31 de marzo de 1981, caso Jenkins, C-96/80 (TOL4.225.781).

Tras diversos avatares jurisprudenciales, el concepto de discriminación indirecta se introduce *ex profeso* en la Directiva 97/80/CE de 15 de diciembre de 1997, relativa a la carga de la prueba en los casos de discriminación por razón de sexo. Según su artículo 2.2.: "existirá discriminación indirecta cuando una disposición, criterio o práctica aparentemente neutros afecte a una proporción sustancialmente mayor de miembros de un mismo sexo salvo que dicha disposición, criterio o práctica no resulte adecuado o necesario y pueda justificarse con criterios objetivos que no estén relacionados con el sexo".[2]

Así definida, la discriminación indirecta presenta interesantes aspectos a comentar como, sin ir más lejos, la cuestión de la "derrotabilidad", pero aquí nos centraremos en la utilización del concepto por parte del TJ y, sobre este particular, cabe decir que presenta sus luces y sus sombras. Entre las primeras se puede citar su aplicación a los casos de valoración de los puestos de trabajo a partir de categorías feminizadas,[3] cuya problemática de fondo ha derivado en la Directiva 2023/970.[4] Entre las sombras cabe mencionar los casos en los que la utilización del concepto

2. A subrayar la errónea redacción española de la excepción en negativo, que subvierte su sentido: "*salvo que* dicha disposición, criterio o práctica *no* resulte adecuado y necesario" (97/80/CE [cursiva propia]). Compárese con la redacción inglesa: "indirect discrimination shall exist where an apparently neutral provision, criterion or practice disadvantages a substantially higher proportion of the members of one sex *unless* that provision, criterion or practice *is* appropriate and necessary and can be justified by objective factors unrelated to sex" (97/80/CE [cursiva propia]).

3. Véase, por ejemplo, la Sentencia de 28 de febrero de 2013, caso Kenny, C-427/11 (TJUE 2013, 67), TOL9.916.518.

4. Directiva (UE) 2023/970 del Parlamento Europeo y del Consejo de 10 de mayo de 2023 por la que se refuerza la aplicación del principio de igualdad de retribución entre hombres y mujeres por un mismo trabajo o un trabajo de igual valor a través de medidas de transparencia retributiva y de mecanismos para su cumplimiento.
Lástima que el alcance de esta Directiva no se extienda al valor del trabajo doméstico y de cuidados con otros trabajos "de igual valor".

supone beneficios puntuales para las mujeres demandantes (que en las sentencias aparecen como *discriminadas* por razón de género), pero en los que, simultáneamente, se reproduce el sistema de poder sexo-género. En este tipo de casos se incluyen los relativos al trabajo a tiempo parcial desempeñado mayoritariamente por mujeres, que puede considerarse un clásico de la discriminación indirecta, y los que tienen que ver con los permisos parentales. El esquema argumentativo de los primeros[5] puede sintetizarse como sigue: ya que el trabajo a tiempo parcial es desempeñado mayoritariamente por mujeres (afirmación verificable), una disposición neutra en cuanto al sexo, pero según la cual el salario a tiempo parcial es de menor cuantía que el trabajo a tiempo completo, les discrimina indirectamente. El segundo grupo basa el reconocimiento de la discriminación indirecta en el dato de que sea muy superior el número de mujeres que disfrutan de un permiso parental en comparación con el número de hombres que lo hacen así. Por lo tanto, partiendo de este dato, de nuevo verificable, decisiones que afecten negativamente a las mujeres relacionadas con el disfrute de los permisos parentales, les discriminará indirectamente.[6]

En definitiva, en el esquema interpretativo que coincide en ambos grupos de sentencias no se advierten signos de discriminación en la premisa, es decir, para el TJ quedaría fuera del alcance de lo discriminatorio que sean las mujeres quienes mayoritariamente ocupen los trabajos a

5. Además de los originarios Jenkins y Bilka ya citados, véase las sentencias del Tribunal de Justicia de la Unión Europea: sentencia de 17 de junio de 1998, caso Hill, C-243/95 (TOL103.667); sentencia de 13 de julio de 1989, *caso* Rinner-Kühn, C-171/88; sentencia de 7 de febrero de 1991, caso Nimz, C-184/89; sentencia de 27 de junio de 1990, caso Kowalska, C-33/89; o sentencia de 23 de octubre de 2003, caso Schönheit, C-4/02 (TOL9.932.152).

6. Véase así la Sentencia de 20 de junio de 2013, caso Riežniece, as. C-7/12 (TOL9.916.154). En último término, de lo que hace depender la respuesta del TJ a las cuestiones prejudiciales del caso relativas a si es o no un caso de discriminación indirecta, es de "que un número muy superior de mujeres que de hombres disfruten de un permiso parental" (apartado 56).

tiempo parcial y soliciten los permisos parentales, algo que en las sentencias se acepta implícitamente como un dato "desnudo", sin significado sistémico y que, además de incuestionado (no se merece un por qué) se presenta como incuestionable (como si fuera "natural"). De este modo, la utilización del concepto de discriminación indirecta acaba reforzando silenciosa y sutilmente el sistema sexo-género, en cuyo proceso de estereotipación (de serialización y hetero-designación)[7] funciona la naturalización "mujer = ama de casa" y la atribución del rol de cuidadoras a las mujeres.

Entre el tipo de luces y sombras del concepto de discriminación indirecta que se acaban de señalar cabe incluir las referentes a la STJ de 24 de febrero de 2022 a la que se refieren los epígrafes siguientes.

2.1. El caso sobre la STJ de 24 de febrero de 2022

En este apartado se efectuará un análisis pormenorizado del *caso* sobre el que versa la STJ de 24 de febrero de 2022[8]. Se habla del análisis del *caso*, porqué no solo se tendrá en cuenta el tenor de la citada Sentencia, sino también otros materiales, sean relativos a su proyección mediática o de carácter jurídico, como las Conclusiones del Abogado General (CAG) y la Sentencia del Juzgado español que la ejecuta.[9]

La STJ trae origen de una cuestión prejudicial planteada por un juzgado español y su fallo dictamina contraria a la Directiva 79/7/CEE del Consejo una disposición estatal que excluye las prestaciones por desempleo de las prestaciones de seguridad social "en la medida en que dicha disposición situara a las trabajadoras en desventaja particular con respecto a los trabajadores y no estuviera justificada por factores objetivos y ajenos a cualquier

7. *Véase* Elena Ghidoni y Dolores Morondo Taramundi (2022a).
8. Sentencia de 24 de febrero 2022, caso CJ, C-389/20 (TOL8.810.092).
9. Sentencia 68/22, de 17 de marzo de 2022, del JC-A número 2 de Vigo (TOL8.895.381).

discriminación por razón de sexo". Se trata, pues, de un fallo en el que se aplica el concepto de discriminación indirecta y que tuvo rápidas consecuencias en la realidad jurídica española teniendo en cuenta que, en apenas seis meses, se aprobó la normativa que establecía la obligación de cotizar por la contingencia de desempleo en el trabajo del hogar.[10]

Ambas novedades jurídicas (la Sentencia y el cambio normativo) tuvieron un amplio eco mediático y una valoración altamente positiva, no solo por parte del sector afectado, sino también por la doctrina y la clase política española. Tanto es así que, la realidad previa, que ya venía siendo criticada con cierta notoriedad, tras la Sentencia del TJ pasó a ser juzgada con palabras de indignación y sonrojo.[11]

Excede del objeto de este trabajo ahondar en lo tardío de una medida que viene a paliar una realidad que causa tal furor, como tampoco procede hurgar en el hecho de que el pesar por la tardanza en el reconocimiento del derecho al desempleo en el trabajo del hogar proviniera de un Gobierno que, precisamente, había presentado observaciones a favor del no reconocimiento del mismo con ocasión de la cuestión pre-

10. Real Decreto-Ley 16/2022 de 6 de septiembre, para la mejora de las condiciones de trabajo y de Seguridad Social de las personas trabajadoras al servicio del hogar.

11. Las del laboralista Ignacio González del Rey (2022) constituyen una muestra al respecto: "Causa cierta vergüenza que a estas alturas el Tribunal de Justicia de la Unión Europea tenga que censurar al legislador español por una discriminación indirecta de las mujeres trabajadoras tan flagrante como la exclusión de la protección por desempleo en el Sistema Especial de Seguridad Social del servicio en el hogar familiar" (2022). Véase, asimismo, entre las contribuciones doctrinales de respuesta más inmediata a la Sentencia, Cristóbal Molina Navarrete (2022), quien la califica de "verdadero hito jurídico en la lucha judicial multinivel del colectivo –feminizado– de las empleadas del hogar" (2022) y Juana Goizueta Vértiz (2022: 125-131). Sobre el orgullo que suponía reparar la discriminación histórica de las personas trabajadoras del hogar se manifestó a su vez el Gobierno español, por boca de su vicepresidenta segunda y ministra de Trabajo y Economía Social, Yolanda Díaz (2022).

judicial que había tenido como causa la Sentencia del TJ.[12] No ocurre lo mismo con el análisis de esta última, que dejará sin conceptualización jurídica un fenómeno sistémico de poder interseccional que repercute especialmente en la situación de las mujeres migrantes.

2.1.1. El tenor de la Sentencia

La STJ de 24 de febrero de 2022 tiene por objeto una petición de decisión prejudicial planteada por el Juzgado de lo Contencioso-Administrativo (JC-A) número 2 de Vigo en el procedimiento entre CJ (una empleada de hogar) y la Tesorería General de la Seguridad Social (TGSS). La razón de fondo del procedimiento se encuentra en que, según la Ley General de la Seguridad Social (LGSS) entonces vigente (artículo 251), los trabajadores (sic) incluidos en el Sistema Especial para Empleados de Hogar tienen derecho a las prestaciones de la Seguridad Social, pero con ciertas "peculiaridades" entre las que se encuentra (letra d)) que la acción protectora de dicho Sistema "no comprenderá la correspondiente al desempleo". Desafiando esta exclusión de la legislación española, CJ presenta ante la TGSS una solicitud de cotización por desempleo (acompañada del consentimiento escrito de su empleadora) que, sin embargo, es denegada dos veces por la TGSS invocando la disposición ya citada [el artículo 251 letra c) de la LGSS]. Según resume la Sentencia, ante la segunda de las resoluciones denegatorias (adoptada a raíz de un recurso de alzada), CJ interpone un recurso contencioso-administrativo en el que alega que tal disposición supone una discriminación indirecta por razón de sexo en materia de

12. Pues, según consta en la propia STJ de 24 de febrero 2022, en nombre del Gobierno español intervinieron dos agentes, quienes, como señala el Abogado General –y veremos más en detalle posteriormente- se apoyaron en el argumento de que "la situación de los empleados del hogar no es comparable a la de los otros trabajadores del régimen general y, en consecuencia, [que] no existe discriminación indirecta alguna por razón de sexo" (2022).

seguridad social para con los empleados de hogar de sexo femenino, que constituyen la práctica totalidad de este colectivo de trabajadores; y es con ocasión de este recurso cuando el JC-A número 2 de Vigo plantea las cuestiones prejudiciales relativas a si el articulado de dos de las directivas antidiscriminatorias de la Unión Europea[13] se oponen a una normativa nacional como el artículo 251 d) LGSS.

Sobre el fondo del asunto procede destacar el modo en el que el TJ considera acreditada la "desventaja particular" en la que una disposición, un criterio o una práctica aparentemente neutros sitúan a personas de un sexo determinado con respecto a otras del otro sexo, en función de la cual se tipifica la discriminación indirecta según la Directiva 2006/54 (artículo 2, apartado 1, letra b)).[14] Así, haciéndose eco de las conclusiones del Abogado General (punto 58), la Sentencia señala que "es preciso tomar en consideración no solo a los trabajadores incluidos en el Sistema Especial para Empleados de Hogar, sino también al conjunto de los trabajadores sujetos al Régimen General de la Seguridad Social español, en el que se integran aquellos" (párrafo 44). Para ello el Tribunal acude a los datos estadísticos presentados

13. Concretamente, el artículo 4.1. de la Directiva 79/7, sobre igualdad de trato que prohíbe la discriminación por razón de sexo, ya sea directa o indirectamente, en la obligación de contribuir a las cotizaciones sociales, y el artículo 5 b) de la Directiva 2006/54, que recoge la prohibición de discriminación directa e indirecta por razón de sexo, en cuanto al ámbito de aplicación de los regímenes sociales y las condiciones de acceso a los mismos, así como en la obligación de cotizar y el cálculo de las cotizaciones.

14. Que entiende por "discriminación indirecta": "la situación en que una disposición, criterio o práctica aparentemente neutros sitúan a personas de un sexo determinado en desventaja particular con respecto a personas del otro sexo, salvo que dicha disposición, criterio o práctica pueda justificarse objetivamente con una finalidad legítima y que los medios para alcanzar dicha finalidad sean adecuados y necesarios" (artículo 2, apartado 1, letra b). Aunque sea de pasada, no está de más subrayar la deficiente redacción de la figura: "la situación en que... sitúan...", no exenta de consecuencias interpretativas. Véase al respecto Maggy Barrère (2018a).

en las observaciones orales de la TGSS, que ofrecerían los siguientes porcentajes: 48,96% de mujeres frente a 51,04 de hombres en el Régimen General de la Seguridad Social; y 95,53% de mujeres frente al 4,47% de hombres, en el Sistema Especial para Empleados de Hogar (párrafo 45). Atendiendo a ellos y a su fiabilidad, el Tribunal considera que, efectivamente, la LGSS situaría a las trabajadoras en desventaja particular con respecto a los trabajadores (párrafo 47) y "[d]e ello se deduciría que esta disposición nacional entraña una discriminación indirecta por razón de sexo contraria al artículo 4, apartado 1, de la Directiva 79/7, *a menos que esté justificada* por factores objetivos ajenos *a cualquier discriminación* por razón de sexo" (párrafo 48, [cursiva propia]).[15]

A la hora de analizar esa justificación, el TJ se fija en los objetivos de política social aducidos por el Gobierno español y la TGSS, quienes en sus observaciones escritas y orales habrían sostenido que la decisión de excluir de la protección contra el desempleo a los empleados (sic) de hogar estaría ligada "a las peculiaridades de este sector profesional... [que] presenta elevadas tasas de empleo, un escaso nivel de cualificación y, por tanto, de retribución, y un porcentaje considerable de trabajadores no afiliados al Sistema de Seguridad Social", y a que "la relación laboral de estos trabajadores se caracteriza porque su empleador no es un empresario profesional, sino un cabeza de familia que no obtiene un beneficio por el trabajo a cuenta ajena de dichos empleados, y por el hecho de que dicha relación se desarrolla en el ámbito del hogar familiar, lo que dificulta tanto la comprobación de los requisitos para el acceso a las prestaciones de desempleo como las inspecciones, debido a la inviolabilidad del domicilio" (párrafo 53). De ahí que –prosigue relatando el TJ– "[e]n este contexto, el incremento de las cargas y de los costes salariales

15. La llamada de atención (la cursiva propia) sobre esta última frase guarda relación con la referencia a que la justificación debe ser ajena a "cualquier discriminación por razón de sexo" y es que, como se verá a continuación, en ella no se incluye la figura de la discriminación estructural ni, por tanto, la eventual propuesta de "remedios".

resultantes del aumento de las cotizaciones para cubrir la contingencia de desempleo podría, según el Gobierno español y la TGSS, traducirse en una disminución de las tasas de empleo en este sector laboral, en forma de reducción de las nuevas contrataciones y de extinción de contratos, así como en situaciones de trabajo ilegal y de fraude a la seguridad social, y, en consecuencia, podría dar lugar a una reducción de la protección de los empleados de hogar. Por lo tanto, afirman que la disposición nacional controvertida en el litigio principal tiene por objeto mantener las tasas de empleo y luchar contra el trabajo ilegal y el fraude social en aras de la protección social de los trabajadores" (párrafo 54).

El TJ considera que estos objetivos de política social resultarían legítimos, pero "en principio". Remitiéndose de nuevo a las conclusiones del Abogado General (en el punto 67), las eleva a "una razón imperiosa de interés general que puede justificar una restricción al ejercicio de las libertades fundamentales reconocidas por el Tratado" (párrafo 58), añadiendo de su propia historia jurisprudencial que "dichas finalidades pueden justificar una diferencia de trato que afecte claramente a más mujeres que hombres en el acceso a un régimen legal de seguro de desempleo" (párrafo 59).[16] Atendiendo a ello, el reconocimiento o no de la regulación española que excluye la contingencia de desempleo en el trabajo del hogar como discriminación indirecta no iría, pues, ligado a la ilegitimidad de los objetivos, sino a la cuestión de la "adecuación de

16. Remite en este sentido a la Sentencia de 14 de diciembre de 1995, Megner y Scheffel, C-444/93, apartados 27, 28 y 32. Efectivamente, en esta Sentencia el TJ acepta las razones del Gobierno alemán para validar las disposiciones que excluyen de la cotización obligatoria al seguro de desempleo en los casos de "empleos menores" basándose en: la alta demanda de los mismos, "el marco estructural del sistema de Seguridad Social alemán" (párrafo 27) y que "los empleos suprimidos no serían reemplazados por empleos a tiempo completo o a tiempo parcial sujetos al seguro obligatorio" (párrafo 28). En este sentido, falla que "no constituyen una discriminación por razón del sexo, aunque dichas disposiciones afecten a muchas más mujeres que a hombres" (párrafo 32).

dicha disposición nacional para alcanzar esos objetivos y, en particular, a la cuestión de *si esta se aplica de manera coherente y sistemática*" (párrafo 61, [cursiva propia]), para lo cual –señala el propio TJUE- "debe demostrarse que el colectivo de trabajadores al que excluye de la protección contra el desempleo *se distingue de manera pertinente* de otros colectivos de trabajadores que no están excluidos de ella" (párrafo 62, [cursiva propia]). Y es en relación a esta cuestión sobre la que el Tribunal construye su decisión. Para ello se fija de nuevo en las observaciones de la TGSS y del Gobierno español, de las cuales aprecia que "otros colectivos de trabajadores cuya relación laboral se desarrolla a domicilio para empleadores no profesionales, o cuyo sector laboral presenta las mismas peculiaridades en términos de tasas de empleo, de cualificación y de remuneración que el de los empleados de hogar, como los jardineros y conductores particulares o los trabajadores agrícolas y los trabajadores contratados por empresas de limpieza, están todos cubiertos frente a la contingencia de desempleo, y ello a pesar de que sus cotizaciones son en algunos casos inferiores a las aplicables a los empleados de hogar" (párrafo 63). También se fija en que sea solo la exclusión de la prestación por desempleo la que diferencia al Sistema Especial para Empleados de Hogar del Régimen General de Seguridad Social, y no, por ejemplo, las relativas a los accidentes de trabajo y a las enfermedades profesionales, "que presentan aparentemente los mismos riesgos de fraude a la seguridad social que las de desempleo" (párrafo 66).

En definitiva, para aplicar el concepto de discriminación indirecta el TJ se basa en el análisis de la (falta de) "coherencia interna" de la normativa española y de que los medios elegidos por el estado español (no) "sean adecuados para alcanzar los objetivos legítimos de política social perseguidos" (párrafo 67) y vayan "más allá de lo necesario para lograrlos" (párrafo 68).[17] Sin embargo, en ningún pasaje de su razonamiento el

17. Sobre esta última cuestión, el TJ argumenta que, dado que "la exclusión de la protección por desempleo implica la imposibilidad de que los empleados de hogar accedan a otras prestaciones de seguridad social a las que podrían

TJ pone de relieve qué relación guarda la exclusión de la prestación por desempleo –por ejemplo- con la lucha contra el trabajo ilegal,[18] que es uno de los objetivos legítimos aducidos por el Gobierno español para eludir la discriminación indirecta, como tampoco en qué medida contribuye a mantener las tasas de empleo.[19] Así, amparándose en el recurso argumentativo de la comprobación de la coherencia y sistematicidad de la normativa, el TJ evita entrar en las cuestiones más espinosas relativas al trabajo del hogar y de cuidados, como son las relativas al alto número de personas migrantes que lo desempeñan de manera ilegal,[20] pero también de la subordiscriminación a la que no es ajena ninguna política social.

Se puede pensar que, en este caso, no importa esta cuestión. Al fin y al cabo, el TJ reconoce la discriminación indirecta y, con ello, a la postre, la necesidad de reconocimiento del derecho a la prestación por desempleo. Sin embargo, como veremos más adelante, con este uso de la discriminación indirecta, no es solo que se difumina la raíz del problema (el porqué de la inexistencia del derecho al desempleo en el sector durante tanto tiempo), sino que se eclipsa la dimensión discriminatoria sobre la que se sustenta el sector del trabajo del hogar: una desprotección jurídica e infravaloración del trabajo de *ciertas* mujeres, pero también de *algunos* hombres que, además, al integrarse en el sector laboral del trabajo del hogar, rompen con el

tener derecho y cuya concesión está supeditada a la extinción del derecho a las prestaciones por desempleo, como las prestaciones por incapacidad permanente o las ayudas sociales para desempleados" (párrafo 69), "no parece (...) que la disposición nacional controvertida en el litigio principal sea necesaria para alcanzar los objetivos mencionados" (párrafo 70).

18. Por no entrar en el aducido "fraude social", expresión de difícil atribución de significado.

19. Sobre todo, de quiénes: si de las mujeres que trabajan en el hogar (legal o ilegalmente) o de quienes son sustituidas en el trabajo del hogar para trabajar en mejores empleos fuera del mismo.

20. Véase infra, epígrafe 3.

proceso de estereotipación. En definitiva, la invocación de la susodicha coherencia interna aplicable a la justificación de la discriminación indirecta sacrifica, pues, el examen de la dimensión estructural, sistémica e interseccional de la discriminación (resumiendo, de la subordiscriminación).

2.1.2. Las Conclusiones del Abogado General, Sr. Szpunar

Las Conclusiones del Abogado General (CAG), presentadas el 30 de septiembre de 2021, ofrecen elementos de análisis del caso que han sido obviados en el tenor de la Sentencia, pero que, desde la perspectiva del Derecho antisubordiscriminatorio, procede recuperar, como son las referencias relativas a estereotipos y roles de género. Tienen que ver con la argumentación que lleva a cabo el AG para justificar sus dudas respecto del "carácter no discriminatorio" (párrafo 76) de los objetivos aducidos por el Gobierno español y la TGSS para negar la existencia de una discriminación indirecta en el caso de la LGSS. Así, a la hora de razonar sobre esta cuestión, el AG señala que "los regímenes de seguridad social están a menudo basados en un modelo de familia en el que se considera que la persona de sexo masculino a la que se atribuye de oficio la calidad de cabeza de familia, es la que desempeña un trabajo y soporta todos los gastos domésticos" y por ello procede examinar, en el marco de la "justificación objetiva", "si ciertos objetivos de política social invocados para justificar una diferencia de trato a las personas de sexo femenino están anclados en *roles estereotipados o en estereotipos de género que pueden ser la causa de* discriminaciones indirectas o *sistémicas*" (párrafo 77, cursiva propia), recogiendo al respecto la referencia de Christa Tobler (2005) a la "discriminación estructural".[21] Es más, amparándose en conocida doctrina laboralista de

21. Según recoge el AG, "El término 'discriminación estructural' se refiere a un tipo de discriminación de naturaleza mucho más compleja. La discriminación estructural se deriva de puntos de vista, opiniones y juicios de valor

los años noventa, advierte de que "una concepción de igualdad entre las personas de ambos sexos que consolide el modelo tradicional de la especialización de los roles masculinos y femeninos tiene el efecto, por una parte, de obviar la segregación profesional y la situación desfavorable de las personas de sexo femenino en el mercado de trabajo, 'al permitir que perduren las desigualdades entre trabajadores típicos y atípicos dentro de los regímenes de seguridad social', y, por otra parte, que 'las personas que no adoptan el modelo tradicional de actividad profesional, sobre todo los trabajadores "atípicos", pasan a ser considerados económicamente dependientes de los trabajadores "típicos", "dando lugar, así, a una concepción de la igualdad que "legitima el mantenimiento y desarrollo de diversas formas de 'familización de derechos'" (párrafo 78).

Estas consideraciones que se acaban de recoger constituyen lo que el propio AG designa como el "contexto" (párrafo 79) en el que basará su razonamiento para cuestionar que los objetivos presentados en este asunto por el Gobierno español y la TGSS (recordemos: proteger el nivel de ocupación y las características del sector, además de luchar contra el trabajo sumergido) resulten ajenos a toda discriminación por razón de sexo. No vamos a detallarlo porque, al resultar asumido por el Tribunal, ya ha sido considerado al dar cuenta del tenor de la sentencia, pero des-

profundamente arraigados en una sociedad determinada, o de patrones y estructuras sociales, culturales y económicos" (Tobler, 2005: 61 y ss), en la nota 56 de las CAG. En esta misma nota el AG recoge la definición del Alto Comisionado de las Naciones Unidas para los Derechos Humanos que, en el ámbito de la discriminación racial, precisa que "[l]a discriminación estructural se refiere principalmente a las formas en que una conducta común y una legislación normativa igual para todos puede tener, y ocultar, fines discriminatorios" (https//www.ohchr.org/Documents/Issues/Racism/IWG/Session8/MirjanaNajcevska.doc Recuperado el 5 de diciembre de 2024). Dada la vaguedad de ambas referencias, más adelante se volverá sobre la necesidad de un concepto de l discriminación estructural que pueda resultar operativo en el marco del Derecho antidiscriminatorio.

tacaremos lo suficiente para ilustrar que la remisión a los estereotipos de género parece la panacea y queda políticamente correcto, pero no sirve para ir al fondo del asunto.

En primer lugar se reprocha al Gobierno español que los motivos centrados en las características de los empleados de hogar (trabajadores poco cualificados que cobran el salario mínimo) o de sus empleadores (cabezas de familia) para excluir a este sector de la prestación de desempleo estarían "basados más bien en estereotipos de género" utilizando el argumento de que, entonces "todos los trabajadores del mercado laboral poco cualificados y que perciban el salario mínimo en otros sectores deberían quedar también excluidos de la prestación por desempleo", lo cual –añade- no sucede (párrafo 81). En segundo lugar, ante el objetivo defendido por el Gobierno español de proteger el nivel de ocupación del sector del trabajo del hogar (en el que el desempleo tendría una incidencia mínima y además estaría desempeñado en su mayoría por mujeres) y el de evitar el incremento de trabajo sumergido (que eventualmente se produciría por el aumento de cotizaciones aparejada a la inclusión de la prestación por desempleo en el sistema especial para empleados de hogar), el AG considera de nuevo que la exclusión basada en ambos argumentos conduce "a reforzar la concepción social tradicional de los roles" pero cuestionando además de esta atribución de roles que permita "no solo explotar la posición, estructuralmente más débil, de las personas que integran el sector de los empleados de hogar, sino también infravalorar el trabajo de los empleados de este colectivo, que debería, por el contrario, ser reconocido y valorado por la sociedad" (párrafo 82).

En definitiva, que los roles no son el problema real se ha podido comprobar cuando el TJ tiene en su haber un largo número de sentencias que lo que hacen es, precisamente, reproducirlos. Pero a la vez es exagerado hacer recaer en ellos el *leit motiv* de la explotación de quienes trabajan en el sector y la infravaloración de su trabajo. Ese hay que buscarlo en otro lugar, como es la intersección de los sistemas de poder (sexo-género, clase y raza, este último unido a la extranjería). En definitiva, en abstracto se podría pensar que se trata de una gran ocasión perdida para aplicar por lo menos el concepto de "discriminación estructural", sugerida además por el AG, pero es comprensible que el TJ se "reprima": las causas, que no son los estereotipos, sino los sistemas de poder, son tema tabú para el TJ, especialmente cuando la referencia a los mismos implica revisar la política de extranjería.

Resumiendo, a diferencia de la Sentencia, el AG utiliza en su razonamiento un aparato terminológico y conceptual (roles y estereotipos de género, discriminación estructural, familización de derechos, etc.) que entronca con la perspectiva del Derecho antisubordiscriminatorio y esto es algo a valorar. Aun así, dicho despliegue conceptual no resulta suficiente para traslucir la dimensión sistémica que debe abarcar tal Derecho, como es el conjunto relacionado de tratos que configuran el fenómeno injusto de poder que afecta a *la mayoría de personas* que trabajan en el sector del hogar (representada por *ciertas* mujeres). Según se considera aquí, esto se produciría por las –digámoslo así- insuficiencias relativas a tres aspectos fundamentales, como serían: 1) concebir los estereotipos y roles de manera periclitada y como *causas* de la discriminación; 2) no definir claramente lo que se entiende por "discriminación estructural" (y su eventual diferencia con la indirecta y la "sistémica"); y 3) la ausencia total de una perspectiva interseccional. Sobre el modo de abordar estas insuficiencias tratará el epígrafe siguiente.

3. El caso desde un Derecho antisubordiscriminatorio con perspectiva interseccional

El Derecho moderno, de tintes revolucionarios (con su fecha típica y tópica de 1789), se edifica sobre el reconocimiento de los derechos individuales. Este nuevo modelo y, sobre todo, la doctrina que lo acompaña racionaliza[22] el denominado universalismo de los dere-

22. El verbo racionalizar se utiliza aquí como "legitimar dando carta de naturaleza".

chos. Como ha sido ampliamente resaltado por la teoría jurídico-política, ese universalismo resultó y sigue resultando falso, en tanto no solo supuso la exclusión de las mujeres, las personas no blancas y no propietarias de los derechos de ciudadanía, sino también que los derechos se articularan sobre un modelo de sujeto (varón, blanco, propietario, heterosexual, sin discapacidades, etc.) referente de necesidades, intereses y experiencias. Puesto que se trata de un modelo abstracto y pretendidamente universalista, a partir del mismo, tratos (también jurídicos) que no hagan diferencias o distinciones directas o explícitas entre personas o grupos tendrán *apariencia* de igualitarios ("neutros").

A lo largo de los siglos XIX y XX, ese paradigma jurídico se plasma en las Constituciones estatales que, a su vez, beben de las Declaraciones y Tratados internacionales. Los derechos individuales se contemplan constitucionalmente, pero no así la existencia de sistemas de poder que son los que han hecho que ciertos grupos fueran excluidos explícitamente de los derechos. Esto solo se hace notar cuando, como ocurre en el artículo 9.2. de la Constitución Española (CE), se establece el deber de que los poderes públicos promuevan las condiciones para que la igualdad de los individuos y de los grupos en que se integran sean reales y efectivas. Lógicamente, si existe el deber de promover algo (léase la igualdad real y efectiva de los grupos) es porque ese algo no existe; pero, además, para promover las condiciones que lo hagan posible, resultará fundamental conocer por qué no existe ya que, en caso contrario, su no existencia continuará produciéndose.

Para la cultura jurídica hegemónica ese porqué se encuentra en –según los textos de referencia, "diferencias", "motivos" o "razones de" nacimiento, raza, sexo, etc. que dan lugar a- la discriminación entendida como tratos puntuales y prohibidos que rompen con el mandato de igualdad ante la ley. Y es al amparo de esta manera de entender la discriminación como se desarrolla el Derecho antidiscriminatorio moderno desde mediados del siglo XX, entre cuyas características está, precisamente, que el concepto de discriminación aparezca ligado al binomio discriminación directa/discriminación indirecta. Esto no quiere decir que, aun resultando hegemónico, los confines y características de este Derecho no sean objeto de discrepancia en la cultura jurídica. Lo son, hasta el punto de que, si bien se puede hablar de un Derecho antidiscriminatorio hegemónico formal o liberal, también se pueda hablar de un Derecho antidiscriminatorio crítico (aquí denominado antisubordiscriminatorio) que, frente al anterior, vincula la discriminación –no estrictamente a diferencias, motivos o razones de, sino- a sistemas de poder construidos sobre la *relevancia* otorgada a determinados rasgos o características (es decir, a diferencias, motivos o razones) físicas o sociales en función de determinados intereses. Desde este último enfoque, hablar de discriminación es hablar de un *continuum* de tratos que se significan en uno o varios sistemas de poder.[23] Dicho de otro modo, un sistema de poder se visualiza (se manifiesta empíricamente) en tratos relacionados, de tal manera que no se puede hablar de la existencia de un sistema de poder sin tratos o de estos aisladamente considerados (es decir, sin relación entre ellos).

El recurso al concepto de sistema de poder resulta clave para el Derecho antisubordiscriminatorio porque sirve para explicar por qué el fenómeno de injusticia de quien se dice discriminado/a por pertenecer a un grupo originariamente excluido de los derechos no es el mismo que el de quien se dice discriminado/a pero, no solo no forma parte de tal grupo, sino que pertenece a otro que ha salido beneficiado de tal exclusión. En ese mismo sentido, justifica que, para no generar problemas de ambigüedad, no se pueda usar la misma palabra (discriminación) para designar ambas injusticias[24]

23. La discriminación podría representarse entonces como una de *clase* (*type*) cuyas instancias puntuales (*token*) serían los tratos discriminatorios, que, en tanto tratos (es decir, conductas) pueden ser clasificados de muchas maneras (intencionales o no intencionales, de acción o de omisión, etc.).

24. De ahí el término *subordiscriminación* para designar el primer supuesto.

y por qué, aunque las fórmulas antidiscriminatorias de los Tratados internacionales y de los textos constitucionales se articulen sobre "diferencias", "motivos" o "razones de" *en abstracto* (la raza, el sexo, etc.), lo que esté detrás (sistemas de poder construidos sobre esas diferencias, motivos o razones de) afecte a grupos *concretos* (personas racializadas, mujeres, homosexuales, pobres, etc.).

3.1. A vueltas con la discriminación estructural, la estereotipación y los sistemas de poder

A la hora de explicitar el concepto de sistema de poder como recurso explicativo de la subordiscriminación de ciertos grupos resulta fundamental acudir a las aportaciones del pensamiento crítico de las últimas décadas del pasado siglo XX. La base articuladora de todas ellas es el concepto de opresión y en su desarrollo ocupa un lugar destacado Iris Marion Young ([1990] 2000).[25] El éxito de la aportación de Young vino del modo en el que esta autora supo resumir la resignificación operada por los movimientos sociales de izquierda de los años 60 y 70. Para estos, hablar de opresión no significaba tomar como referencia un poder tiránico basado en la coacción, sino fijarse en las injusticias que sufre cierta gente debido a "las prácticas cotidianas de una bienintencionada sociedad liberal" y a "los impedimentos sistemáticos que sufren algunos grupos" no necesariamente vinculados a la intención de alguien (Young, 2000: 74 ambas citas). La opresión así entendida (prácticas cotidianas desvinculadas de la intencionalidad que sufren algunos grupos) es para Young "estructural", aunque también atribuye esta adjetivación a que "sus causas están insertas en normas, hábitos y símbolos que no se cuestionan, en los presupuestos que subyacen a las reglas institucionales y en las consecuencias colectivas de seguir esas reglas" (2000: 74-75). Aunque, para Young, esto último (la inserción en

25. Las cinco caras de la opresión son, para Iris M. Young, explotación, marginación, carencia de poder, imperialismo cultural y violencia (2000: cap. II).

normas, hábitos y símbolos) determinará *también* su "carácter sistémico" (2000: 75), es decir, la razón para poder hablar de "*sistema de* opresión" (2000: 76 [cursiva propia]).

Este planteamiento de Young, en el que lo estructural se identifica primero con lo no intencional y luego con lo sistémico (pero definido en los mismos términos que lo estructural), muy común en el pensamiento crítico, provoca cierta confusión a la hora de poder utilizar estos adjetivos de manera clara y fructífera. Sobre todo, porque la referencia a lo estructural se usa también con un sentido diverso. Un ejemplo lo encontramos en Sylvia Walby y su teorización del patriarcado (1990). Esta socióloga feminista define el patriarcado como "un sistema de estructuras y prácticas sociales en las que los hombres dominan, oprimen y explotan a las mujeres" (Walby, 1990: 20), explicitando seguidamente la importancia de la referencia a la "estructura social" para un doble rechazo: a) al determinismo biológico; y b) a la idea de que todo hombre (*every individual man*) se encuentra en una posición dominante y toda mujer en una posición subordinada. De este modo, nos encontramos con dos nuevas acepciones relativas a lo estructural: desvinculación de lo biológico y de la visión del grupo como un todo homogéneo.

Además, Walby, a diferencia de Young, suministra una diferencia entre lo estructural y lo sistémico cuando, al definir el patriarcado según un mayor o menor nivel de abstracción, se refiere al mismo, respectivamente, como "un sistema de relaciones sociales" (articulado con el capitalismo y el racismo) o como (un sistema) "compuesto de seis estructuras" que, aun siendo relativamente autónomas, "tienen efectos causales una sobre otra" (1990: 20, [todas las citas]). La primera estructura es la relativa al *trabajo pagado* y en ella se contemplan tres interrogantes: a) por qué suelen ganar menos las mujeres que los hombres; b) por qué realizan trabajos peor remunerados que los hombres; y c) por qué desempeñan trabajos diferentes a los de los hombres (Walby, 1990: 25). La segunda es la relativa a la *producción en lo doméstico* (a la producción de la "reproducción") en la que se expropia el trabajo de las mujeres sin la consideración de tal (Walby, 1990: 61). La tercera estructura es la relativa a la *cultura* en la que se perfilan las ideas de la masculinidad y feminidad, es decir, la "representación de género" (Walby, 1990: 90). La cuarta se refiere a la *sexualidad* e implica responder a interrogantes como: a) por qué se critica a las mujeres por formas de conducta sexual que en los hombres son vistas positivamente; b) por qué tiene tanta popularidad el mito del orgasmo vaginal; c) por qué hay hombres que abusan sexualmente de sus hijos (Walby, 1990: 109). En quinto lugar menciona la *violencia* masculina contra las mujeres, que incluye violaciones, agresiones sexuales, palizas a las esposas, acoso sexual laboral y abuso sexual infantil y sobre ella precisa que, aunque a menudo se piensa como los actos de unos pocos hombres sobre unas pocas mujeres, con una motivación individual y con pocas consecuencias sociales más allá del trauma causado a algunas de ellas, puede verse como un *continuum*, tiene todas las características de "una estructura social" y no puede entenderse fuera del análisis de las "estructuras sociales patriarcales" (1990: 128 [todas las citas]). Por último, en sexto lugar menciona al Estado -apartándose al respecto, tanto de la versión weberiana (como cuerpo de instituciones que monopolizan el uso de la coacción legítima en un determinado territorio) como de la marxiana (solo en términos de clases sociales)-, comprometido con fuerzas políticas de género, cuyas acciones tienen efectos diferenciados de género y cuya estructura tiene un alto contenido de género (1990: 150).

Hasta aquí lo referente a lo estructural que, como se ha podido apreciar, no coincide exactamente con lo que disciplinas como la sociología entienden por estructuras sociales (la familia, la economía, la política, la religión, etc.) sino que refiere a estructuras sociales, sí, pero del sistema patriarcal. En este sentido, la idea de *sistema* la utiliza Walby para designar esa *mirada relacional o conectiva* entre las seis estructuras que le lleva a hablar de *conjunto* de seis estructuras aunadas por el esquema patriarcal.

Pero lo señalado hasta el momento es solo una pequeña muestra de que la referencia del pensamiento crítico a lo sistémico y lo estructural se despliega sobre una zona de penumbra, ya que esta aumenta según crece el número de autores/as de referencia (Barrère, 2018b: 29-31). Esto lleva a que, como advierte Loïc Wacquant, expresiones que se adjetivizan con el término estructural y sistémico (en el caso del que él habla, "racismo estructural" y "racismo sistémico") "cre[e]n más problemas de los que resuelven" (2022: 76). De ahí, pues la necesidad de una primera clarificación que, en nuestro caso, vendría determinada por la propuesta de utilizar la referencia a lo estructural para designar el alcance que los tratos subordiscriminatorios tienen en la configuración de lo social y, por lo tanto, desvinculándolo de su acepción relativa a (la falta de) intencionalidad. Es cierto que este último uso le sirvió al pensamiento crítico para ilustrar que las instituciones discriminan sin necesidad de que exista una consciencia de discriminación, pero si –como se hace aquí- se reconoce que las estructuras sociales (patriarcales o sociológicas) se manifiestan en tratos (son producto de tratos y producen tratos) y estos pueden ser intencionales o no, no es necesario "quemar" el significado de lo estructural con lo no intencional. Es más, la ruptura de la identificación necesaria entre lo estructural con lo no intencional tiene la ventaja de no proyectar la cuestión de la no intencionalidad sobre el sistema. Y es que, dada la indistinción que, como se ha visto, se hace a veces entre lo estructural y lo sistémico, la desvinculación de la intencionalidad con lo estructural podría dar a entender que los sistemas de poder son ajenos a la intencionalidad o, dicho de otro modo, que es posible explicar un sistema de poder sin recurrir a la intencionalidad de oprimir o subordinar a ciertos grupos.

La segunda propuesta de clarificación sería utilizar el adjetivo sistémico para designar el alcance conectivo de (el conjunto de) los tratos subordiscriminatorios que dan vida al sistema. Esta propuesta, en la que luego se profundizará, se parece bastante a la de Walby, pero no se reduce a ella. Y es que en el planteamiento de esta autora (pero también en el de Young) se echan en falta otros –digamos- componentes de un sistema de poder que van más allá de las estructuras tal y como han sido mencionadas. Nos referimos, por ejemplo, a los estereotipos o, más específicamente al proceso de estereotipación, pero también al papel constitutivo del Derecho en los sistemas de poder. Ambos elementos aparecen, sin ir más lejos, en la definición del patriarcado que, a modo de síntesis, nos presenta Alda Facio, quien nos habla de este como de "un sistema familiar, social, ideológico y político mediante el cual los hombres, por la fuerza, usando la presión directa o por medio de símbolos, ritos, tradiciones, *leyes*, educación, *el imaginario popular o inconsciente colectivo*, la maternidad forzada, la heterosexualidad obligatoria, la división sexual del trabajo y la historia robada, *determinan qué funciones podemos o no desempeñar las mujeres*" (1993: 20, [cursiva propia]). En otros términos, conservando la idea de sistema y de estructura, destacando la división sexual del trabajo, así como la violencia y la sexualidad, en esta definición se introducen varios elementos que van a dotar de mayor alcance explicativo al concepto de sistema de poder. Nos referimos, por un lado, al "imaginario popular e inconsciente colectivo", así como a "las funciones" atribuidas a las mujeres, dos espacios conceptuales donde ubicar los *estereotipos* y los *roles*, dos elementos del patriarcado que no habían sido destacados en los anteriores planteamientos, o no suficientemente.[26] Pero también se introduce la referencia a las "leyes", es decir, al Derecho, frecuentemente olvidado, y no precisamente en su papel represor sino "constitutivo" del orden socio-patriarcal, una idea esta que lo acerca a la teoría cognitiva de la legitimación jurídica según la cual el Derecho funciona como un sistema de creencias con las que se construye la realidad social.[27]

26. De hecho, en el libro de Sylvia Walby que –recordemos- se titula *Theorizing Patriarchy*, la palabra estereotipo aparece solo 3 veces, y dos de ellas en la misma página (1990: 144).
27. De tal manera que su función ideológica sería más bien cognitiva o hegemónica en términos gramscianos: actuaría, no tanto convenciéndonos de que el orden existente es justo, sino enseñándonos que es básicamente

La combinación de estas últimas ideas converge en el tratamiento iusfeminista de la estereotipación. La referencia a los estereotipos y roles fue introducida jurídicamente a nivel internacional en el artículo 5 de la *Convención para la eliminación de toda forma de discriminación contra la mujer* (CEDAW),[28] que obliga a los Estados Partes a tomar todas las medidas apropiadas para "modificar los patrones socioculturales de conducta de hombres y mujeres, con miras a alcanzar la eliminación de los prejuicios y las prácticas consuetudinarias y de cualquier otra índole que estén basados en la idea de la inferioridad o superioridad de cualquiera de los sexos o en funciones estereotipadas de hombres y mujeres" (artículo 5, inciso a). De la relevancia de este artículo ha sido consciente el iusfeminismo, que desde hace más de una década lleva ocupándose del análisis de los estereotipos en el razonamiento judicial (Cook y Cusack [2010] 2012; Timmer, 2011; Peroni, 2014; Lousada, 2020, 2022; Villanueva, 2021; Timmer y Sosa, 2022; Ghidoni y Morondo Taramundi, 2022a, 2022b; Ronconi, 2022; Irigoien, 2024; De Giuli, 2024, int. al.). En buena parte de estos estudios se aborda el modo en el que los estereotipos justifican las jerarquías de poder naturalizando e invisibilizando la opresión, así como la manera en la que se refuerzan interseccionalmente (Ghidoni y Morondo Taramundi, 2022: 49 y 61), pero también se destaca la importancia de su contextualización y de los remedios que, ante su detección, desafían al poder judicial (Ronconi, 2022: 99 y ss.).

Desde el primer enfoque no interesan los estereotipos como productos o resultados (mujer cuidadora, madre abnegada, etc.) sino el proceso de estereotipación (*stereotyping*), que es donde se crean las "narrativas prescriptivas, sus elementos, mecanismos y efectos" (Ghidoni y Morondo Taramundi, 2022a: 54). Por ello, tomando como hori-

inmutable y que, por tanto, las alternativas son imposibles (Pérez Lledó, 1996: 98-99).

28. Aprobada en 1979 y ratificada por España en 1983 (instrumento de ratificación aprobado en 1984).

zonte una teoría crítica, lo que se plantea es desactivar esas narrativas que justifican, racionalizan y naturalizan al poder, poner en cuestión el modo en el que el patriarcado se atribuye el poder de significar. Para este cuestionamiento de la estereotipación se ofrecen tres instrumentos de análisis: la serialización (por la que las mujeres son vistas como idénticas), la hetero-designación (imposición de espacios, posiciones y roles) y la interseccionalidad (como interacción de los diferentes ejes de opresión) (Ghidoni y Morondo Taramundi, 2022a: 55).

Desde el segundo de los enfoques, aun reconociendo la importancia de la identificación y deconstrucción de los estereotipos, se considera necesario incluir, como ya se ha avanzado, el *contexto* y los *remedios*. Por "contexto" se entiende el socio-económico, uno de esos "otros factores que causan la desigualdad" (Ronconi, 2022: 101), y sin el cual se "invisibiliza la desigualdad de género por condición económica-social (*falta de redistribución*)" (2022: 100), mientras por "remedios" se entienden las respuestas a nivel judicial, pero de alcance estructural. En palabras de Liliana Ronconi: "cuando se identifica [se refiere al quehacer judicial] un proceso de estereotipación, que deja en claro cuestiones vinculadas a procesos de serialización, hetero-designación, interseccionalidad en un contexto de desigualdad económica y simbólica, es necesario que los remedios den también cuenta de esto. Las obligaciones estatales no pueden limitarse a una reparación, ni a atender a las víctimas en concreto, sino que devenir más allá y buscar desarmar esos estereotipos y procesos. Los remedios deben apuntar a erradicar los estereotipos o en forma más general, también, los procesos que dan lugar a los mismos. Lo importante es resaltar que no alcanza con identificar, visibilizar y desmantelar los estereotipos, se requieren además medidas que transformen la situación que los siguen reproduciendo" (Ronconi, 2022: 103)[29].

29. Liliana Ronconi se ampara para ello en la RG número 28 del Comité de la CEDAW.

Tal y como aquí se percibe, lo que desde la segunda aportación se denomina contexto bien pudiera coincidir con la práctica de la interseccionalidad de la primera, pero, independientemente de ello, la conjunción de ambos planteamientos suministra un caudal valioso para la teoría y la práctica del Derecho antisubordiscriminatorio. A partir del mismo se puede fundamentar que, aunque un sistema de poder se visualiza en tratos subordiscriminatorios, estos responden a elementos conectados entre sí pero analíticamente diferenciables. Entre ellos están: a) los procesos mentales que naturalizan la subordiscriminación; y b) los que la propagan socialmente. En el primer tipo cabe situar a los estereotipos (que, dependiendo de la conceptualización, podrían abarcar también los sesgos, el estigma y los roles) y, en el segundo, a las conductas o los tratos (incluyendo lógicamente los verbales) en los que se manifiestan. Ambos elementos son *estructurales* en relación al sistema de poder dado que constituyen, por así decir, parte de la armadura que lo sustenta (acepción de estructura en sentido arquitectónico), aunque –se insiste- en ninguno de los casos tiene sentido definirlos como *no intencionales* que, como se ha visto, es una de las acepciones con las que el pensamiento crítico emplea la palabra estructural. Y no tiene sentido porque no es necesario, dado que los tratos en los que se manifiestan los mecanismos de un sistema pueden ser intencionales *o no*, es decir, ya está concebida como factible esa posibilidad. Por eso, mayor necesidad que destacar su carácter estructural presenta resaltar su carácter sistémico y, con ello, la necesidad -parafraseando a Ronconi- de identificar y, en su caso, eliminar los mecanismos que los siguen reproduciendo. En lo que aquí respecta, esos mecanismos van más allá de las narrativas, y se pueden conceptualizar como intereses.

Desde la perspectiva del Derecho antisubordiscriminatorio, el interés/beneficio se encuentra en la base de todo sistema de poder (Winant, 2004: 84). Es más, la importancia que se da a la intencionalidad debería desplazarse hacia el interés (económico, político, sexual, afectivo, etc.), en tanto la certeza de la intencionalidad se reduce al juego de las presunciones, mientras la del interés, no. Se ha señalado recientemente que, mientras la cuestión principal para el feminismo ha sido determinar *a quién* beneficiaba la opresión de las mujeres, si al capital o a los hombres, ahora estaría en determinar "*cómo* se benefician los hombres y el capital de la explotación de las mujeres" (Ferrero-Turrión 2021, [cursiva propia]). Sea como sea, determinar cómo y a quién benefician disposiciones, criterios o prácticas que subordiscriminan es algo que se puede analizar al margen de las presunciones sobre la intencionalidad, como se apreciará en el epígrafe siguiente, cuando volvamos al caso del trabajo del hogar.

3.2. Contraste con la doctrina y proyección sobre el caso

Remitiéndonos al marco teórico recogido en el epígrafe anterior, para analizar el no reconocimiento del derecho a la prestación por desempleo es necesario acudir a los sistemas de poder y su intersección. En el caso que nos ocupa, esto implica superar el dato de la desproporción entre hombres y mujeres como punto de partida de lo discriminatorio, que es lo que, por ejemplo, hace el abogado de la demandante. Es decir, como en el concepto de discriminación indirecta resulta esencial el elemento de la desproporción entre hombres y mujeres, el letrado busca datos de la misma en el porcentaje de hombres y mujeres que trabajan en el sector del empleo de hogar, encontrando que, efectivamente, la desproporción es evidente (con datos de 2012, un 97% de mujeres frente a un 3% de hombres).[30] Sin embargo, contar con estos datos (la desproporción hombres-mujeres) no es suficiente para dimensionar la opresión (en nuestros términos, subordiscriminación) de la mayoría de las mujeres del sector. Y es que en dicho porcentaje no consta el alto número de mujeres migrantes ni, de entre estas, el

30. Dato recogido del FJ 2 de la Sentencia 68/22, de 17 de marzo de 2022, del JC-A número de Vigo, que se hace eco de la STJ de 24 de febrero de 2022.

alto porcentaje de quienes carecen de *papeles* (Fundación Ellacuría, 2017: 4), para las cuales, antes que la preocupación por tener derecho a la prestación por desempleo está la de ser reconocidas como trabajadoras. Y para "ver" esto no basta con la teorización *originaria* y *única* del sistema sexo-género (división sexual del trabajo, atribución de roles en función de determinados estereotipos, como los de mujer=ama de casa y varón=proveedor, etc.), sino que es necesario contar con las dinámicas interactivas y adaptativas de los sistemas de poder. Son estas dinámicas sistémicas de carácter interseccional (poniendo en relación el sistema sexo-género con la clase, la raza/migración, etc.) las que dan cuenta de la morfología mayoritaria de las mujeres que trabajan en el sector del hogar y son estas dinámicas las que explican que la dimensión de la opresión/subordiscriminación del sistema sexo-género en unas y otras mujeres sea diferente.

Por lo tanto, la subordiscriminación con dimensión interseccional no es (no debe ser) un complemento, sino un punto de partida de los casos de discriminación que se presentan a los tribunales y de las resoluciones de estos. En el caso que nos ocupa, solo la adopción de este prisma conceptual nos permite tomar conciencia de que la exclusión del derecho a la prestación por desempleo constituye (o constituía) *un* trato jurídico subordiscriminatorio importante para quien trabaja en el sector del trabajo de hogar, pero también que es (era) *solo uno entre un conjunto de ellos*, puesto que también podían haber sido tachados de discriminatorios, y ser por tanto objeto de demandas, los que estaban en el origen de una normativa que preveía la figura del desistimiento del empleador como causa de extinción del contrato, la cotización por tramos salariales o la ausencia de consecuencias ante el despido de una trabajadora embarazada (Zaguirre, 2019: 6-8). Lo que ocurre es que estos tratos y su relación forman parte de esa invisibilización de la que hablaba Ruth Mestre (2002) sobre las *Dea(e) ex machina* en un artículo que, aunque escrito hace casi 20 años, sigue de actualidad.

Pero, además, la perspectiva estructural (aquí, antisubordiscriminatoria) no puede ser solo un complemento adicional de la discriminación indirecta[31] porque la respuesta jurídica obtenida hasta el momento para solventar las situaciones de discriminación en el sector del hogar (recogida en el citado Real Decreto-ley 16/2022, de 6 de septiembre) a partir de la utilización de ese concepto no ha servido para tomar en consideración otros tratos relacionalmente discriminatorios.[32] Así se pueden considerar los derivados de lo que Isabel Otxoa tilda de *incumplimiento generalizado* de la normativa que debería amparar los derechos de quienes trabajan *en ese sector* (Otxoa, 2021).[33] Obviamente, la actuación a este respecto no puede provenir (o no solo) de las instancias judiciales, pero la inacción política a este respecto sostiene un *statu quo* laboral injusto que es el resultado de intereses que confluyen y de instancias que los amparan. Y, a este respecto, el dedo en la llaga lo pone de nuevo Otxoa cuando, al reflexionar sobre el porqué sucede en este sector lo que en otros no podría pasar, afirma que "[e]l cumplimiento de las normas ya

31. Como sostiene en un reseñable artículo María J. Añón Roig (2013: 150).

32. Para una excelente panorámica sobre el mapa regulatorio del trabajo del hogar en España tras las novedades producidas en 2022 y las deficiencias persistentes en el sector *véase* Antonio Giménez Merino (2023). Como bien señala este autor, "hay que tener en cuenta que la problemática del trabajo en el hogar concierne a cuestiones no solamente laborales, sino de nacionalidad, sistema nacional de protección a las personas dependientes, régimen fiscal de las familias o política de vivienda, íntimamente relacionadas" (2023, 263), y "que afectan también a otros grupos marginalizados" (2023, en nota).

33. Sobre la limitada eficacia en el acceso a derechos y garantías establecidas en el sector *véase* también David Vila-Viñas (2023). De la persistente preocupación por el mencionado incumplimiento generalizado de la normativa dan cuenta asimismo las trabajadoras del hogar en jornadas como la organizada por Sindihogar-Sindillar (en Barcelona el 30 de marzo de 2023), cuya Mesa 2 llevaba por título, precisamente: "Ineficacia de la normativa regulatoria laboral" (https://www.youtube.com/watch?v=ETOIWqsXfEM&ab_channel=SindihogarSindillar). Recuperado el 11 de junio de 2024.

existentes dejaría desarbolado el sistema actual de cuidados, tanto el que se hace en régimen interno como el externo» (Otxoa, 2021).

Así llegamos, pues, al meollo de la perspectiva antisubordiscriminatoria en general, el de cómo se obtienen beneficios en un sector que incluye los servicios de cuidado,[34] algo que, según lo que se acaba de señalar, está bastante claro: a través de *la ineficacia predictible* de las normas que regulan los derechos laborales de quienes lo sostienen. Háblese, pues, alto y claro: la respuesta gubernamental y legislativa a la –vaticinada por el feminismo hace tiempo- crisis del sistema de los cuidados (Pérez Orozco, 2006), a falta de coger el toro por los cuernos[35] sigue su particular huida hacia adelante montada sobre los costes de todo tipo de las familias y –en ellas- de las mujeres (Comás, 2022); pero, muy particularmente, sobre tratos subordiscriminatorios que, además de afectar de manera desproporcionada a mujeres migrantes y sujetas a las normas de extranjería, penaliza a ciertos hombres -también afectados en su mayoría por las normas de

34. El tema de los cuidados lleva décadas en el centro de la reflexión teórica feminista. Por añadir a los ya citados algunos textos del panorama multidisciplinar español: Cristina Carrasco, Cristina Borderías, y Teresa Torns (2011); María Ángeles Durán Heras (2011); Blanca Rodríguez Ruiz (2019). Desde una interesante visión antropológica que cuestiona la centralidad de los cuidados en el discurso feminista, véase Mari Luz Esteban Galarza (2017).

35. Siguiendo de nuevo a Isabel Otxoa (2023) el "núcleo del problema" estaría en estudiar las necesidades que se cubren con el empleo de hogar: "Familias unipersonales en la vejez, esperanza de vida prolongada que se acompaña, en el mejor de los casos, de una decadencia física y mental que acaba impidiendo la vida autónoma, un diseño de sociedad en todos los terrenos que no cuenta con la situación y puede permitirse el lujo de ignorarla a costa de la dedicación de, entre otras mujeres, las trabajadoras de hogar" (2023). En este contexto, pues, sería "un ejercicio de cinismo" decir que interesa la eficacia de los derechos de las trabajadoras de hogar; los derechos de estas no se pueden hacer eficaces, entre otras cosas, porque "[l]a atención remunerada en casa día y noche todos los días de la semana, sencillamente no hay quien la pueda pagar" (2023).

extranjería- que, rompiendo estereotipos y roles de género, integran el sector del hogar y de los cuidados.

4. Conclusiones

La introducción del concepto de discriminación indirecta supuso un hito en el Derecho antidiscriminatorio, pero su uso ha tenido luces y sombras. Dado el alto nivel de celebración de la STJ que aquí se ha tomado como banco de prueba, pareciera que, en este caso, todas fueran luces. De hecho, la demanda se basaba en la falta del reconocimiento del derecho al desempleo y a este respecto el uso del concepto de discriminación indirecta dio frutos inmediatos. Sin embargo, también ha tenido sombras. La primera se produce por la narrativa de la victoria, que da a entender que, una vez reconocido el derecho a la prestación por desempleo, se agota la discriminación (*sic*) del sector. La segunda por el uso de la comparativa sin perspectiva interseccional o, lo que es igual, tomando como referencia a las mujeres, sin tener en cuenta que, para una buena parte de las mujeres que trabajan en el sector del hogar, migrantes sin papeles, el reconocimiento de tal derecho carecía incluso de efectos. La tercera, por el silencio relativo a los estereotipos que, por lo tanto, quedan intactos. Porque parece claro que, mientras no se articule un sistema social que valorice el trabajo del hogar y de cuidados, se estará reproduciendo un sistema sexo-género que subordiscrimina a las mujeres, pero también que valorizar el trabajo del hogar y de cuidados no es suficiente para no subordiscriminar a las mujeres. Así, se puede valorizar aquél profesionalizándolo y dignificándolo a nivel salarial y, sin embargo, seguir asignándolo –más o menos sutilmente– a las mujeres. ¿Interesa esto a las trabajadoras del hogar? ¿Responde a esquemas feministas? Aquí cabría utilizar la distinción entre intereses prácticos y estratégicos de las mujeres (en este caso, trabajadoras del hogar): los intereses prácticos son tener derecho a un trabajo regularizado con una compensación digna; los intereses estratégicos van más allá: son tener una compensación digna en el trabajo que se quiera (para el que esté preparada o me pueda preparar) independientemente de mi sexo o de mi procedencia.

No basta, por tanto, con nutrir al Derecho con el uso de conceptos como el de discriminación indirecta, ni tampoco con el añadido "por razón de género", en el que puso esperanzas el feminismo, sino que se requiere pasar de un Derecho antidiscriminatorio a un Derecho antisubordiscriminatorio con perspectiva interseccional. Y esto, que constituye una tarea ardua, ya no parece tan imposible como hace unas décadas. El ejemplo en el caso examinado lo tenemos en el razonamiento llevado a cabo por el AG, en el que introduce la referencia a un aparato terminológico y conceptual que entronca con el modelo antisubordiscriminatorio que se propone aquí. Es cierto que el empleo de tales conceptos no tuvo excesivo eco en la STJ, que su mención no resultó elaborada a nivel teórico y que hizo caso omiso de la perspectiva interseccional; pero, aun así, representa un avance. Por otro lado, tampoco se le puede pedir a un letrado forense que utilice claramente conceptos cuya demarcación y nivel de operatividad no están bien definidos, ni por el pensamiento crítico en general, ni por la teoría crítica del Derecho antidiscriminatorio. De ahí la importancia de dar pasos en este sentido y de ahí también las propuestas que se han ido realizando a lo largo de este trabajo que, sumariamente, plantearían introducir en la cultura jurídica: 1) un concepto de discriminación basado en el reconocimiento interseccional de los sistemas de poder en el que encontrarían significación los tratos discriminatorios puntuales, prohibidos o no; 2) la utilización de expresiones como "discriminación estructural", "discriminación sistémica" o "subordiscriminación" para caracterizarlo, pero sabiendo que cada una de estas expresiones haría referencia a aspectos conceptuales diferentes; 3) una perspectiva interseccional que parta de los sistemas de poder; y 4) a falta de una jurisdicción específica en el horizonte más inmediato, una función judicial que incluya la referencia a los estereotipos y la propuesta de remedios de alcance sistémico.

5. Referencias bibliográficas

Añón Roig, María J. (2013). "Principio antidiscriminatorio y determinación de la desventaja". *Isonomía*, 39, 127-157.

Barrère Unzueta, María Ángeles (2014). *El Derecho antidiscriminatorio y sus límites*. Grijley.

Barrère Unzueta, María Ángeles (2018a). "El principio de igualdad de trato vinculado a la discriminación directa o indirecta". En Asunción Ventura Franch y Santiago García Campá (Direct.), *El Derecho a la Igualdad Efectiva de Mujeres y Hombres. Una evaluación del Primer Decenio de la Ley Orgánica 3/2007* (119-153).

Barrère Unzueta, María Ángeles (2018b). "Filosofías del Derecho positivo ¿Qué Derecho y qué discriminación? Una visión contra-hegemónica del Derecho antidiscriminatorio". *Anuario de Filosofía del Derecho*, XXXIV, 11-42.

Barrère Unzueta, María Ángeles (2024). "Sobre la expansión del concepto de discriminación. Algunas reflexiones al hilo de la Ley 15/2022 integral para la igualdad de trato y no discriminación" (de próxima publicación en el libro homenaje a Manuel Calvo García).

Carrasco, Cristina, Borderías, Cristina y Torns, Teresa (2011). *El trabajo de cuidados. Historia, teoría y política*. Los Libros de la Catarata.

Comás d'Argemir, Dolors (2022). Entrevista en https://www.noticiasobreras.es/2022/01/dolors-comas-experta-en-cuidados-la-organizacion-de-los-cuidados-es-insostenible/ Recuperado el 11 de junio de 2024.

Cook, Rebecca y Cusack, Simone (2010). *Gender stereotyping: Transnational legal perspectives*. University of Pennsilvania Press. (Hay trad. cast. de A. Parra: *Estereotipos de género: perspectivas legales transnacionales*. Profamilia, 2012).

De Giuli, Anna (2024). "Los sesgos en el conocimiento judicial. Para un control del sentido común y de la pseudociencia". *Anales de la Cátedra Francisco Suárez*, 58, 173-197.

Díaz Pérez, Yolanda (2022). Díaz defiende en el Congreso la norma que otorga a las empleadas de hogar tener un trabajo "digno, con derechos y con garantías". *La Moncloa* 29-9-22. https://www.lamoncloa.gob.es/serviciosdeprensa/notasprensa/trabajo14/Paginas/2022/290922-convalidacion-rdl-trabajadoras-hogar.aspx . Recuperado el 11 de junio de 2024.

Durán Heras, María Ángeles (2011). *El trabajo del cuidado en América Latina y España.* Documento de trabajo nº 54. Fundación Carolina. Madrid. https://www.fundacioncarolina.es/wp-content/uploads/2014/08/DT54.pdf. Recuperado el 11 de junio de 2024.

Esteban Galarza, Mari Luz (2017). "Los cuidados, un concepto central en la teoría feminista: aportaciones, riesgos y diálogos con la antropología". *Quaderns-e*, 22(2), 33-48.

Facio, Alda (1993). "El derecho como producto del patriarcado". A. Facio y R. Camacho (Eds). *Sobre patriarcas, jerarcas, patrones y otros varones (Una mirada género sensitiva del Derecho)*, Ilanud, 7-29.

Ferrero Turrión, Ruth (2021). "Ferguson, S. (2020): Mujeres y Trabajo. Feminismo, trabajo y reproducción social. Colección Intersecciones, Barcelona, Ed. Sylone-Viento Sur. 174 pp". *Política y Sociedad*, 58(2).

Fundación Ellacuría (2017). *Historias de cuidados y (des)igualdad. Mujeres Migradas Trabajadoras del Hogar y de los Cuidados*. http://fundacionellacuria.org/wp-content/uploads/2017/11/mujeres-migrantes-fichasCAS_interactivo.pdf Recuperado el 11 de junio de 2024.

Ghidoni, Elena (2021). *Developing structural intersectionality in legal analysis: the case of stereotypes as forms of discrimination*. [Tesis doctoral]. Universidad de Deusto, Instituto de Derechos Humanos.

Ghidoni, Elena (2022). "Aproximación a los estereotipos como elementos del razonamiento judicial a través de las presunciones". En F. J. Arena (Coord.). *Manual sobre los efectos de los estereotipos en la impartición de justicia* (287-318). México: Suprema Corte de Justicia de la Nación.

Ghidoni, Elena y Morondo Taramundi, Dolores (2022a). "El papel de los estereotipos en las formas de la desigualdad compleja: algunos apuntes desde la teoría feminista del derecho antidiscriminatorio". *Revista Discusiones,* 28(1), 37-70.

Ghidoni, Elena y Morondo Taramundi, Dolores (2022b). "Análisis contextual, interseccionalidad y función justificativa de los estereotipos en el derecho: una réplica". *Revista Discusiones,* 28(1), 109-118.

Giménez Merino, Antonio (2023). "El nuevo mapa regulatorio del trabajo del hogar en España. Condicionantes político-jurídicos y condicionantes materiales de un sector precarizado y feminizado". *Cuadernos Electrónicos de Filosofía del Derecho*, 48, 244-270.

Goizueta Vértiz, Juana (2022). "Migraciones y grupos vulnerables: el caso de las mujeres migrantes y el trabajo de cuidados". En José María Porras Ramírez (Dir.) y María Dolores Requena de Torre (Coord.) *El acceso a la ciudadanía de los migrantes. Retos y amenazas para su inclusión*. CEPC, 105-139.

González del Rey, Ignacio (2023). *La STJUE de 24 de febrero de 2022 (asunto C-389/20) y el derecho de las empleadas del hogar a la protección por desempleo*. https://www.aedtss.com/la-stjue-de-24-de-febrero-de-2022-asunto-c-389-20-y-el-derecho-de-las-empleadas-del-hogar-a-la-proteccion-por-desempleo/ Recuperado el 11 de junio de 2024.

Irigoien Domínguez, Alazne (2024). *Interseccionalidad y anti-estereotipación como recursos de un Derecho antidiscriminatorio crítico. Especial referencia al ámbito de la CAPV*. IVAP.

Lousada Arochena, José Fernando (2020). *El enjuiciamiento de género*. Dykinson.

Lousada Arochena, José Fernando (2022). "Género, Justicia y Objetividad". *Revista de la Facultad de Derecho de México*, Tomo LXXII, 284, 287-317.

McCrudden, Christopher (1985). "Changing Notions of Discrimination". En Guest, S. y Milne, A. (Eds.), *Equality and Discrimination: Essays in Freedom and Justice*, Archiv Fur Rechts Und Sozialphilosophie (recogido en Bamforth, N., Malik, M. y O'Cinneide, C., *Discrimination Law: Theory and Context*, Thomson/ Sweet y Maxwell, 2008, 191).

Mestre i Mestre, Ruth (2002). "*Dea ex machina*. Trabajadoras migrantes y negociación de la igualdad en lo doméstico". *Cuadernos de geografía*, 72, 191-206.

Molina Navarrete, Cristóbal (2022). "Protección multinivel e igualdad de género en el Derecho a la Seguridad Social: más allá del derecho al desempleo de las 'Kelly de hogar'". *Diario La Ley*, nº 10028, 14 de marzo de 2022.

Morondo Taramundi, Dolores (2022). "Estereotipos, interseccionalidad y desigualdad estructural". F. J. Arena (Ed.). *Manual sobre los efectos de los estereotipos en la impartición de justicia* (141-173). México: Suprema Corte de Justicia de la Nación.

Otxoa, Isabel (2021). "El Convenio 189 de la OIT cumple 10 años". *El Salto*, 23 de junio de 2021. https://www.elsaltodiario.com/opinion/el-convenio-189-de-la-oit-cumple-10-anos. También en *Mientras Tanto*, 203, julio 2021. https://

mientrastanto.org/203/de-otras-fuentes/el-convenio-189-de-la-oit-cumple-10-anos-2/_Recuperado el 11 de junio de 2024.

Otxoa, Isabel (2023). "Cuando se afinan las estrategias para conseguir cuidado barato". El Salto, 2 de diciembre de 2023. Accesible en https://www.elsaltodiario.com/analisis/cuando-se-afinan-estrategias-conseguir-cuidado-barato. También en Mientras Tanto, nº 230, 2024. https://mientrastanto.org/230/de-otras-fuentes/cuando-se-afinan-las-estrategias-para-conseguir-cuidado-barato Recuperado el 11 de junio de 2024.

Pérez Lledó, Juan Antonio (1996). "Teorías críticas del derecho". Ernesto Garzón Valdés y Francisco J. Laporta (Eds.), *El derecho y la justicia*. Trotta, 87-102.

Pérez Orozco, Amaia (2006). "Amenaza tormenta: la crisis de los cuidados y la reorganización del sistema económico". *Revista de Economía Crítica*, 5, 7-37.

Peroni, Lourdes (2014). "Religion and culture in the discourse of the European Court of Human Rights: the risks of stereotyping and naturalising". *International Journal of Law in Context*, 10(2), 195-221.

Rodríguez Ruiz, Blanca (2019). *El discurso del cuidado. Propuestas (de)constructivas para un Estado paritario*. Tirant lo Blanch.

Ronconi, Liliana (2022). "Estereotipos y derecho antidiscriminatorio: algunas reflexiones para desarmar la desigualdad compleja". *Revista Discusiones*, 28(1), 85-108.

Timmer, Alexandra (2011). "Towards Anti-Stereotyping approach for the European Court of Human Rights". *Human Rights Law Review* 11 (4), 707-738.

Timmer, Alexandra y Sosa, Lorena (2022). "Los estereotipos en la jurisprudencia del Tribunal Europeo de Derechos Humanos". Federico J. Arena (Coord.). *Manual sobre los efectos de los estereotipos en la impartición de justicia* (49-95). México: Suprema Corte de Justicia de la Nación.

Tobler, Christa (2005). *Indirect Discrimination: A Case Study into the Development of the Legal Concept of Indirect Discrimination Under EC Law*. Intersentia.

Tobler, Christa (2022). *Indirect discrimination under Directives 2000/43 and 2000/78*. European Commission. European Union. https://www.equalitylaw.eu/downloads/5778-indirect-discrimination-under-directives-2000-43-and-2000-78. Recuperado el 11 de junio de 2024.

Vila-Viñas, David (2023). “La efectividad de los derechos sociales en el empleo de hogar y de cuidados en España desde la perspectiva del destinatario del derecho. Algunas innovaciones en la elaboración normativa y en los medios de tutela”. *Derechos y libertades*, 49, 191-223.

Villanueva Flores, Rocío (2021). “Imparcialidad, estereotipos de género y corrupción judicial”. *Derecho PUCP*, 86, 363-392.

Wacquant, Loïc (2022). “El problema de la “raza””. *New Left Review*, 133/134, 75-98 (en el índice de la revista el artículo se titula *Conceptualizar la “raza”*).

Walby, Sylvia (1990). *Theorizing Patriarchy*. Basil Blackwell.

Winant, Howard (2004). *The New Politics of Race*. University of Minnesota Press, Minneapolis.

Young, Iris M. (2000). *La justicia y la política de la diferencia*. Cátedra.

Zaguirre, Arantxa (2019). “Empleadas de hogar: un caso evidente de discriminación indirecta”. *Zoom Social*. Laboratorio de alternativas, nº 3. https://fundacionalternativas.org/publicaciones/empleadas-de-hogar-un-caso-evidente-de-discriminacion-indirecta/. Recuperado el 11 de junio de 2024.

Los cuidados en los discursos de la UE: paradojas entre las acciones anti-estereotipos y la fijación de viejos estereotipos en nuevos escenarios

Alazne Irigoien Domínguez

1. Introducción

Desde sus orígenes en la *Comunidad Europea del Carbón y del Acero* y la *Comunidad Económica Europea* de 1951 y 1957 a la actual Unión Europea (UE),[1] esta organización supranacional no ha dejado de expandirse y de abordar nuevos ámbitos de actuación socio-económica. La UE se ha ido orientando progresivamente hacia la construcción no solo de una unión económica, sino también de una con cierta aspiración de carácter social, en base al establecimiento de determinados principios rectores como la libertad, la democracia y la igualdad, entre otros.

Precisamente en materia de igualdad de género, existen desde sus orígenes unas bases para una actuación de la Unión en este ámbito. Aunque motivado por el temor a una competitividad injusta entre los Estados miembros, más que por la igualdad de género, el artículo 119 del tratado de Roma de 1957 pedía igual retribución por trabajo de igual valor, lo que impulsó durante años acciones en favor de la igualdad de género en el mercado laboral. De hecho, la mayor parte de la legislación nacional sobre igualdad entre mujeres y hombres en el empleo, así como de la normativa antidiscriminatoria, proviene del nivel europeo (EWL, 2008; Barrère, 2019). El Tribunal de Justicia Europeo (TJUE) también reconoció explícitamente el principio de igualdad de género en su

1. Denominada así desde 1992 en el Tratado de Maastrich.

dimensión económica y social como un "principio fundacional" de la ahora UE,[2] lo que abrió el camino a nuevas regulaciones más allá del lugar de trabajo (Rubio-Marín, 2012: 104). Desde entonces, el tratamiento de la igualdad de género en la UE ha evolucionado desde una cuestión limitada y principalmente relacionada con el empleo (que sigue siendo un tema central en las preocupaciones de la UE) a una cuestión más amplia de justicia.[3] Unida a esta cuestión, en el ámbito de la discriminación, la UE ha ido adoptando diversos textos jurídicos y de políticas públicas[4] que han sido clave en la lucha contra la discriminación contra las mujeres, siendo los instrumentos jurídicos más relevantes en este sentido las directivas. Desde los años setenta, el desarrollo de directivas con efectos en la igualdad de género ha sido notable.[5]

2. STJUE de 8 de abril de 1976. *Defrenne c. Société Anonyme Belge de Navigation Aérienne*, C-43/75 [ECR 455].
3. El Tratado de Ámsterdam incluyó más referencias a la igualdad de género y, finalmente, el Tratado de Lisboa, estableció de manera más amplia la igualdad de género como un valor fundamental de la UE, en su artículo 2. La igualdad de género también forma parte de la Carta de los Derechos Fundamentales de la UE, por lo que es un principio y un valor en el que se basa la UE y forma parte de su identidad política (Rubio-Marín, 2012: 105).
4. La UE prohíbe la discriminación -en base a diversos factores- en distintos artículos de textos fundacionales, como el *Tratado de la UE* (TUE), el *Tratado de Funcionamiento de la UE* (TFUE) y la *Carta de Derechos Fundamentales de la UE.*
5. Por ejemplo, las Directivas sobre igualdad de trato (Directiva 76/207/CEE del Consejo, de 9 de febrero de 1976, relativa a la aplicación del principio de igualdad de trato entre hombres y mujeres en lo que se refiere al acceso al empleo, a la formación y a la promoción profesionales, y a las condiciones de trabajo; y, Directiva 79/7/CEE del Consejo, de 19 de diciembre de 1978, relativa a la aplicación progresiva del principio de igualdad de trato entre hombres y mujeres en materia de seguridad social), la Directiva marco sobre igualdad en el empleo (Directiva 2000/78/CE del Consejo, 27 de noviembre de 2000, relativa al establecimiento de un marco general para la igualdad de trato en el empleo y la ocupación), la Directiva de refundición (Directiva 2006/54/CE del Parlamento Europeo y del Consejo, de 5 de julio

Uno de los ámbitos en donde con más claridad observamos desigualdades de género y discriminación es en el de los cuidados. El Instituto Europeo de Igualdad de Género (EIGE), realizó en 2022 una encuesta sobre los cuidados no remunerados revelando, por ejemplo, que más mujeres (34%) que hombres (25%) participaban todos los días en el cuidado de otras personas, e igualmente, que un 63% de las mujeres y un 36% de los hombres indicaban encargarse de cocinar y de las tareas del hogar a diario (EIGE, 2022: 12). A pesar de que, desde 2016, la brecha de género en cuanto al tiempo dedicado al cuidado no remunerado entre mujeres y hombres ha bajado,[6] dicho descenso refleja que las mujeres han realizado menos tareas de este tipo pero no que los hombres hayan hecho más (EIGE, 2023: 46). De hecho, la demanda de servicios de cuidado –tanto para la infancia, como para las personas mayores– ha aumentado en Europa, a pesar de que estos siguen no estando disponibles para muchas personas (EIGE, 2023: 48).

Las decisiones políticas adoptadas para hacer frente a la pandemia del COVID-19 incrementaron las desigualdades en los cuidados. Según el Índice de Igualdad de Género de 2022 de EIGE, un tercio de las mujeres trabajadoras que tuvieron que dejar de trabajar en la pandemia lo hizo por obligaciones de cuidado (2022: 11). Este ámbito sigue siendo uno en donde los estereotipos perduran y los roles de cuidados siguen muy generizados. Por ejemplo, las ideas de que las mujeres son más cuidadoras "por naturaleza" o que "se les da mejor cuidar" (Cook y Cusack,

de 2006, relativa a la aplicación del principio de igualdad de oportunidades e igualdad de trato entre hombres y mujeres en asuntos de empleo y ocupación), la Directiva 2010/18/UE del Consejo, de 8 de marzo de 2010, por la que se aplica el Acuerdo marco revisado sobre el permiso parental y la Directiva 2019/1158/UE del Parlamento Europeo y del Consejo, de 20 de junio de 2019, relativa a la conciliación de la vida familiar y la vida profesional de los progenitores y los cuidadores, y por la que se deroga la Directiva 2010/18/UE del Consejo, principalmente, entre otras.

6. La mejoría reportada es de 9,6 puntos en el Índice de Igualdad de Género de EIGE, entre 2016 y 2022.

2010: 10) persisten en el imaginario colectivo. Las aptitudes esenciales para los cuidados, como la empatía, la comunicación o la paciencia siguen siendo vistas como "innatas" en las mujeres y sin ser valoradas ni visibilizadas (Cook y Cusack, 2010: 10).

Los estereotipos de género intersectan además con los de clase y raza en el ámbito de los cuidados, produciendo imaginarios concretos sobre quién debe cuidar y sobre cómo son las personas cuidadoras. Así, el ámbito de los cuidados no es solo uno de los ámbitos en donde con más claridad observamos desigualdades de género y discriminación, sino también desigualdades de clase, y raciales, así como desigualdades entre personas con estatus nacional o migrante. En diversos estudios y experiencias se han recogido la existencia de estereotipos e ideas de desconfianza hacia las trabajadoras del hogar y de cuidados, en su mayoría migrantes (Rovira, 2023: 75).[7] En este sentido, Cristina Rovira afirma lúcidamente que el injusto reparto de los cuidados, no es casual, este "se legitima, y a la vez se reproduce, mediante normas, estereotipos e imaginarios sociales, de género, clase y raciales" (2023: 71). Actualmente la responsabilidad de proporcionar cuidados sigue distribuyéndose según una división del trabajo en función del género, clase social, raza/etnia y estatus migratorio. En su mayoría, la carga de los cuidados recae en los hogares, especialmente en las mujeres que los habitan y también se externaliza a través de redes informales de apoyo (feminizadas), o mediante la contratación de mujeres, muchas veces migrantes y en situaciones precarias (Rovira, 2023: 73).

Además, resulta significativo que, por ejemplo, la Organización Internacional del Trabajo (OIT) sea clara en la consideración del trabajo del hogar como un sector particularmente expuesto a la violencia y el

7. El estudio de Equinet, la red europea de instituciones de igualdad (2021) "Domestic and Care Workers in Europe: An Intersectional Issue" aporta datos interesantes sobre los porcentajes de mujeres trabajadoras de origen migrante trabajando en el sector de los cuidados y sanidad en los diversos estados miembros de la UE.

acoso en el trabajo, por las condiciones en las que se realizan estos trabajos y servicios, así como por las características personales de quienes los prestan (Fernández y García, 2023: 5). Por todo ello, no es de extrañar que en los últimos años desde los movimientos feministas la atención al ámbito de los cuidados haya crecido sin cese[8]. El estudio de Vera Pavlou (2016) sobre el trabajo del hogar y la legislación laboral de la UE para desafiar la vulnerabilidad de las trabajadoras de este ámbito es interesante en este sentido porque aporta luz sobre la aplicabilidad de las fuentes del derecho laboral de la UE al trabajo de cuidados y del hogar. Dichas fuentes pueden ser herramientas útiles no sólo para las litigantes individuales, sino también para quienes busquen cambios legales y políticos a nivel nacional y europeo que mejoren la vida de este colectivo de trabajadoras en su mayoría migrantes, por ejemplo, a través del litigio estratégico.

Al mismo tiempo, atendiendo al envejecimiento de la población europea y las necesidades de cuidado que dicha evolución demográfica está requiriendo, y se prevé que requerirá en un futuro próximo, el ámbito o sector dedicado a los cuidados se está convirtiendo en uno estratégico para el futuro de la ciudadanía europea. La Dirección General de Salud y Seguridad Alimentaria de la Comisión Europea (2019) ya ha alertado de la futura escasez de profesionales de enfermería y de cuidados en la UE, que se exacerbará a medida que la población siga envejeciendo y una proporción de dicho cuerpo de profesionales se jubile. Según las previsiones de Eurostat de 2019 el número de personas mayores (de

8. Por ilustrar, dos ejemplos a nivel europeo del trabajo sobre los cuidados que han hecho movimientos y diversas organizaciones feministas, lo constituyen las diversas acciones y campañas de la European Women's Lobby y los informes del think tank feminista Gender Five Plus (G5+). En un ámbito más local, en la Comunidad Autónoma del País Vasco, el movimiento feminista de la región, consiguiendo el apoyo de los sindicatos, promovieron la realización de una huelga general el 30 de noviembre de 2023 en defensa del derecho colectivo al cuidado.

65 años o más) en la UE aumentará un 37 % entre 2022 y 2050 (Eurostat, 2020). Ello supone que la proporción de personas mayores en la población total aumente del 21,2 % en 2022 al 29,5 % en 2050 (Eurostat, 2020). Este envejecimiento de la población de la UE dará lugar a una demanda considerable de una serie de servicios de cuidado por los deterioros de la salud física y mental de una gran parte de las personas mayores. Por lo tanto, los sistemas sanitarios europeos tendrán que anticipar las futuras necesidades de competencias de los profesionales sanitarios para que puedan adaptarse a las demandas de una sociedad cada vez más envejecida.[9]

Esta previsión de necesidades hace que el sector de los cuidados no solo se haya convertido en un ámbito estratégico social crucial, sino económicamente atractivo para muchos agentes. Lo que se ha denominado *silver economy*[10] se refiere a las oportunidades económicas que surgen del gasto relacionado con el envejecimiento de la población.[11] Además de los cuidados de la infancia y de la salud generales, el sector de salud y cuidado al envejecimiento se estima generará más de 460 mil millones de euros anuales a nivel europeo (Comisión Europea, 2018: 18). Uno de los enfoques dominantes en la *silver economy* es que la digitalización y el uso de nuevas tecnologías para los cuidados de las personas mayores deben ser uno de los pilares para el sector. A pesar de la atención a esta

9. Por ejemplo, el cambio de la atención en los hospitales a la atención sanitaria en casa (Eurostat, 2020).

10. En castellano significa "economía plateada", en inglés hace referencia al color de las canas del cabello.

11. El informe encargado por la Comisión Europea titulado "The Silver Economy" (2018: 6) define la Economía Plateada de forma amplia, al referirse a esta como la suma de toda la actividad económica que satisface las necesidades de las personas de 50 años o más, incluidos los productos y servicios que compran directamente y la actividad económica adicional que genera este gasto. Por lo tanto, esta abarca una muestra representativa única de actividades económicas relacionadas con la producción, el consumo y el comercio de bienes y servicios relevantes para las personas mayores.

dimensión, la asistencia humana va a seguir siendo fundamental, en cuanto se estima que de aquí a 2030, se van a crear hasta 7 millones de puestos de trabajo para profesionales sanitarios de nivel medio y cuidadores personales (Comisión Europea, 2022a).

Recientemente, la Comisión Europea ha publicado la *Estrategia Europea de Cuidado* (2022), un documento clave que establece no sólo la visión de los cuidados de la UE, sino sus objetivos y planificación con respecto a este ámbito de actuación estratégico en los próximos años. Es importante porque sitúa a los cuidados en la agenda de actuación jurídico-política de la Unión, estableciendo un marco general para comprenderlos, y después, abordarlos. En el mismo año, aunque unos meses antes, la Comisión Europea propuso un paquete de medidas sobre la migración legal a la UE "para hacer frente a las carencias del mercado laboral y garantizar que la UE atraiga las capacidades y el talento que necesita", donde precisamente uno de los sectores de trabajo sobre los que se centra es el de los cuidados de larga duración. Según la Comisión, uno de los objetivos de la migración legal a la UE debe centrarse en la atracción de trabajadores fuera de la Unión para el sector de los cuidados de larga duración.

Considerando todas estas dimensiones, el objetivo principal de este artículo es el analizar críticamente el discurso de la UE respecto a los cuidados, centrándose especialmente en la *Estrategia Europea de Cuidados*, para desvelar las implicaciones de dicho discurso en la acción antidiscriminatoria contra los estereotipos. Para intentar responder a este objetivo, el artículo contiene dos objetivos más específicos que se desarrollan en el análisis de la mencionada Estrategia. El primero es examinar cómo se configuran las acciones anti-estereotipos para identificar algunas de las potencialidades y límites de estas, y el segundo, desvelar la relación de los procesos discursivos de visibilización e invisibilización y la construcción de estereotipos en el ámbito de los cuidados. Para ello, primero se aborda el análisis crítico del discurso como marco de aproximación a la construcción de los imaginarios sobre el cuidado de la UE. Segundo, se examina principalmente la *Estrategia Europea de Cuidados*, analizando primero la acción antidiscriminatoria y la lucha contra los estereotipos y después los procesos de visibilización/invisibilización discursiva y estereotipación. Finalmente, se aportan unas reflexiones conclusivas y algunas propuestas de mejora de las acciones anti-estereotipos y de deconstrucción de los nuevos estereotipos sobre las trabajadoras de cuidados migrantes.

2. Análisis crítico del discurso como marco de aproximación a la construcción de los imaginarios sobre el cuidado de la UE

El análisis crítico del discurso de la UE respecto a los cuidados puede aportar información relevante no sólo acerca del escenario socio-político y jurídico que se prevé y se está construyendo en este ámbito, sino también acerca de los estereotipos discriminatorios que se fijan y crean o reproducen desigualdad en la práctica en el ámbito de los cuidados.

La relación entre el discurso y la sociedad es compleja y funciona en distintos niveles. Teun Van Dijk establece tres principales áreas en dicha relación: la primera es que las estructuras sociales[12] son condiciones para el uso del lenguaje y la producción, construcción y comprensión del discurso; la segunda es que el discurso "construye, constituye, cambia, define y contribuye a las estructuras sociales" de muchas maneras (2002: 2); y la tercera es que esta es representativa en el sentido de que el discurso habla sobre, denota o representa partes de la sociedad (2002: 2). Ello significa que muchas dimensiones de la sociedad como la política y el Derecho, se construyen, en parte con el discurso[13] y que este toma un papel fundamental en la expresión y la reproducción de imaginarios colectivos y cogniciones sociales como los valores compartidos, las normas y los este-

12. Según Van Dijk estas se entienden desde la interacción cotidiana hasta las estructuras de grupos o de organizaciones.

13. En línea con lo propuesto por Van Dijk, ello no significa que todo en la sociedad se construya con, o dependa, del discurso, pero sí significa reconocer que este tiene un papel fundamental.

reotipos que comparten miembros de los grupos, y que moldean, regulan y a menudo controlan los actos y las interacciones sociales (2002: 2). El análisis crítico del discurso intenta capturar estos niveles de relación. El ámbito de los cuidados constituye, como muchos otros ámbitos, una de estas dimensiones de la sociedad que está atravesada por distintos discursos que moldean y deben entenderse en relación con las estructuras sociales. Concretamente, en este trabajo se intenta analizar el discurso sobre los cuidados de la UE a través del análisis crítico del discurso realizado principalmente con el texto de la *Estrategia Europa de Cuidados* como marco de aproximación.

El análisis crítico del discurso se ha ubicado como parte del análisis social crítico[14] e intenta capturar esos procesos discursivos y las relaciones entre el discurso y otros elementos sociales como las relaciones de poder y la dominación entre grupos sociales, las ideologías y las instituciones (Fairclough, 2023: 1). Más concretamente, se centra en las formas en las que los procesos y estructuras discursivas representan, confirman, legitiman, reproducen o desafían las relaciones de poder y subordinación en la sociedad (Van Dijk, 2002: 2).[15] Encuentra sus raíces como movimiento en contra de las teorías, métodos y demás formas

14. Este ha entendido que las realidades sociales están "conceptualmente mediadas", es decir, que las prácticas sociales y acontecimientos tienen siempre aparejadas representaciones, conceptualizaciones, interpretaciones, de forma que el modo en que la sociedad las "ve" forma parte de su realidad (Fairclough, 2006). Así, ello supone, según Bob Jessop (2004, en Fairclough, 2023: 3), que los objetos de los análisis sociales críticos son simultáneamente semióticos (o discursivos) y materiales. Se entiende que este tipo de análisis necesita incorporar factores materiales y estructurales a lo analizado, y que, en este sentido, concretamente el análisis crítico del discurso es el enfoque que puede contribuir, precisamente, a mostrar las relaciones entre lo semiótico y lo material.

15. Resulta que, a través de la adopción de este tipo de investigación, la persona investigadora toma una posición explícita, que pretende comprender y exponer, para poder resistir la desigualdad social (Van Dijk, 2002: 1), o en este caso, también la discriminación sistémica.

de “hacer ciencia” descontextualizada de las condiciones (y consecuencias) socio-políticas, y por ello, le interesa observar “cómo la dominación social se (re)produce con el discurso” y no sólo describir o explicarlo, sino tomar una posición activa contra la desigualdad (Van Dijk, 2002: 2).

Los textos como discursos constituyen formas de interpretar diferentes aspectos del mundo que pueden, generalmente, identificarse con las distintas posiciones o perspectivas que toman determinados grupos de actores sociales (Fairclough, 2023: 4). En lo que nos ocupa, uno de los actores clave es la UE, institución supranacional, que, además, genera discursos concretos que perfilan los imaginarios y mandatos respecto a otros grupos sociales en el ámbito de los cuidados, como se verá, respecto a las mujeres, los hombres, las personas migrantes, y, sobre todo, las mujeres migrantes trabajadoras.

Norman Fairclough (2023) propone una metodología que formula en cuatro etapas, con distintos pasos en cada una de ellas, para llevar a cabo este tipo de análisis.[16] Siguiendo su propuesta metodológica, en la primera etapa (encontrar el problema social y sus principales elementos semióticos), este trabajo identifica el ámbito de los cuidados como uno de los problemas sociales a abordar por las profundas brechas

16. La primera etapa trata de encontrar el problema social y sus principales elementos semióticos. La segunda de identificar los obstáculos para abordar dicho mal social, lo que lleva a seleccionar y analizar los textos relevantes y abordar las relaciones dialécticas entre los elementos semióticos y otros elementos sociales. La tercera etapa trata de ‘considerar si el orden social "necesita" el mal social’, es decir, se trata de considerar si dicho mal es inherente al orden social o puede abordarse, cuestión que permite observar el carácter ideológico del discurso en la medida en que este contribuye a sostener determinadas relaciones de poder y dominación (Fairclough, 2023: 8). La cuarta y última etapa trata de identificar las posibles vías para superar los obstáculos, intentando pasar de la crítica negativa a la positiva para identificar las posibilidades de superación de los obstáculos del problema social en cuestión.

que lo continúan caracterizando, y los recientes discursos de la UE respecto a este como los elementos semióticos clave en su configuración presente y futura. En la segunda etapa, se selecciona uno de los textos más relevantes en el ámbito de los cuidados europeos, la *Estrategia Europea de Cuidados*, un texto reciente y que marca la orientación de la propia Unión y de sus estados miembros para configurar las respuestas político-jurídicas, así como económicas, a las necesidades de cuidados actuales y previstas en un futuro próximo. En la tercera etapa, este trabajo examina dicho texto como uno con carácter ideológico que contribuye a sostener unas determinadas relaciones de poder y subordinación, especialmente construidas sobre los ejes del sexo-género, racial y nacional/migrante, permitiendo identificar que las desigualdades encontradas en este ámbito no son inherentes al orden social, sino que, precisamente, pueden abordarse para ser cambiadas. Finalmente, en la cuarta etapa, se intenta pasar de una crítica negativa a una positiva para encontrar y proponer algunas de las posibilidades de superación de los obstáculos que se han descubierto en el análisis. Así, la metodología propuesta requiere de un enfoque transdisciplinar.[17]

Para el examen de los estereotipos relacionados al ámbito de los cuidados, resulta imprescindible partir de los enfoques y métodos feministas. Desde hace décadas, estos vienen destacando cómo los discursos políticos y jurídicos sobre –o en relación con– el género, tienen efectos tanto materiales como simbólicos que contribuyen a la construcción de sujetos y limitan a las personas, y especialmente a las mujeres, las opciones disponibles para vivir la vida que quieren (Hunter, 2013: 211). Los enfoques feministas foucaltianos que analizan los discursos

17. Coincidiendo en este punto con Fairclough cuando apunta que "lo que distingue a la transdisciplinariedad de otras formas de investigación interdisciplinar es que, al reunir disciplinas y teorías para abordar cuestiones de investigación, considera el "diálogo" entre ellas como una fuente para el desarrollo teórico y metodológico de cada una de ellas" (2023: 6).

políticos y jurídicos invitan a considerar el carácter performativo de estos, en el sentido que produce aquello que dice y al mismo tiempo se derivan efectos de ello (Butler, 2004: 18; en Macaya, 2013: 57-58). La deconstrucción es una de las herramientas posmodernas más utilizadas por las investigadoras feministas en los análisis críticos del discurso para intentar desvelar la construcción histórica de los conceptos y narrativas en torno al género.[18] Se intentan exponer los valores tácitos, los ocultos –o no tan ocultos– que muestran esquemas culturales globales sobre el género y otros elementos discriminatorios (Macaya, 2013). La *Estrategia Europea de Cuidados* hace referencias continuas a los roles y el trabajo de las mujeres y de los hombres en el ámbito de los cuidados, construyendo un discurso generizado muy concreto. Al mismo tiempo, las referencias al trabajo de las mujeres migrantes en este ámbito aparecen también de forma explícita e implícita, construyendo igualmente un discurso europeo sobre la migración, la raza y el trabajo asociado a las personas que se ubican en estas categorías.

Desde postulados posmodernos se ha destacado la organización del discurso en base a estructuras binarias como fundamento de la racionalidad occidental (Macaya, 2013: 62; Irigoien, 2023: 97). Jacques Derrida (1976) sostenía que la filosofía occidental se basa en oposiciones binarias y que todos los textos se construyen en torno a esos binomios que son útiles para entender la realidad y "dar sentido" al mundo. Las oposiciones binarias (por ejemplo, universalidad/especialidad, hombres/mujeres, nacional/migrante) constituyen para este autor categorías arbitrarias y dicotómicas, que además se construyen como binomios jerárquicos porque uno es el término dominante o anterior, y el otro,

18. Otro de los métodos foucaltianos es el de la "problematización". Laura Macaya se refiere a la problematización de Michel Foucault como a la invitación a "abandonar las evidencias, convirtiendo en problemático aquello que hasta el momento resultaba claro, evidente e indiscutido", suponiendo una auténtica "molestia" sobre todo para los sistemas de poder que se benefician de la supuesta irrefutabilidad de sus preceptos (2013: 61).

el término opuesto subordinado y secundario (Scott, 1988). Mediante la deconstrucción es posible observar cuán arbitrarias son en realidad las oposiciones aparentemente naturales del lenguaje (Smith y Owens, 2005). Para Derrida los términos son interdependientes y existen solo en relación entre sí. Lo relevante de la construcción de esas oposiciones binarias y las jerarquías implícitas sobre las que se crean, son los efectos políticos y sociales que tienen. Constituyen la forma en que se crean todas nuestras concepciones y comprensiones de la realidad. Se impone un orden a la realidad a través de jerarquías implícitas y "se ejerce una represión sutil, ya que estas jerarquías excluyen, subordinan y ocultan los diversos significados potenciales" (Derrida, 1987: 590). Esta construcción discursiva jerárquica resulta clave para la comprensión de la semiótica europea sobre los cuidados y los actores que sitúa en este ámbito de la sociedad.

En definitiva, este trabajo realiza, desde enfoques feministas, un análisis crítico del discurso como marco de aproximación a la construcción de los imaginarios sobre el cuidado de la UE, centrándose en la *Estrategia Europea de Cuidados*. Ello permite desvelar algunas de las paradojas del discurso, que, por un lado, intenta romper algunos estereotipos mediante ciertas acciones anti-estereotipos en este ámbito, pero, por otro lado, fija viejos estereotipos tanto generizados como raciales, de clase y de estatus nacional/migratorio, en nuevos escenarios en torno al presente y futuro de los cuidados en la UE.

3. La Estrategia Europea de Cuidados

El objetivo declarado de la *Estrategia Europea de Cuidados* es establecer una agenda político-jurídica para "mejorar la situación tanto de quienes prestan cuidados como de quienes los reciben". Esta insta a los estados miembros y a la propia UE a "reforzar el acceso a servicios asistenciales accesibles, asequibles y de calidad", y a "mejorar las condiciones de trabajo y la conciliación de la vida familiar y la vida profesional de los cuidadores" (2022: 3).

La estrategia consta de seis partes, siendo la primera y la sexta la introducción y las conclusiones. La segunda parte se refiere a las mejoras en los servicios sociales, centrándose primero en la educación y cuidados de la primera infancia y segundo en los cuidados de larga duración. La tercera parte se titula "Dotar al sector asistencial de mayor resiliencia y equilibrio entre mujeres y hombres" y primero aborda la mejora de las condiciones de trabajo en el sector asistencial y segundo la mejora del equilibrio entre las responsabilidades laborales y asistenciales. La cuarta parte se refiere a la inversión en los cuidados y la quinta a "mejorar la base empírica y hacer un seguimiento de los progresos".

Antes que esta estrategia, un informe de 2018 elaborado a petición de la Comisión Europea sobre la *silver economy*, indicaba que el objetivo principal del informe era proporcionar a la Comisión información estratégica y servir como referencia para el desarrollo de una estrategia de *silver economy* para Europa (Comisión Europea, 2018: 6). Esta estrategia no se ha adoptado,[19] pero sí la *Estrategia Europea de Cuidados* que nos atañe, la cual bebe de muchos de los postulados de la visión económica de la *silver economy*. Unos años antes, la Comisión Europea adoptó la *Estrategia para la Igualdad de Género 2020-2025* en donde dentro del objetivo segundo "prosperar en una economía con igualdad de género" hace referencia a la necesidad de "colmar la brecha de género en las responsabilidades asistenciales".[20] El enfoque principal incide en el necesario reparto equitativo de las responsabi-

19. Al menos, hasta ahora. No se ha encontrado información sobre si la Comisión continua con el plan de adoptar una estrategia para dicho ámbito, o si considera que esta ha sido, al menos parcialmente cubierta, mediante la adopción de la *Estrategia Europea de Cuidados*.

20. Resultaría interesante analizar, asimismo, otras estrategias y planes de la Comisión Europea que tienen una estrecha relación con los temas interconectados con al ámbito de la desigualdad y los cuidados, pero ello no es posible por razones de espacio y tiempo y por esta razón, este trabajo se centra principalmente en el análisis de la *Estrategia Europea de Cuidados*.

lidades asistenciales en el hogar entre mujeres y hombres y la disponibilidad de servicios de guardería, de asistencia social y de servicios domésticos, mencionando tan solo una vez que la mayoría de los cuidados en la UE lo prestan cuidadoras informales "muchas de ellas de origen inmigrante". Sin embargo, luego, en las medidas propuestas por la *Estrategia para la Igualdad de Género* esta realidad –y las acciones que se debieran realizar para proteger los derechos de las trabajadoras migrantes– desaparecen.[21]

Volviendo a la *Estrategia Europea de Cuidados*, esta se construye en torno a dos propuestas de Recomendación del Consejo: la primera, la revisión de los objetivos de Barcelona, y, la segunda, la de facilitar el acceso a cuidados de larga duración asequibles y de calidad.

Los objetivos de Barcelona sobre los servicios de educación y cuidados de la primera infancia se fijaron en 2002 por el Consejo Europeo[22] para "suprimir los elementos que desincentivan la participación de las mujeres en el mercado laboral mediante el aumento de la prestación de servicios de cuidado de niños" (Comisión Europea, 2022: 6). Es decir, se trata de un modelo de conciliación anticuado cuyo resultado era el permitir el trabajo de las mujeres en el mercado laboral,[23] pero al mismo tiempo, que siguieran trabajando en la misma medida en el ámbito tradicionalmente descrito como el doméstico, privado o reproductivo, resultando en una

21. Ver concretamente la página 13 de la *Estrategia para la Igualdad de género 2020-2025* de la UE.

22. Consejo Europeo. Conclusiones de la Presidencia, Barcelona, 15 y 16 de marzo de 2002. SN 100/1/02 REV 2 (es).

23. Para el sistema socioeconómico de mercado, la persona trabajadora ideal es aquella que empieza a trabajar pronto en su vida, no realiza parones, trabaja a tiempo completo y de manera siempre eficaz y eficiente; y, por ello, los descansos, permisos, o el tiempo que se tiene que dedicar en un embarazo, parto, posparto o cuidado de otras personas, no le interesa (Williams y Cooper, 2004). De hecho, las estructuras y funcionamiento del sistema capitalista han contribuido a que la maternidad sea vista como un "obstáculo", "impedimento" o "traba" en el mundo del trabajo (Tobío, 2005; Goizueta et al., 2019).

doble presencia femenina en dichos espacios y sin incentivar la corresponsabilidad de los cuidados. De hecho, en un primer momento, las medidas de conciliación se configuraron como mecanismos para responder al descenso en el índice de natalidad y el envejecimiento de la población, desvelando así como en el sistema había una contradicción entre el trabajo productivo y doméstico y entre la relación de hombres y mujeres en la esfera pública y en la privada (Goizueta et al., 2019).

A pesar de los avances en igualdad observados en los últimos años, las bases sobre las que se consolidó este modelo de conciliación persisten en la actualidad y son las mujeres mayoritariamente las que, entre otras cuestiones, se acogen a las medidas de conciliación para poder cuidar.[24] El análisis de la *Estrategia Europea de Cuidados* permite cuestionar la pretendida superación de este modelo y observar que, en parte, este se transforma con la intención de consolidar un nuevo modelo de cuidados que sigue sin ser corresponsable. La falta de corresponsabilidad se refleja en diferentes dimensiones, principalmente, en la insuficiente implicación de los hombres en los cuidados, en la igualmente insuficiente oferta de dichos servicios de calidad por las administraciones públicas u otras organizaciones y en el progresivo traspaso de la carga de los cuidados de las mujeres blancas a las migrantes y racializadas.

Aunque es difícil encontrar datos concretos a nivel europeo acerca del volumen de servicios de cuidados que se absorben mediante servicios

24. Se ha considerado que una de estas medidas es el trabajo a tiempo parcial. Según los datos de Eurostat (2023), en la UE la media de personas trabajadoras a tiempo parcial es de 17,1 %. Sin embargo, si se atiende al género los datos muestran que la proporción de trabajadoras a tiempo parcial en el total de mujeres empleadas de entre 15 y 64 años, fue mayor (28 %) que la proporción de hombres (8 %). Más información estadística en Eurostat – data Browser. En el siguiente enlace: https://ec.europa.eu/eurostat/databrowser/view/lfsi_pt_a__custom_11900741/default/table?lang=en. Recuperado el 9 de diciembre de 2024.

públicos (o cuántos de estos funcionan ya en forma mercantilizada mediante contratos de gestión a entidades privadas) o que se absorben por el mercado (tanto a través de empresas o como a través del empleo individual de trabajadoras), sí parece producirse una persistente infra-inversión en este sector (Gori et al., 2016)[25] y una progresiva externalización de los cuidados hacia mujeres de origen migrante, generando jerarquías raciales, de clase y de género en lo que se conoce como las cadenas globales de cuidados[26] (Parlamento Europeo, 2022, 5). Giménez apunta lúcidamente en este sentido que actualmente, "cuando los cuidados devienen empleo quedan encerrados en un círculo vicioso de feminización, racialización, falta de prestigio, descualificación, bajos salarios y condiciones laborales enormemente precarizadas" (2023: 250).

25. El estudio de Eurofound (2020): *Access to care services: Early childhood education and care, healthcare and long-term care* pone de manifiesto las diversas razones por las cuales las personas y familias no pueden acceder a servicios públicos enfocados al cuidado y la atención sanitaria que necesitan. Aunque los porcentajes varían en función del estado miembro, en todos ellos se mencionan la inaccesibilidad a este tipo de servicios por las largas listas de espera, insuficientes plazas o servicios, mala calidad de los servicios ofrecidos, el precio demasiado elevado, la lejanía y falta de transporte (público u otro) para llegar al centro público de cuidados o sanitario, etc. La diversidad de los problemas que se encuentran para acceder a estos servicios a través del sistema público muestra las persistentes ineficiencias de este sector derivadas de la falta de inversión pública suficiente y deficiente gestión, organización, etc. Ello hace que muchas personas acudan a servicios de cuidados en empleos y redes informales y/o que las mujeres se dediquen al cuidado dejando o reduciendo el trabajo remunerado en el mercado.

26. Una de las precursoras de este término fue la autora Hochschild (2000) en su artículo *Global Care Chains and Emotional Surplus Value*. Sobre las cadenas globales de cuidado se ha escrito mucho. Un estudio sobre las cadenas globales de cuidados en Europa y Norteamérica lo realiza Orozco (2007) para el l Instituto Internacional de Investigaciones y Capacitación de las Naciones Unidas para la Promoción de la Mujer (UN-INSTRAW).

3.1. La acción antidiscriminatoria y la lucha contra los estereotipos

El discurso en la estrategia se centra en las "desigualdades", "desventajas" y "diferencias" sobre todo entre mujeres y hombres en el ámbito de los cuidados, tanto a la hora del acceso a estos, es decir, de recibirlos, como de prestarlos, de forma remunerada o no remunerada; y no menciona el marco de la "discriminación". Aun así, reconoce la desigualdad sexual en este ámbito y conecta su persistencia con la existencia de estereotipos de género. La estrategia menciona explícitamente solo los estereotipos relativos al género y en las partes relativas a la mejora de las condiciones de trabajo en el sector asistencial (punto 3.1) y del equilibrio entre las responsabilidades laborales y asistenciales (punto 3.2).[27]

En el primer punto, la primera mención refiere que el sector asistencial es uno de los sectores más segregados por sexos, esto es, feminizados, y que la contratación de más hombres puede contribuir a reducir dicha segregación y "frenar los estereotipos a todos los niveles de los cuidados" (2022: 14). Asimismo, indica que los bajos salarios en dicho sector pueden "estar ligados a los estereotipos de género, que consideran que las aptitudes interpersonales necesarias para prestar cuidados, como la comunicación, la empatía y la cooperación, son innatas a las mujeres y no están propiamente reconocidas en el valor económico de su trabajo" (2022: 14). En el segundo punto, la estrategia indica que una de las causas profundas de la *diferencia* en el tiempo dedicado a los trabajos de cuidado no remunerados por parte de los hombres y mujeres reside en los estereotipos respecto al papel y las

27. La *Estrategia para la Igualdad de Género 2020-2025* antes mencionada establece como su primer punto "Ni violencia ni estereotipos", refiriéndose a la necesidad de combatir los estereotipos de género. Un análisis sobre las medidas anti-estereotipos que proponen tanto esta estrategia, como la *Estrategia de Igualdad de Género 2018-2023* del Consejo de Europa, puede consultarse en: Alazne Irigoien Domínguez (2023; 2024).

responsabilidades de cada sexo. Establece que hay que "abordar los estereotipos para que los hombres y las mujeres sean considerados igualmente capaces de prestar asistencia, y de ser profesionales o líderes en el sector asistencial" (2022: 19).

En la caja de medidas que propone la estrategia después de cada punto explicativo, establece, por un lado, que la Comisión "abordará el reparto desigual del trabajo asistencial no remunerado en su próxima campaña de comunicación sobre la lucha contra los estereotipos de género", y, por otro lado, que la Comisión insta a los Estados miembros a que "luchen contra los estereotipos de género y promuevan un reparto más igualitario de las responsabilidades asistenciales entre las mujeres y los hombres" (2022: 20).

Así, observamos que en esta reciente estrategia se confirma la tendencia de apelar a los estereotipos de género como una de las causas de las diversas desigualdades de género que se dan con respecto de los cuidados. Esta tendencia está siendo identificada y analizada por diversas autoras feministas (Brems y Timmer, 2016; Ghidoni, 2021, 2022; Ghidoni y Morondo, 2022; Morondo, 2022; Irigoien, 2023, 2024, etc.), quienes han llamado la atención sobre el desacierto que supone reducir las causas de la desigualdad y discriminación sistémicas a la existencia de estereotipos. Para Catharine MacKinnon, los estereotipos son "resultados osificados de las relaciones de poder" (2013: 1023) y en el mismo sentido, para Dolores Morondo, estos son "resultado de las dinámicas de poder, no la dinámica en sí misma" (2022: 162). La perspectiva feminista no reduce la discriminación a los estereotipos, sino que los considera uno de los mecanismos o instrumentos de perpetuación del poder que se ramifican, entrelazan y adaptan a cada contexto sociocultural, económico y geográfico particular. Si bien es importante destacar las interconexiones entre los estereotipos y la discriminación, limitar esta última a la producida por los estereotipos impide abordar la complejidad de la discriminación en los cuidados como fenómeno sistémico y confunde la correlación con la causalidad (tal y como se explicaría en términos estadísticos) (Irigoien, 2024: 155).

Igualmente, ante los estereotipos de género que se identifican en la estrategia, la Comisión propone una medida manida y poco efectiva para luchar contra los estereotipos: una campaña de comunicación. La idea subyacente de este tipo de medidas es que resulta necesario educar o enseñar a los miembros de la sociedad que los estereotipos acerca de los cuidados en los que "cree" o que "sostiene" en su mente, son erróneos y debe cambiarlos para frenar la desigualdad en dicho ámbito. La conceptualización de los estereotipos que subyace es la que los comprende como prejuicios individuales, como elementos extra-jurídicos, frutos del error, la ignorancia o el miedo de las personas que los sustentan.[28]

Partiendo de esta concepción de los estereotipos, las medidas que se adoptan para abordar estereotipos en las estrategias y políticas públicas actuales se centran en la sensibilización y exposición a la contra-información. Las medidas como las campañas de comunicación son ineficaces e insuficientes[29] para contrarrestar estereotipos porque no tienen en cuenta que estos generalmente resisten a la contra-información (o se van adaptando)[30] porque precisamente su función es la del

28. A esta concepción de los estereotipos –que es la sostenida en la mayoría de estrategias y políticas públicas actuales– Elena Ghidoni y Dolores Morondo (2022; 2024) la denominan "peyorativa".

29. Con ello, no se quiere defender que haya que desechar las campañas de comunicación, puesto que, en ocasiones, las medidas de sensibilización y contra-información son útiles para ayudar a desmontar mitos o creencias erróneas que ha adquirido la sociedad. Un ejemplo del gran esfuerzo que se ha realizado en materia de sensibilización en las últimas décadas han sido las campañas contra el estigma del SIDA/VIH. En este sentido, *vid.* por ejemplo las acciones de sensibilización de ONU Sida (UNAIDS); en España, algunas de las desarrolladas por el Ministerio de Sanidad –especialmente en los días mundiales del SIDA–, y por supuesto, todas aquellas acciones llevadas a cabo por distintos colectivos de la sociedad civil.

30. Diversos autores y autoras del campo de la psicología social han realizado estudios que muestran la resistencia al cambio de los estereotipos (Cook y Cusack, 2010). Es decir, a menudo, aunque a las personas se les presenten

mantenimiento del poder. De hecho, desde aproximaciones feministas estructurales a los estereotipos, estos se comprenden como mecanismos de los sistemas de poder cuya función principal es regular un determinado *statu quo* manteniendo jerarquías sociales. Es decir, esta concepción, en el sentido que proponen Elena Ghidoni y Dolores Morondo, entiende los estereotipos centrándose en su papel normativo y justificativo (de prácticas, discursos, normas, etc. discriminatorias) o de creación de coherencia narrativa que permite el mantenimiento de jerarquías sociales.

Partiendo de esta concepción estructuralista, las medidas que se plantean para el abordaje de los estereotipos difieren. No bastaría con medidas de sensibilización o contra-información, sino que harían falta medidas político-jurídicas que intentaran ir a la raíz de las discriminaciones y las relaciones de poder, que se esforzaran en no quedarse en un plano discursivo sino en actuar sobre elementos estructurales que perpetuán la discriminación en la práctica. Por ejemplo, en vez de una campaña de comunicación que "anime" a los hombres a responsabilizarse de los cuidados, se podría establecer la obligación de la revisión de los puestos de trabajos relativos a los cuidados para que incluyan y valoren adecuadamente todas las capacidades y habilidades que una persona profesional del sector de los cuidados debe tener para dicho trabajo, y, en consecuencia, se establecieran salarios y condiciones laborales dignas para este colectivo.

Obviamente, es conocido el hecho de que este tipo de medidas más estructurales son, precisamente, las más difíciles de implementar y las que generan mayores resistencias. Aun así, las feministas, y más

datos o información empírica o real que cuestiona o desecha directamente sus creencias estereotípicas, estas tienden a ignorarlas, situarlas como "la excepción que confirma la regla" o generar subtipos o subcategorías de grupos sociales dentro de aquellos generales que se estereotipan. Esta última tendencia o "modelo de los subtipos" fue desarrollada por Richard Ashmore y Frances Del Boca (1981), entre otros.

concretamente los colectivos y asociaciones de trabajadoras del ámbito del cuidado y del hogar, llevan décadas intentando avanzar políticas y medidas que obliguen a cambiar ciertas dinámicas, inercias, prácticas y normas que perpetúan la discriminación sistémica en el ámbito de los cuidados.[31]

3.2. Procesos de visibilización/invisibilización discursiva y estereotipación

El apartado anterior ha mostrado como la estrategia se refiere expresamente a los estereotipos de género sobre los cuidados y apunta a algunas medidas para su abordaje. Sin embargo, el análisis crítico de la estrategia permite desvelar que, al mismo tiempo, el discurso sobre cuidados de la UE construye implícitamente otros estereotipos generizados, clasistas, raciales y relacionados al estatus nacional o migrante unidos a este ámbito.

La estrategia se refiere expresamente a que las "trabajadoras domésticas"[32] en Europa son en su mayoría mujeres y migrantes de terceros países y reconoce que sus condiciones laborales son a menudo precarias. Tras dicho reconocimiento, apunta que la migración de este tipo de trabajadoras puede ser "un factor clave para remediar la escasez de

31. En este sentido, coincido con Antonio Giménez cuando apunta al "papel esencial que ha jugado la autoorganización de las trabajadoras a la hora de impulsar un nuevo marco regulatorio" destacando, por ejemplo, la "trascendencia que han tenido sus luchas tanto para la elaboración como para la ratificación del Convenio número 189 de la OIT, así como para su internalización posterior en los cuerpos jurídicos de los Estados que lo han ratificado" (2023: 262 y 266).

32. Diversas asociaciones y agrupaciones de trabajadoras del hogar han criticado la utilización de la expresión "trabajadoras domésticas" por su connotación peyorativa y unida al servilismo.

mano de obra" en el sector de los cuidados de larga duración en la UE.[33] El carácter mercantilista de las políticas migratorias de la UE se ha señalado desde hace tiempo (Balibar, 2003; De Genova, 2017; Mezzadra y Neilson, 2017), ya que la Unión entiende la migración principalmente como un problema económico y de seguridad y ha enfocado su política migratoria en la atracción y gestión de trabajadores y trabajadoras migrantes para satisfacer las necesidades económicas y demográficas de sus estados miembros, más que como un asunto de derechos humanos o justicia social. La estrategia visibiliza expresamente que, en la actualidad, un *grosso* del trabajo de cuidados remunerado en Europa lo realizan mujeres migrantes, pero al mismo tiempo, invisibiliza las desigualdades raciales en el sector de los cuidados cuando se centra solamente en las *diferencias* entre mujeres y hombres en los cuidados y en los estereotipos de género, ignorando las desigualdades entre poblaciones migrantes y nacionales, entre mujeres migrantes, racializadas y mujeres nacionales y blancas, así como entre colectivos de clases económicas diferentes. Esta invisibilización contribuye a su vez a no reconocer adecuadamente el papel de las mujeres migrantes en el actual sostenimiento de los cuidados en Europa.

A partir de la teoría del reconocimiento de Axel Honneth (2001) diversos autores (Papadopoulos et al., 2008; Herzog, 2009, 2021) han identificado los mecanismos de visibilización e invisibilización para moldear jerarquías sociales y se han centrado concretamente en el colectivo de personas migrantes (i.e. Gutiérrez-Rodríguez, 2007; Herzog, 2021). Destacan que los procesos de visibilización e invisibilización funcionan de forma imbricada, pues para invisibilizar socialmente a las personas migrantes (con la consecuente discriminación y desvalorización de las aportaciones de este colectivo a la sociedad), es importante su visibilización incluso física (Honneth, 2001, en Herzog, 2021: 215). Es decir, la visibilización de las personas migrantes es a su vez necesaria para

33. Y en este sentido, la Comisión propone estudiar "la viabilidad de desarrollar regímenes a escala de la UE para atraer cuidadores" (2022: 17).

proceder a su invisibilización social (Herzog, 2021: 215). A este sentido, la *Estrategia Europea de Cuidados* constituye un buen ejemplo discursivo de estos procesos de visibilización e invisibilización.

Más allá de la visibilización e invisibilización *discursiva*, la categoría general de visibilidad/invisibilidad se ha abordado desde distintos ángulos, como el social, normativo y económico. Un ejemplo interesante a este respecto lo constituye el análisis de Ruth Mestre (2002), que aborda la realidad de las trabajadoras migrantes y la negociación de la igualdad en lo doméstico partiendo de las experiencias de una asociación de trabajadoras del hogar.[34] La autora reflexiona concretamente sobre la persistente invisibilidad del trabajo doméstico y de la trabajadora inmigrante, así como sobre las estrategias de las propias mujeres inmigrantes para negociar y hacer visible lo doméstico.

Volviendo a la *Estrategia Europea de Cuidados*, el análisis revela, además, que esta establece una relación entre dichos procesos discursivos y los estereotipos en el ámbito de los cuidados. Mientras que el texto europeo visibiliza tan solo algunos estereotipos de género, invisibiliza estereotipos clasistas, raciales y su carácter interseccional, en el ámbito de los cuidados en Europa. Por un lado, parece querer deconstruir los estereotipos de género respecto a los cuidados, al señalar que los hombres deben involucrarse en las tareas de cuidado y que las habilidades para el cuidado no son "innatas" en las mujeres; pero, por otro lado, señala la necesidad imperiosa de "atraer" cuidadoras a la UE, preferiblemente, de terceros países. Ello implica que la UE no observa ni proyecta que el sector de los cuidados sea un ámbito atractivo para los y las trabajadoras nacionales europeas, sino al contrario. Los cuidados siguen construyéndose como un ámbito no valorado en la sociedad y que, por tanto, van a continuar realizándose principalmente por aquellos grupos subordiscriminados en la sociedad, en este

34. En concreto, asociación de ACUDE-VIMAR de trabajadoras del hogar migrantes (de origen ecuatoriano) en Valencia.

caso las mujeres migrantes, a las que se les permiten pocas opciones laborales más.[35] No hay que olvidar que uno de los objetivos y recomendaciones de propuesta de la estrategia se centra en la mejora del acceso a servicios asistenciales accesibles y asequibles (y añade, de calidad).

Este objetivo declarado coincide con la adopción, tan solo unos meses después, de la *Recomendación del Consejo de 8 de diciembre de 2022 sobre el acceso a cuidados de larga duración de alta calidad asequibles.* Tanto en la Estrategia como en esta Recomendación, la UE es clara al señalar la deseabilidad de que los cuidados pasen de ser realizados de forma no remunerada por las mujeres a que se realicen de forma profesional con trabajadoras del sector de los cuidados (que entiende, seguirán siendo principalmente mujeres migrantes), a través de su externalización. Esta externalización es, además, a menudo mediada en la práctica por el mercado, bien a través de servicios públicos mediados por contratos de gestión a entidades privadas o mediante servicios privados a través de empresas u otras entidades o el empleo individual de trabajadoras, como se ha mencionado con anterioridad. Todo ello conecta así los procesos discursivos de visibilización e invisibilización con los estereotipos de clase, raza/estatus migratorio, y género en el ámbito de los cuidados.

35. Así lo señalan las propias mujeres migrantes (y las asociaciones y colectivos de mujeres trabajadoras del hogar, de cuidados y otras) y los estudios que han analizado las experiencias y situaciones de las mujeres migrantes en España y en diversos países europeos. Por ejemplo, en España, la conocida como la *Ley de Extranjería* (la Ley Orgánica 4/2000, de 11 de enero, sobre derechos y libertades de los extranjeros en España y su integración social), así como las dificultades de homologación de títulos universitarios y otras formaciones, abocan a muchas mujeres migrantes a trabajos en el sector de los cuidados y del hogar (Díaz y Martínez-Buján, 2018; Aguirre y Ranea, 2020; Monguí et al., 2022).

4. Conclusiones

Siguiendo el marco del análisis crítico del discurso este trabajo ha analizado el discurso sobre los cuidados de la UE centrándose especialmente la *Estrategia Europea de Cuidados*. Este examen ha servido como una primera aproximación crítica a este texto que constituye la base para orientar la planificación y las actuaciones jurídico-políticas en materia de cuidados de la UE y sus estados miembros.

La cuarta etapa metodológica del análisis crítico del discurso propuesta por Fairclough (2023) sugiere intentar pasar de una crítica negativa a una positiva para encontrar y proponer algunas de las posibilidades de superación de los obstáculos que se han descubierto en el análisis. En este caso, el análisis ha desvelado dos cuestiones fundamentales en la acción antidiscriminatoria y los estereotipos en el ámbito de los cuidados de la UE.

Primero, que la UE sitúa a los estereotipos como una de las causas de la desigualdad en el ámbito de los cuidados –y no como una de las herramientas que generan, o que son consecuencia, de los sistemas y relaciones de poder–. En la misma línea, en el discurso de la UE sobre los cuidados se comprenden los estereotipos como prejuicios individuales o creencias que las personas sostienen en su mente (frutos de su error, ignorancia o miedos) y como elementos "extra-jurídicos" o que se sitúan fuera de los propios discursos jurídico-políticos y estructuras institucionales. Los límites teóricos y prácticos de esta conceptualización de los estereotipos se han señalado ya por diversas autoras feministas. Así, la UE aporta propuestas con pretendido carácter antidiscriminatorio, como las campañas de comunicación, que se centran en contradecir los estereotipos existentes sobre los cuidados y sobre quién debería cuidar. Estas son ineficaces por la resistencia y adaptabilidad que han mostrado los estereotipos, por ser precisamente, herramientas para mantener un estado de jerarquía social, en donde los cuidados y quienes cuidan continúan siendo poco valorados y discriminados en la sociedad. Por ello, una de las propuestas que se puede realizar tras este análisis es la de abandonar esta concepción –y sus consecuentes tipos de medidas antidiscriminatorias– para pasar a una concepción estructuralista de los estereotipos y que se apueste por medidas que puedan incidir de forma más efectiva en las raíces de la discriminación en el ámbito de los cuidados.

La segunda cuestión desvelada es que, a través de la observación de los procesos discursivos de visibilización e invisibilización de las trabajadoras del sector de los cuidados en la estrategia, el discurso de la UE edifica un imaginario de la acción necesaria en materia de cuidados que refuerza una visión mercantilista y neocolonial, en cuanto enfoca su atención en la necesidad de "mano de obra" migrante para trabajos de cuidados. Igualmente, ayuda a mantener los estereotipos de género y raciales que contribuyen a minusvalorar los cuidados: estos siguen formando parte de las tareas que deben realizar las mujeres y más especialmente –desde un carácter clasista y racista– las mujeres migrantes. La estrategia solo se fija en las *diferencias* de hombres y mujeres en los cuidados, y en este contexto discursivo es donde menciona los estereotipos de género. Sin embargo, el texto no se fija en las desigualdades de clase, raciales y de estatus nacional o migrante que se observan en el sector de los cuidados, donde solo una parte de la población (de clase alta, blanca y nacional) accede a servicios de cuidados y otra parte es quien se sitúa mayoritariamente en el trabajo del sector cuidados (mujeres migrantes). De hecho, el discurso de la UE sobre los cuidados deja claro que es necesario "mano de obra" migrante y preferiblemente de terceros países para cubrir las necesidades presentes y futuras de cuidados de los y las ciudadanas europeas.

Los reclamos y propuestas de enfoques más humanistas y no-mercantilistas de las políticas migratorias de la UE son conocidas en este sentido. Para profundizar en esa cuarta etapa propuesta por Fairclough (2023) y construir propuestas que intenten abordar la discriminación sistémica que se encuentra en este ámbito –más allá del discurso analizado en este trabajo– resulta fundamental escuchar a las propias trabajadoras del ámbito de los cuidados, del hogar y sanitario, a sus colectivos y asociaciones, quienes llevan años luchando por sus derechos y conocen, mejor que nadie, la multitud de discriminaciones a las que se enfrentan y las acciones y estrategias necesarias para superarlas.

En definitiva, el análisis de este trabajo ha mostrado un fenómeno doble y paradójico en el discurso de la UE sobre los cuidados y los estereotipos. Por un lado, se apuesta por la lucha contra los estereotipos (solo de género), pero, por otro lado, se contribuye a la creación y mantención de estereotipos (interseccionales) sobre el género, clase, raza y estatus nacional/migratorio.

5. Referencias bibliográficas

Aguirre Sánchez-Beato, Estela y Ranea Triviño, Beatriz (2020). *Investigación Mujer inmigrante y empleo de hogar: situación actual, retos y propuestas*. Federación De Mujeres Progresistas.

Ashmore, Richard D. y Del Boca, Frances K. (1981). "Conceptual approaches to stereotypes and stereotyping". En David L. Hamilton, (Ed.). *Cognitive processes in stereotyping and intergroup behaviour*. Erlbaum.

Balibar, Étienne (2003). *Nosotros, ¿ciudadanos de Europa? Las fronteras, el estado, el pueblo*. Tecnos.

Barrère Unzueta, María Ángeles (2019). *Feminismo y Derecho. Fragmentos para un Derecho antisubordiscriminatorio*. Olejnik.

Brems, Eva y Timmer, Alexandra (2016). *Stereotypes and Human Rights Law*. Intersentia.

Butler, Judith (2004). *Undoing Gender*. Routledge.

Comisión Europea. (2018). *The Silver Economy*. Dirección General de Redes de Comunicación, Contenido y Tecnología, Grupo Technopolis, Oxford Economics.

Comisión Europea. (2019). *Salud Pública*. Dirección de Salud y Seguridad Alimentaria de la Comisión Europea. https://health.ec.europa.eu/health-workforce/overview_en Recuperado el 13 de abril de 2024.

Comisión Europea. (2022). *Estrategia Europea de Cuidados*. Comunicación de la Comisión al Parlamento Europeo, al Consejo, al Comité Económico Y Social Europeo y al Comité de las Regiones.

Comisión Europea. (2022a). *Preguntas y respuestas: atraer capacidades y talento a la UE*. https://ec.europa.eu/commission/presscorner/detail/es/qanda_22_2655 Recuperado el 13 de abril de 2024.

Cook, Rebecca J. y Cusack, Simone. (2010). *Gender stereotyping: Transnational legal perspectives*. University of Pennsylvania Press.

De Genova, Nicholas (2017). *The Borders of Europe: Autonomy of Migration, Tactics of Bordering*. Duke University Press.

Derrida, Jacques (1976). *Of Grammatology*. Johns Hopkins University Press.

Derrida, Jacques (1987). *Les Tours de Babel*. Psyché–inventions de l'autre, Galilée.

Díaz Gorfinkiel, Magdalena y Martínez-Buján, Raquel (2020). "Mujeres migrantes y trabajos de cuidados: transformaciones del sector doméstico en España". *Panorama Social*, 27, 105-118.

EIGE (2022). *Gender Equality Index 2022: The COVID-19 pandemic and care*. Oficina de Publicaciones de la Unión Europea.

EIGE (2023). *Gender Equality Index 2023. Towards a green transition in transport and energy*. Oficina de Publicaciones de la Unión Europea.

Equinet (2021). *Domestic and Care Workers in Europe: An Intersectional Issue. Equinet's Working Group on Gender Equality*. Publications Office of the European Union, Luxembourg.

Eurofound (2020). *Access to care services: Early childhood education and care, healthcare and long-term care*. Publications Office of the European Union, Luxembourg.

Eurostat. (2020). *Healthcare personnel statistics–nursing and caring professionals*. https://ec.europa.eu/eurostat/statistics-explained/index.php?title=Healthcare_personnel_statistics_-_nursing_and_caring_professionals#Healthcare_personnel Recuperado el 13 de abril de 2024.

EWL (2008). *Lobbying Kit for Parity Democracy 2008*. European Women's Lobby.

Fairclough, Norman (2006). *Language and Globalization*. Routledge.

Fairclough, Norman (2023). "Análisis crítico del discurso". En Micheal Handford y James Paul Gee, *The Routledge Handbook of Discourse Analysis*, 1-14.

Fernández Artiach, Pilar y García Testal, Elena (2023). "Prevención de riesgos, violencia y acoso en el trabajo doméstico, a la luz de los convenios 189 y 190 de la OIT". *Lex Social, Revista De Derechos Sociales*, 13 (2), 1–21.

Ghidoni, Elena (2021). *Developing structural intersectionality in legal analysis: the case of stereotypes as forms of discrimination*. Tesis doctoral, Universidad de Deusto, Instituto de Derechos Humanos.

Ghidoni, Elena (2022). "Aproximación a los estereotipos como elementos del razonamiento judicial a través de las presunciones". En F. J. Arena, (Coord.). *Manual sobre los efectos de los estereotipos en la impartición de justicia*. México: Suprema Corte de Justicia de la Nación. pp. 287-318.

Ghidoni, Elena y Morondo Taramundi, Dolores (2022). "El papel de los estereotipos en las formas de la desigualdad compleja: algunos apuntes desde la teoría feminista del derecho antidiscriminatorio". *Revista Discusiones*, 28(1), 37-70.

Giménez Merino, Antonio (2023). "El nuevo mapa regulatorio del trabajo del hogar en España. Condicionantes político-jurídicos y condicionantes materiales de un sector precarizado y feminizado". *Cuadernos Electrónicos de Filosofía del Derecho*, 44, 244- 270.

Goizueta Vertiz, Juana, Barrère Unzueta, María Ángeles, Galarraga Ezponda, Auxkin y Irigoien Domínguez, Alazne (2019). *Estereotipos de género, conciliación corresponsable y compromiso empresarial por la igualdad: Análisis de la realidad guipuzcoana y propuesta de recomendaciones* (Informe Etorkizuna Eraikiz). Diputación Foral de Gipuzkoa.

Gori, Cristiano; Fernandez, José Luis y Wittenberg, Raphael (2016). *Long-Term Care Reforms in OECD Countries*. Bristol University Press.

Gutiérrez-Rodríguez, Encarnación (2007). "Reading Affect—On the Heterotopian Spaces of Care and Domestic Work in Private Households". *Forum, Qualitative Social Research*, 8(2), 1-24.

Herzog, Benno (2009). *Exclusión discursiva – el imaginario social sobre inmigración y drogas*. Publicaciones Universidad de Valencia.

Herzog, Benno (2021). "Managing Invisibility: Theoretical and Practical Contestations to Disrespect". En S. Gottfried (Ed.), *Migration, Recognition and Critical Theory*. Springer Verlag, 211-227.

Honneth, Axel (2001). "Invisibility: On the Epistemology of Recognition". Aristotelian Society, 75(1), 111–126.

Hochschild, Arlie Russell (2000), "Global Care Chains and Emotional Surplus Value". En Will Hutton y Anthony Giddens, (Eds). *On The Edge: Living with Global Capitalism*. Jonathan Cape.

Hunter, Rosemary (2013). "The gendered 'socio' of socio-legal studies". En Feenan Dermot, (Ed.), *Exploring the 'Socio' of Socio-legal Studies*. Palgrave McMillan, 205-227.

Irigoien Domínguez, Alazne (2023). *Feminismos, interseccionalidad y estereotipos en el Derecho Antidiscriminatorio: Una especial referencia al ámbito de la CAPV*. Tesis doctoral, Universidad del País Vasco.

Irigoien Domínguez, Alazne (2024). *Interseccionalidad y anti-estereotipación como recursos de un derecho antidiscriminatorio crítico. Especial referencia al ámbito de la CAPV*. IVAP.

Jessop, Bob (2004). "Critical semiotic analysis and cultural political economy". *Critical Discourse Studies*, 1 (2): 159–175.

Macaya Andrés, Laura (2013). *Esposas nefastas y otras aberraciones: el dispositivo jurídico como red de construcción de feminidad*. Diletants.

Mackinnon, Catharine A. (2013). "Intersectionality as a method". *Journal of Women in Culture and Society*, 38 (4), 1020-1030.

Mestre i Mestre, Ruth (2002). "Dea ex machina. Trabajadoras migrantes y negociación de la igualdad en lo doméstico. (Experiencias de ACUDE-VIMAR: ecuatorianas en Valencia)". *Cuadernos de Geografía de la Universitat de València*, 72, 191-202.

Mezzadra, Sandro y Neilson, Brett (2017). *La frontera como método*. Traficantes de Sueños.

Monguí Monsalve, Mónica, Cáceres Arévalo, Pierina y Ezquiaga Bravo, Ainhoa (2022). *Libro Blanco sobre la situación de las mujeres inmigrantes en el sector del trabajo del hogar y los cuidados en España*. Dykinson.

Morondo Taramundi, Dolores (2022). "Estereotipos, interseccionalidad y desigualdad estructural". En Federico J. Arena, (Coord.). *Manual sobre los efectos de los estereotipos en la impartición de justicia.* México: Suprema Corte de Justicia de la Nación, 141-173.

Orozco, Amaia (2007). *Cadenas Globales de Cuidado.* Instituto Internacional de Investigaciones y Capacitación de las Naciones Unidas para la Promoción de la Mujer (UN-INSTRAW).

Papadopoulos, Dimitris; Stephenson, Niamh y Tsianos, Vassilis (2008). *Escape Routes: Control and Subversion in the 21st Century.* Pluto Press.

Parlamento Europeo (2022). *What if care work were recognised as a driver of sustainable growth?* EPRS, European Parliamentary Research Service, Unión Europea.

Pavlou, Vera (2016). "Domestic work in EU law: the relevance of EU employment law in challenging domestic workers' vulnerability". *European Law Review,* 41(3), 379-398.

Rovira Izquierdo, Cristina (2023). "Los imaginarios sociales". *Cuidados: monografías feministas del Instituto de las Mujeres,* 2, 70-77.

Rubio-Marin, Ruth (2012). "A New European Parity-Democracy Sex Equality model and why it won't fly in the United States", *The American Journal of Comparative Law,* 60(1), 99-125.

Scott, Joan W. (1988). "Deconstructing Equality-versus-Difference: Or, the Uses of Poststructuralist Theory for Feminism". *Feminist Studies,* 14(1), 32-50.

Smith, Steve y Owens, Patricia (2005). "Alternative Approaches to International Theory". En John Baylis, Steve Smith y Patricia Owens, (Eds.). *The Globalization of World Politics. An introduction to international relations.* Oxford University Press, 271-293.

Tobío, Constanza (2005). *Madres que trabajan.* Ediciones Cátedra.

Van Dijk, Teun (2002). "El análisis crítico del discurso y el pensamiento social". *Athenea Digital,* 1, 1-7.

Williams, Joan C. y Cooper, Holly Cohen (2004). "The public policy of motherhood". *Journal of Social Issues,* 60(4), 849-865.

Estudio de casos de interseccionalidad de estereotipos (medi)ante tres sentencias argentinas

Catalina Tassin Wallace[1*]

1. Introducción

Este artículo sugiere una lectura de ciertas intersecciones a través del análisis de tres sentencias emitidas por la Corte Suprema de Justicia de la Nación argentina, entre los años 2020 y 2022. Cada caso resuelve sobre la situación de una mujer, migrante y madre, vinculada a la comercialización de estupefacientes. Estos ámbitos de la experiencia, como les denomina Ruth Mestre i Mestre, surgen en relación entre sí (2020: 158). Su intersección no solo condiciona las vivencias de las personas y los procesos jurídicos que enfrentan, sino también las categorías que se emplean para su tratamiento.

Este trabajo realiza un análisis de estas intersecciones, mostrando cómo ellas se entrelazan y contribuyen a formas específicas de reconocimiento y menosprecio. El argumento central sostiene que la resolución de los tres casos, en la consideración de la aplicación o no de la figura de la reunificación familiar, se basa en el uso de estereotipos, aplicados no solo por tratarse de mujeres, migrantes y madres criminalizadas como situaciones aisladas, sino por la interacción compleja y dinámica de estos elementos.

Con ello en mente, este trabajo se estructura en cuatro partes. La primera de ellas contextualiza brevemente el posicionamiento de Argentina

* Agradezco a Dolores Morondo Taramundi, Elena Ghidoni y Ruth Mestre i Mestre por su cuidadosa lectura y aportes.

respecto de la migración. La segunda presenta algunos conceptos a partir de los cuales considero que es posible realizar una lectura crítica de ese posicionamiento. La tercera realiza el análisis de tres sentencias de la Corte Suprema de Justicia de la Nación argentina haciendo uso del marco contextual y conceptual propuesto. Por último, se presentan algunas reflexiones finales.

2. Contexto

A partir del Decreto de Necesidad y Urgencia número 1013/92[2] el presidente argentino, Carlos Menem, dispuso el refuerzo de los controles migratorios. La necesidad del decreto se fundaba en la creciente delincuencia internacional (Etel Papo y González, 2008). En razón de ello, parte de lo que se solicitaba a extranjeros para el otorgamiento de la radicación permanente o temporal era acreditar la inexistencia de antecedentes penales. Un año después, el decreto 2771/93[3] reforzó el control sobre la situación de los migrantes que ya se encontraban en Argentina:

> A fin de hacer operativa la política migratoria instrumentada, resulta indispensable que el Poder Ejecutivo Nacional, por medio de sus organismos pertinentes, adopte las medidas necesarias para afrontar este grave problema, empleando una metodología ágil y efectiva, que permita la inmediata expulsión de inmigrantes ilegales (considerando del decreto 2771/93).

En 1994 se aprobó el decreto 1023/94[4] que buscaba analizar las corrientes migratorias. En su texto afirma que "la experiencia acumulada

2. Decreto 1013 / 1992, Poder Ejecutivo Nacional, Reglamento de Migraciones. Publicada en el Boletín Nacional del 26 de junio de 1992.
3. Decreto 2771 / 1993, Poder Ejecutivo Nacional, Control Situación legal de Migrantes. Publicada en el Boletín Nacional del 06 de enero de 1994.
4. Decreto Reglamentario 1023 / 1994, Poder Ejecutivo Nacional, Reglamento de Migraciones. Publicado en el Boletín Nacional del 05 de julio de 1994.

lleva a la necesidad de efectuar un estudio previo de las corrientes migratorias que inciden en nuestro país, a fin de resguardar los intereses nacionales" (considerando del decreto 1023/94).

Lo anterior, considerando que en el año 1960, según el Instituto Nacional de Estadística y Censos de Argentina (INDEC), más del 80% de quienes emigraban a Argentina pertenecían a países no limítrofes y en el año 1990 más del 50% eran de países limítrofes,[5] parecía indicar una preocupación estatal por el crecimiento de la migración latinoamericana (Ceriani y Asa, 2002). Esto fue acompañado con el refuerzo de la imagen de peligrosidad de esta "nueva" población migratoria. En este sentido se asentó una concepción de movimiento migratorio no deseado, que impulsó el crecimiento de facultades del Poder Ejecutivo, del Ministerio del Interior y, en particular, de la Dirección Nacional de Migraciones (DNM). A partir del año 1994 se le atribuyó a esta última la competencia para expulsar extranjeros y dispensar excepcionalidades respecto a dicha expulsión. Esto último se evidencia en el Artículo 25 del decreto 1023/94:

> La Dirección Nacional de Migraciones, previa intervención del Ministerio del Interior, podrá admitir excepcionalmente en el país, en las categorías de residentes "permanentes" o "temporarios", mediante resolución fundada en cada caso particular, a los extranjeros comprendidos en las inhabilidades relativas que prevé el artículo 22 del presente, considerando las circunstancias que señala el artículo 23 en sus incisos a) al d).[6]

5. Datos consultados en la página oficial del INDEC. https://www.indec.gob.ar/indec/web/Nivel4-Tema-2-41-164 y https://www.indec.gob.ar/indec/web/Nivel4-CensoNacional-1-2-Censo-1991. Recuperado el 4 de diciembre de 2024.

6. Las excepciones, a su vez, son mínimas. A modo ilustrativo, una de ellas es el posible interés que puedan significar para la República las "actividades que desarrollan o desarrollarán" (Artículo 23, inciso a, decreto 1023/94). Este decreto fue actualizado por la Ley 25.871, que introduce diferencias importantes. Mientras que la ley define las razones de excepcionalidad basándose en derechos y necesidades humanas, como razones

En diciembre del año 2003 se sancionó la actual Ley Nacional de Migraciones, número 25.871, promulgada en el año 2004.[7] La nueva legislación establece a la migración como derecho: "El derecho a la migración es esencial e inalienable de la persona y la República Argentina lo garantiza sobre la base de los principios de igualdad y universalidad" (Artículo 4, Ley 25.871). Su concepción respecto a la migración y al migrante incorpora el contenido de la "Convención Internacional sobre la protección de los derechos de todos los trabajadores migratorios y de sus familiares",[8] siendo una de las primeras en el mundo en hacerlo, y a su vez una referencia para los países de la región. En ese sentido, se muestra como una normativa con enfoque "proinmigración".

En el año 2004, acompañando esta nueva perspectiva respecto a la migración, se suspendieron las expulsiones de migrantes de países limítrofes, salvo aquellas que se fundaran en la existencia de antecedentes penales, todo ello a través de la Disposición número 2079/2004.[9] El criterio de expulsión y de aplicación de excepcionalidades continua a cargo de la DNM.

Algunas de las causales de expulsión son cometer un delito, poseer antecedentes criminales, y eludir los controles migratorios al ingresar.[10]

humanitarias o la reunificación familiar, el decreto anterior lo hacía desde un enfoque más administrativo, señalando "inhabilidades relativas". Ambos coinciden en la utilización de categorías como residentes permanentes o temporarios y en que las resoluciones para la admisión excepcional deben estar fundadas en cada caso particular.

7. Ley 25.871, Poder Legislativo Nacional. Política Migratoria Argentina. Promulgada el 20 de enero de 2004. Su reglamentación se dio recién en el año 2010 debido a demoras de la Dirección Nacional de Migraciones

8. Resolución 45/158 de la Asamblea General de las Naciones Unidas, aprobada el 18 de diciembre de 1990.

9. Disposición 2079 / 2004, Dirección Nacional de Migraciones, Medidas de Extrañamiento. Publicada en el Boletín Nacional del 03 de febrero de 2004.

10. "Haber sido condenado o estar cumpliendo condena, en la Argentina o en el exterior, o tener antecedentes por tráfico de armas, de personas, de estupefacientes o por lavado de dinero o inversiones en actividades ilícitas o delito

La expulsión podrá ser revisada por (I) razones humanitarias, (II) desarrollar actividades, estudios o investigaciones de interés para la DNM, y/o (III) el argumento de reunificación familiar. Estas son las únicas figuras de excepcionalidad. Este trabajo se interesa particularmente en esta última (III). Para comprenderla, es necesario consultar la primera parte del articulado de la ley, donde se la presenta como un derecho de las personas migrantes. Según el Artículo 3, se la define como el vínculo de un individuo con padres, cónyuges, hijos solteros menores o hijos mayores con discapacidad, sin distinción de nacionalidad (artículo 3, inciso d, Ley 25.871).

La ley en cuestión afirma que la autoridad migratoria, la DNM, con intermediación del Ministerio del Interior:

> podrá admitir, excepcionalmente, por razones humanitarias o de reunificación familiar, en el país, en las categorías de residentes permanentes o temporarios, mediante resolución fundada en cada caso particular a los extranjeros comprendidos en el presente artículo (Artículo 29, inciso k, Ley 25.871).

No resulta claro, ni en las normas ni en la jurisprudencia, cuándo ni cómo opera la figura de reunificación familiar en las revisiones de procedimientos de expulsión de extranjeros. Hasta aquí, deseo observar dos cuestiones: en primer lugar, una persona migrante que ha cumplido condena puede ser expulsada del país por el hecho de poseer antecedentes penales; en segundo lugar, una de las razones por las que dicha expulsión puede ser revisada es la existencia de un vínculo familiar (contemplado en la figura de la "reunificación familiar"). No obstante, de nuevo, no se especifica claramente qué se entiende por este "vínculo", ni cuáles son los criterios que se deben tener en cuenta para su valoración.

que merezca para la legislación argentina pena privativa de la libertad de tres (3) años o más" (artículo 29, inciso c, Ley 25.871).

En el debate respecto a cuándo admitir la excepcionalidad por razón de reunificación familiar emergen al menos dos interpretaciones, que se traslucen en las sentencias de la Corte Suprema de Justicia de la Nación. Por un lado, se sostiene que los supuestos específicos que obstan el ingreso o la permanencia de extranjeros en el país, frente a la norma general, faculta a la DNM, solo por razones humanitarias o de reunificación familiar, a disponer excepcionalmente de su aplicación. De acuerdo con esta perspectiva, dichas excepciones "deben ser interpretadas de modo restrictivo".[11] Así, la mera existencia de un grupo familiar en el país no es suficiente para evitar la expulsión, ya que la valoración del "vínculo" con los familiares queda a discreción de la administración.[12] Como se analizará más adelante, en el caso de mujeres, este vínculo suele traducirse en la necesidad de probar o acreditar su rol como cuidadoras.

Por otro lado, existe una interpretación que propone que, al invocarse el derecho de reunificación familiar, alegando:

> ser padre, hijo o cónyuge de argentino nativo (...) la Dirección Nacional de Migraciones deberá suspender la expulsión (...). Acreditado que fuera el vínculo, el extranjero recuperará en forma inmediata su libertad y se habilitará respecto del mismo, un procedimiento sumario de regularización migratoria [el subrayado es propio de la sentencia].[13]

11. Barrios Rojas, Zoyla Cristina c/ EN -DNM resol. 561/11- (exp. 2091169/06 (805462/95)) y otros/ recurso directo para juzgados (24 de septiembre de 2020), considerando 11. Corte Suprema de Justicia de la Nación.
12. En la sentencia *Otoya Piedra* se considera la medida de expulsión del territorio de la Argentina, con prohibición de reingreso de manera permanente, en razón de la condena del actor por homicidio simple. El actor acreditó ser cónyuge y padre de dos hijos mayores de edad (uno de los cuales era menor al momento del dictado de los actos) con residencia permanente, situación que había sido omitida en instancias anteriores, ver Otoya Piedra, César Augusto c/ EN–DNM s/ recurso directo DNM (7 de diciembre de 2021). Corte Suprema de Justicia de la Nación.
13. Torbellino Hinostroza, Silvia c. EN – M° Interior – DNM – resol. 415 (ex 208306/09) y otro s/ recurso directo DNM. (8 de noviembre de 2022), considerando 2. Corte Suprema de Justicia de la Nación.

La existencia del grupo familiar, de este modo, sería suficiente. Sin embargo, esta interpretación aclara que la suspensión de la expulsión se aplica únicamente cuando el vínculo es con un argentino nativo, y no con otros extranjeros.

Estas dos interpretaciones reflejan un contraste significativo en la aplicación de la normativa respecto de la reunificación familiar. Así, por un lado, tenemos una aplicación restrictiva, que subraya la discrecionalidad administrativa, y por el otro, se enfatiza la protección y regularización inmediata de los migrantes en razón de la reunificación familiar con argentinos nativos.

Ambas interpretaciones se sustentan en su carácter no discriminatorio, esto es, en el hecho de que no se parte de motivaciones basadas en la etnia, raza y/o religión del migrante, o en categorías sospechosas. Se trataría, entonces, de una excepcionalidad cuya aplicación se presenta como "objetiva".[14] Sin embargo, una observación más detenida, sugiere que la aplicación de la figura de la reunificación familiar se asienta sobre una base de estereotipos. Ello resulta del análisis de tres sentencias de la Corte Suprema de Justicia de la Nación argentina, en las cuales se da procedencia a tal excepcionalidad solo en los casos en los que la migrante demuestra su utilidad como cuidadora de menores de edad, en particular a sus hijas/os. Esto implica, en consecuencia, una cierta idea de familia, nuclear, tradicional y del rol que deben cumplir las mujeres en dicho vínculo. Para profundizar en estos aspectos, es necesario, primeramente, establecer un marco conceptual que permita analizar estas consideraciones en mayor detalle.

3. Reconocimiento, menosprecio, estereotipos e intersección

Para mostrar que la "objetividad" en la que se sustenta la decisión de la Dirección Nacional de Migración se asienta, como mínimo, en algunos saltos argumentales o estereotipos, propongo, a lo largo de este

14. Sentencia Barrios Rojas, supra n 91, considerando 6.

apartado, tres conceptos: reconocimiento/menosprecio, estereotipos e intersección.

3.1. Reconocimiento/menosprecio

El reconocimiento y el menosprecio establecen el mapa valorativo en el que desarrollaré los restantes conceptos. Hago uso de esta terminología recuperando nociones honnethianas de interdependencia social (Honneth, 1997, 2008, 2014). El autor en cuestión comprende que los vínculos sociales pueden ser explicados desde la dinámica de la mutua valoración o, en otras palabras, mutuo reconocimiento. Los vínculos entablados en función de este son los que permiten la construcción del sujeto, de las personas, de su identidad y autonomía.[15]

Las tesis que sustentan esta idea de reconocimiento y su contraparte, el menosprecio, es, primero, que los individuos interactúan socialmente; segundo, que esta interacción puede ser traducida como valoración; y, en tercer lugar, que esta valoración puede ser signada de positiva o negativa. Si se trata de una vinculación positiva, entonces hay reconocimiento, y por ello, formación de sujetos. Si, por lo contrario, se observa una instancia negativa, estaremos en presencia de lo que se denomina error de reconocimiento (Honneth y Fraser, 2006: 26) o menosprecio (Honneth, 1997) y, en consecuencia, de un daño. Con esto último se obstaculiza y oprime al individuo, su identidad y autonomía. Por ello, desde esta teoría, el menosprecio, que puede ser entendido en términos de discriminación, implica más que no considerar al otro como igual, supone también atentar contra su posibilidad de acción, inhabilitarlo, silenciarlo e ignorarlo.

15. Axel Honneth entiende por identidad el saberse valorado en operaciones que el individuo no comparte indiferentemente con otros (Fascioli, 2013: 153); y por autonomía el respeto de toma de decisiones, necesidades y habilidades del sujeto (Honneth, 2013).

3.2. Estereotipos

Respecto al segundo concepto a tratar, los estereotipos, desde la lectura del reconocimiento y el menosprecio, en particular como modo argumental que aparecen en las sentencias, funcionarían como justificadores, normalizadores de ciertos vínculos valorativos.

Es usual que en el contexto de análisis de estereotipos se distinga entre dos lecturas, una peyorativa en la que se asocia al estereotipo con el prejuicio, y una neurocognitiva, en la que los estereotipos se fundan como mecanismos cognitivos, construcciones mentales, que facilitan la comprensión de la realidad (Alexander, 1992; Arena, 2016; Arena, 2019; Ghidoni y Morondo Taramundi, 2022). Independientemente de si se asocian con su carácter peyorativo o neurocognitivo, los estereotipos cumplen un rol de carácter estructural, prescriptivo respecto a ciertas relaciones valorativas. Esto es así en la medida en que, sean describiendo o ejerciendo un rol normativo, guían, regulan, y a menudo modifican, comportamientos, prácticas, políticas, y marcos legales, (Ghidoni y Morondo Taramundi, 2022). Dado que estas estructuras asignan roles de manera diferencial, y en muchos casos de forma desigual (Young, 1990), se suele concluir que los estereotipos, al reproducir sistemática y seriadamente dichas estructuras, adquieren un carácter desigual, discriminatorio.

Para analizar el carácter "sistematizador" y "serializador" consideremos lo siguiente: Desde la definición ligada a mecanismos cognitivos, un estereotipo es la asociación de un sujeto, o varios, a una categoría– sea que la misma refiera a roles, características o rasgos–en función de su pertenencia a otra categoría. Por ejemplo, la asociación de una persona, mujer, al deber de cuidar. Su carácter sistematizador se visualiza en esta asociación, ya que produce, perpetúa y refuerza vinculaciones sociales, esto es, reconocimientos y menosprecios. A su vez, también se evidencia su aspecto serializador, aplica, retomando el ejemplo, para toda mujer, independientemente de las particularidades del caso.

Desde la definición ligada a su aspecto peyorativo, y sin necesariamente desvincularse de lo anterior,[16] un estereotipo implica "una conexión o una continuidad entre un componente cognitivo (el estereotipo o imagen mental), un componente emotivo (el prejuicio) y un componente conativo o comportamental (la discriminación o trato injusto)" (Ghidoni y Morondo Taramundi, 2022: 41). Desde esta asociación, el estereotipo apunta a re-producir, particularmente, el menosprecio propio de las jerarquías sociales en las que nos desarrollamos.[17]

En algunas ocasiones judiciales, en las que entran en juego estereotipos, los tribunales deciden rechazarlos, eliminarlos, sin analizarlos. Se los rechaza afirmando que se tratan de generalidades infundadas y, sin embargo, es compartida la idea de que su eliminación no es suficiente (Clérico, 2017; Di Corleto, 2021; Ronconi, 2022).[18] Es necesario, en función de su carácter sistematizador y serializador, analizar las redes interactivas de menosprecios en las que aparecen. Un modo en el que se lo suele hacer es asumiendo cada caso como particular. Se trata de un mecanismo que ha sido, por ejemplo, adoptado por la Ley Nacional de Migraciones argentina antes referida, según la cual, en vistas de que la discrecionalidad de la DNM aplique objetivamente la figura de la reunificación familiar, es necesario reforzar la observación individual del caso. Ello pareciera querer atender el carácter serializador del estereotipo. No obstante, el estereotipo no es únicamente una generalización,

16. El hecho de que un estereotipo sea de naturaleza cognitiva no implica automáticamente que este sea neutral desde una perspectiva valorativa. Al contrario, nos sumerge en una lógica social y estructurada de relaciones desiguales, las cuales, a pesar de su disparidad, son compartidas y aceptadas socialmente.

17. "De hecho, no existen estereotipos dañinos que afecten grupos socialmente dominantes, porque el estereotipo recae "de arriba abajo", no se consolida cuando se pretende lanzarlo sobre grupos dominantes" (Ghidoni y Morondo Taramundi, 2022: 58).

18. Véase también Manuela y otros vs. El Salvador (2 de noviembre del 2021). Corte Interamericana de Derechos Humanos.

como mencioné con anterioridad, sino también una reproducción particular de vínculos, un sistematizador.

3.3. Intersección

Para tratar simultáneamente el carácter sistematizador y serializador, propongo aquí vincular al concepto de estereotipos con el de intersección.[19] Entiendo por intersección la afirmación de que existen convivencias de categorías identitarias en los individuos, por ejemplo, la intersección entre mujer, negra y perteneciente a una comunidad originaria de Latinoamérica. Esto no solo supone que una persona cuente con una cierta complejidad identitaria, sino que la misma existe en un contexto de jerarquías relacionales. De este modo, este cruce categorial implica una realidad absolutamente diferente respecto a la de una mujer, blanca, de una comunidad occidental moderna de Europa.

El uso de este concepto permite visualizar la complejidad de los sujetos y de las categorizaciones que reciben (Lugones, 2008, 2010, 2020). La intersección implica, en ocasiones, la imposibilidad de existencias, lo que muestra un vacío experiencial y epistémico (Lugones, 2008). En otras palabras, las jerarquías sociales pueden llevar a que solo se perciban ciertos aspectos de la identidad de una persona, mientras se ignoran o menosprecian otros. Es decir, en la intersección de "mujer" y "negra" se reconoce (limitadamente) a la mujer blanca, o al hombre negro, y se menosprecia, invisibiliza, a la mujer negra.

Esta aproximación destaca la existencia de una estructura social que, operando de manera continua, organiza y reproduce jerarquías identitarias y categorías que invisibilizan ciertos individuos. Al poner en contacto este análisis de intersección con el concepto de estereotipo, es posible abordar el carácter serializador antes mencionado. En tanto se

19. En una interpretación combinada de Kimberlé Crenshaw (1991) y María Lugones (2008, 2010, 2020).

entiende la identidad individual en el contexto de un entramado social, se reconoce la complejidad singular de cada individuo, sin con ello descontextualizarlo. Por ejemplo, la experiencia de discriminación de una mujer negra miembro de una comunidad originaria en Latinoamérica puede compartir similitudes con la de otras mujeres en su comunidad, y a la vez reflejar aspectos únicos de su propia identidad. Este enfoque permite abordar tanto las experiencias compartidas como las particularidades de cada individuo.

3.3.1 Hipotéticas intersecciones

Imagínese la siguiente intersección: mujer, migrante y madre, vinculada con la comercialización de estupefacientes. Esta situación combina características que en sí mismas no funcionan de modo independiente (Mestre i Mestre, 2020: 158). Ninguna de esas dimensiones representa cuestiones aisladas, antes bien, se tratan de aspectos que se encuentran interconectados, invisibilizando a los sujetos que allí se encuentran. Como una muestra mínima de ello, al referir a migrante se suele considerar a un sujeto masculino (Juliano, 2006; Magliano y Mallimaci Barral, 2018).

Propongo analizar esta hipotética intersección, comenzando por el par mujer/migrante, que configura un espacio particular de vulnerabilidad. Esta se expresa, por ejemplo, en barreras de acceso al empleo formal, de atención sanitaria, de educación, que a su vez se exacerban por barreras de acceso a la justicia y falta de redes de soporte (Petrozziello, 2013). Debe considerarse que en general las políticas públicas de migración, y en particular las argentinas, se abordaron teniendo en cuenta en el campo de las migraciones al varón migrante, como "sujeto neutral" (Juliano, 2006; Magliano y Mallimaci Barral, 2018).

A su vez, en los últimos años, en Latinoamérica se observa una feminización de este proceso migratorio (Martínez Pizarro, 2007), lo cual, según Lorena Fries Monleón (2019) evidencia una transformación en los roles económicos y sociales de las mujeres. Esto, combinado con las dificultades que enfrentan las mujeres migrantes para insertarse en el mercado laboral y acceder efectivamente a derechos, resulta en una "inclusión diferencial" (Mallimaci y Magliano, 2018).

La intersección de mujer y madre suele implicar, exigir, ciertos roles. Esta asociación supone simultáneamente obstáculos en la justicia[20] y en el mercado laboral,[21] así como discriminaciones y violencias particulares. Un ejemplo de dichas barreras es el hecho de que, debido a la asociación de la mujer con madre, se han limitado severamente los derechos reproductivos de las mujeres, restringido el acceso a métodos anticonceptivos y al aborto (Hunt, 2003).

La intersección de mujer y personas relacionadas con la comercialización de estupefacientes supone cierta y determinada precariedad, en particular económica. El transporte y la posesión con fines de comercialización son tareas propias del "nivel más bajo de la pirámide organizacional" (PROCUNAR, 2022: 50). Se señala frecuentemente que tal actuación se relaciona con el hecho de que es una tarea fácilmente compatible con roles de cuidado (Puente Aba, 2012: 112). A su vez, esta labor presenta, desde el año 2000, un aumento de presencia de mujeres (Arraigada y Hopenhayn, 2000). Y, según lo muestra el informe de Unidad Fiscal de Investigación de Delitos Tributarios y Contrabando (2012), las personas que cometen el delito de posesión con fines de distribución forman parte de las esferas más vulnerables. Esto, considerado junto con lo afirmado por la Procuraduría de Narcocriminalidad (PROCUNAR), en su escrito *Narcocriminalidad y perspectiva de género* (2022) que afirma que la mayoría de mujeres encarceladas en los establecimientos penitenciarios

20. Los casos de la Corte Interamericana de Derechos Humanos que evidencian restricciones de acceso a la justicia debido a la intersección entre ser mujer y madre incluyen el caso de Manuela c. El Salvador (2 de noviembre del 2021) y el caso Rodríguez Pacheco c. Venezuela (1 de septiembre de 2023), ambos relacionados con violaciones de las obligaciones estatales en este contexto.

21. Como ejemplo de ello puede observarse el informe de OECD (2017).

de Argentina lo están por delitos relacionados con el narcotráfico, en particular su transporte, refuerza la idea de que esta intersección configura una particularidad situación de vulnerabilidad al menosprecio. Como dato, en el 2018 esta causa representó el 46% de los encarcelamientos femeninos.[22]

La intersección entre mujer y madre relacionada con el transporte o distribución de estupefacientes suele implicar la aparición del estereotipo de mala madre. En la medida en que se entiende que los estupefacientes se vinculan con el detrimento de la sociedad, también lo hace respecto de las familias que se vinculan con la persona relacionada con su comercialización y/o transporte. Como señala Liliana Ronconi (2022), la sociedad impone a las mujeres que son madres el deber de ser "buenas madres", lo cual implica proteger y cuidar a sus hijos y evitar cualquier conducta que pueda poner en riesgo el bienestar familiar. Por lo tanto, cuando una madre se asocia con actividades relacionadas con estupefacientes, se la reprueba socialmente, lo que refuerza el estereotipo de "mala madre" al percibirse su conducta como una amenaza, particularmente dañina, para la estructura familiar y social.

La intersección de cada una de estas características, mujer, migrante, madre, relacionada con la comercialización de estupefacientes[23] configura un escenario complejo de marginalización y menosprecio. En el análisis anterior solo he ahondado en ciertos contactos, es decir, mujer-migrante, mujer-relacionada con la comercialización de estupefacientes, mujer-madre y mujer-madre-relacionada con la comerciali-

22. Desde 2002, el porcentaje más bajo de encarcelamiento femenino por delitos relacionados con el narcotráfico ha sido del 33%. A su vez, y comparando los porcentajes del año 2018, como mencione, mientras el porcentaje de mujeres en esta situación era del 46%, el de personas transexuales era del 57% y el de hombres del 13%.

23. Probablemente, esta interseccionalidad también se vea signada por el color de piel, la cultura y expresiones de sexualidad, sin embargo, esto no se refleja de manera explícita en las propias sentencias.

zación de estupefacientes. En este sentido, se trata de una lectura que apenas toca la superficie vulnerable en la que se encontraría una persona que participe de estas categorías. Desde una lectura crítica, y en el contexto de la dupla reconocimiento-menosprecio, esto se trata de un menosprecio que se construye en el ámbito vivencial, relacional, y por ello, también en el jurídico (Crenshaw, 1990).

4. Reconstrucción de sentencias

A lo largo del siguiente apartado reconstruiré tres sentencias de la Corte Suprema de Justicia de Argentina. Las mismas comparten la particularidad de remitir a mujeres, migrantes y madres, vinculadas con la comercialización de estupefacientes.

A lo largo de la sentencia que denominaré "*Barrios Rojas, Zoila Cristina*"[24] se relata cómo inicialmente la DNM revocó la residencia temporal de Zoila Cristina Barrios Rojas, de origen peruano, ordenando su expulsión del país y la prohibición de reingreso. Estas medidas se fundamentaron en que ella había sido condenada, en 1999, a seis años de prisión por la posesión de estupefacientes con la intención de su distribución, siendo esta una de las causales de expulsión que determina la Ley de Migraciones número 25.871.

Parte de la narrativa de la sentencia destaca que Barrios Rojas, luego de cumplir su condena, se dedicó a estudiar y trabajar. Su pareja, hermanos, madre, hijo, nietos y sobrinos, se encontraban radicados en Argentina. Así mismo, se repara en el hecho de que sufría problemas de salud, debido a que tenía un solo riñón e hipertensión, y por ello una cierta dependencia respecto de su grupo familiar.

A partir de estos argumentos, se presentó una apelación a la DNM, la cual fue desestimada. La Sala V de la Cámara Nacional de Apelaciones

24. Sentencia Barrios Rojas, *supra* n 91.

del Contencioso Administrativo Federal revisó la decisión inicial, revocando la sentencia en primera instancia y declarando la nulidad de la decisión del Ministerio del Interior, basándose en que el caso constituía un ejemplo de "reunificación familiar", como derecho y posible excepción frente a medidas de expulsión. Se tomó en cuenta la situación familiar de Barrios, su cumplimiento de la condena, su empleabilidad y el hecho de haber formado una pareja.

El Estado Nacional cuestionó la sentencia a partir de un recurso extraordinario, desde la argumentación de la violación del principio de la división de poderes, en tanto era competencia de la DNM el aplicar o no la excepcionalidad de la reunificación familiar. Finalmente, se resuelve haber lugar al recurso extraordinario, entendiendo que la DNM cuenta con facultad discrecional. Esto en la medida en que "se determinaron una serie de impedimentos de carácter *objetivo* para el ingreso y la permanencia en el país".[25]

Juan Carlos Maqueda y Ricardo Luis Lorenzetti, dos jueces de la Corte Suprema de Justicia, afirman, respecto al caso, que el artículo 8 del Convenio Europeo de Derechos Humanos consagra la protección de la vida familiar, recordando que por ello se entiende la existencia de elementos que remitan a la dependencia.[26]

Horacio Rosatti, en su voto concurrente, afirma que la Constitución Nacional profesa un espíritu hospitalario para con los extranjeros. Se reconoce el derecho de entrar, permanecer, transitar y salir del territorio argentino. A su vez, la Constitución impone el cuidado integral de la familia, objeto que se ve reforzado en la Ley 25.871. Pero que, sin embargo, no hay menores de edad involucrados en el caso, o bien no se alega una dependencia de la familia respecto de Zoila Cristina, por ello, en tanto no hay "desamparo" es procedente el recurso extraordinario y la expulsión.

25. Ibid., considerando 6 (cursiva propia).
26. Ibid., considerando 8.

En la sentencia que denominaré "A. C. G."[27] se recupera el caso de una mujer de nacionalidad boliviana, cuya permanencia en Argentina fue considerada irregular, razón por la que se ordenó su expulsión del territorio y se prohibió su reingreso de manera permanente. Todo ello basado en la Ley 25.871, en tanto la migrante había cumplido una condena de cuatro años y tres meses por el tráfico de estupefacientes, en condición de transporte. En agosto del año 2017 la autoridad migratoria rechazó el recurso administrativo deducido contra la orden de expulsión, en tanto no se añadieron argumentos o consideraciones, incluso siendo el caso de que A. C. G. probó tener hijos argentinos menores de edad.

En respuesta a este pronunciamiento, A.C.G. interpuso el recurso que dio lugar a la decisión de la Corte. Según las consideraciones de la Corte, la expulsión causaría el desmembramiento de la familia, y serios daños a los integrantes. A su vez, afirma que la autoridad migratoria no contempló el interés superior del niño. La particularidad del caso radica en el hecho de que aquí aparecen menores de edad. En tal sentido, a lo largo de la sentencia se busca verificar si la actora aportó elementos suficientes para acreditar la existencia de un riesgo cierto respecto de tales menores en caso de ser expulsada.

En su argumentación, A. C. G., referida como "la migrante",[28] señala que había sido por años el único sostén tanto económico, emocional, como social de sus hijos.[29] En ese mismo sentido se afirma: "siempre sostuvo los cuidados de sus hijos (...) para quienes constituye su cuidadora

27. Recurso de hecho deducido por la autora en la causa C. G., A. c/EN – DNM s/ recurso directo DNM (6 de septiembre de 2022). Corte Suprema de Justicia de la Nación.

28. En 15 ocasiones refiriendo a ella de este modo, y solo en 6 con las iniciales de su nombre.

29. Sentencia A.C.G., *supra* n 107, considerando 13. Aun cuando cumplió una condena de cuatro años en situación de privación de libertad por el delito de transporte de estupefacientes, lo cual representa un periodo significativo en la vida de los infantes.

primaria, es decir la figura adulta que satisface sus necesidades de cuidado y protección, a partir de un lazo físico y emocional que le da seguridad y confianza básica".[30]. En el contexto de estos cuidados se afirma que gracias a ello sus hijos han comenzado su escolarización, los mayores en una escuela pública de la Ciudad Autónoma de Buenos Aires, y el menor inscripto en un jardín maternal.[31] A su vez, se enfatiza que A. C. G. es la única progenitora reconocida (si bien en el momento de la sentencia se encontraba en pareja con el progenitor de su hijo más pequeño).[32]

Junto a lo anterior, y como modo de explicar el contexto, se refiere al pasado de la actora, se resalta la violencia que sufrió a lo largo de su vida.[33]

La argumentación por parte de la actora recurre al principio del interés superior del niño y su especial protección, razón por la cual se declara procedente el recurso extraordinario, en tanto, afirma la Corte, hay

30. Ibid.

31. Ibid.

32. Aunque la sentencia menciona que A.C.G. se encontraba en pareja con el progenitor de su hijo menor, la argumentación judicial insiste en representarla como la única cuidadora efectiva y la principal figura adulta responsable del bienestar de sus hijos.

33. "Asimismo, en su recurso extraordinario, A.C.G., al explicar su situación personal y familiar, hace especial referencia al contenido del informe socio ambiental elaborado por el "Programa de Atención a las Problemáticas Sociales y Relaciones con la Comunidad de la Defensoría General de la Nación", de fecha 30 de mayo de 2018 y que obra a fs. 291/292 vta. Allí se efectuó un pormenorizado relato de las dificultades que, desde niña, la actora debió afrontar en su tierra natal y de las circunstancias en las que se produjo su migración a la República Argentina. En dicho informe se pusieron de resalto los gravísimos y recurrentes actos de violencia de género que padeció por parte del padre de sus tres primeros hijos, vejámenes que se extendieron incluso pasados los siete años que duró la convivencia con él", sentencia A.C.G., *supra* n 107, considerando 13.

un fuerte interés estatal en la protección de la familia: "no se trata de ponderar una situación temporaria y circunstancial, sino de dejar sentado un criterio rector de relevancia institucional en casos en los que, como el presente, se halla en juego la protección integral de la familia y el interés superior del niño en materia migratoria".[34] A su vez, resalta que las facultades discrecionales no pueden consistir en conductas arbitrarias, teniendo en cuenta que la Constitución Nacional (Constitución Nacional, artículo 14 bis) y disposiciones internacionales con jerarquía constitucional,[35] protegen la figura de la familia y del niño.[36]

En la sentencia "*Torbellino Hinostroza*",[37] la Corte Suprema de Justicia de la Nación examinó un recurso directo relacionado con la expulsión de Silvia Torbellino Hinostroza. El fallo es extremadamente breve. En el mismo se afirma que el caso se trata de una mujer, migrante, madre de tres hijos argentinos (no se aclara la edad de ellos), que participó, de manera secundaria, en el delito de comercialización de estupefacientes, siendo condenada a una pena menor de tres años (tampoco aquí se aclara el tiempo).

A lo largo de la sentencia se remiten a dos argumentaciones que se intentaron utilizar para evitar la expulsión de la recurrente.

El primero de estos argumentos sostiene que, dado que la pena impuesta es menor a los tres años estipulados como causal de expulsión en la Ley de Migraciones, la medida de expulsión sería inaplicable.

34. Ibid., considerando 17.

35. En función de la Constitución Nacional, artículo 72, inciso 22: Convención Americana sobre los Derechos Humanos, artículo 11.2 y 17.1; Pacto Internacional de Derechos Económicos, Sociales y Culturales, artículo 10; Pacto Internacional de Derechos Civiles y Políticos, artículo 17.1 y 23.1 y Declaración Universal de Derechos Humanos, artículo 12 y 16.

36. Convención sobre los Derechos del Niño, artículo 3; Ley nacional 26.061 de Protección Integral de los Derechos de Niñas, Niños y Adolescentes, y Código Civil y Comercial artículo 706.

37. Sentencia Torbellino Hinostroza, *supra* n 93.

Sin embargo, la Corte desestima este planteo, al considerar que la naturaleza del delito en cuestión, comercialización de estupefacientes, justifica la decisión de expulsión sin importar la duración exacta de la condena.

La segunda remite a la figura de la reunificación familiar, dado que la recurrente es madre de tres hijos argentinos. La Corte afirma que si se acredita que existe el vínculo necesario para remitir a ella, "el extranjero recuperará en forma inmediata su libertad y se habilitará respecto del mismo un procedimiento sumario de regularización migratoria".[38] Sin embargo, acto seguido la Corte declara, sin explicación alguna: "Consecuentemente, los agravios [orden de expulsión] que se plantean en el recurso extraordinario [presentado por Silvia Torbellino Hinostroza] con fundamento en los vínculos familiares del migrante, por el momento, resultan insustanciales (artículo 280 del Código Procesal Civil y Comercial de la Nación)".[39] No se detalla qué se entiende por "insustancial" en este contexto, ni se justifica esa calificación. Esto deja lugar a la interpretación de que podría tratarse de una presentación tardía del memorial o de alguna insuficiencia en su contenido, aunque la sentencia, de nuevo, no lo aclara. A continuación, la Corte declara el recurso extraordinario como parcialmente admisible, sin explicar por qué solo parcialmente.[40] De hecho, dado que ambos argumentos son desestimados, parecería más razonable concluir que el recurso fue completamente inadmisible.

Para sostener su decisión la Corte refiere al caso de un varón migrante, Crispín Peralta,[41] por su "sustancial analogía" al que se remite en ra-

38. Ibid., considerando 2.

39. Ibid., considerando 3 (corchetes propios).

40. "En virtud de lo expuesto, se declara parcialmente admisible el recurso extraordinario y se confirma la sentencia apelada" (sentencia Torbellino, *supra* n 93, considerando 4.

41. Se trata del caso Peralta, Crispín Antonio c/ EN –M Interior- DNM – resol 111/12 (expediente 814477/06 80160/09) s/ recurso directo DNM. (16 de di-

zón de la "necesidad de brevedad"[42] o bien a fin de evitar "reiteraciones innecesarias".[43] Sin embargo, lo hace sin considerar que Silvia Torbellino Hinostroza es una mujer, migrante y madre, relacionada con la comercialización de estupefacientes, lo cual la coloca en un escenario completamente diferente, tanto en términos experienciales como jurídicos.

Para comprender mejor la referencia al caso de Crispín Peralta, es útil revisar algunos puntos clave. En primer lugar, Peralta fue condenado a dos años y tres meses como partícipe secundario en el delito de tentativa de contrabando calificado de estupefacientes. Este tiempo es menor al establecido en la Ley de Migraciones para la expulsión, por lo que Peralta afirmó que no correspondía su aplicación. La Corte desestimó este argumento al considerar que la cuantificación de la pena es irrelevante en casos de delitos relacionados con el tráfico de estupefacientes, y sostuvo que "el tráfico de estupefacientes representa una grave amenaza para la salud y el bienestar de los seres humanos, y menoscaba las bases económicas, culturales y políticas de la sociedad".[44]

En segundo lugar, en cuanto a la reunificación familiar, Peralta no impugnó la decisión de la magistrada, ya que no demostró arbitrariedad en su resolución. Dado que no hubo más referencias a la reunificación

ciembre de 2021) Corte Suprema de Justicia de la Nación), que recupera la situación de un migrante de Paraguay que cumplió condena por dos años y tres meses bajo la figura de tentativa de comercialización de estupefacientes. Para evitar la expulsión se remitió a la reunificación familiar y al hecho de que la pena era menor a la mencionada por la Ley de Migraciones. La reunificación familiar es lo primero que se descarta por parte de la Corte por "no logr[ar] rebatir lo decidido por la magistrada de grado, en el sentido de que no se demostró la arbitrariedad de esa decisión." (considerando 3, 344:3683 [agregado propio]). Respecto al tiempo de condena, la Corte determinó que, debido a la naturaleza del delito, este aspecto es irrelevante.

42. Ibid., considerando 1.
43. Ibid., considerando 4.
44. Ibid., considerando 9.

familiar en este fallo, tampoco se profundiza en este aspecto en el de Torbellino Hinostroza.

4.1. Análisis comparativo

En el análisis de los tres casos se observan algunas características compartidas. Se tratan de tres mujeres migrantes, en el orden expuesto, de nacionalidad peruana, boliviana y desconocida, a quienes la DNM dictaminó su expulsión y prohibición de reingreso a la Argentina.

Los tres casos fueron asociados al delito de posesión de estupefacientes con el fin de distribución, comercialización o bien en condición de transporte. En todos los casos se cumplió condena, en función del orden expuesto, de seis años, de cuatro años y tres meses, y de menos de tres años. La Corte no consideró relevante la duración de las penas, ya que el tipo penal fue suficiente para justificar la expulsión. A su vez, las tres actoras invocaron la figura de reunificación familiar para solicitar la reconsideración de las medidas de expulsión y prohibición de reingreso.

En el primer y último caso, el recurso de la reunificación familiar no bastó para que se reconsiderara la expulsión y prohibición de retorno de tales mujeres. El análisis sugiere que es necesario demostrar una dependencia por parte de la familia, en particular niñas/os menores de edad, respecto de la mujer en cuestión. Es por ello que, en el primer caso, aun cuando existe una dependencia en el sentido inverso, es decir, de Barrios Rojas respecto de su familia, no procede. En el tercer caso, se omitió toda consideración de este aspecto. Solo en el segundo caso se aplicó la figura de reunificación familiar, tras acreditarse una dependencia económica, emocional y en cuanto a las tareas de cuidado y educación.

Siendo que en los tres casos se remite a la relación de madre e hija/o, lo que subyace a no satisfacer el requisito normativo de la reunificación familiar es no alcanzar el tipo de vínculo que la administración considera necesario para hacer una "excepción" respecto de la expulsión.

Lo anterior sugiere una exigencia particular por parte de la Corte y la DNM respecto a qué se considera por un vínculo familiar valioso y cuál debe ser el rol de una mujer en dicho vínculo. Aunque solo una de las decisiones discute explícitamente el rol de la madre, parece que este criterio apunta a una concepción tradicional de la familia, estructurada en términos de dependencia, de manera algo restrictiva y poco clara (Ghidoni, 2021). Con ello se remite a un estereotipo particular de "buena madre" (Ronconi, 2022).

En este sentido, la aplicación de la excepcionalidad, en los casos recuperados, procede principalmente cuando la familia migrante se ajusta al modelo nuclear y a la tradicional división de roles (Ghidoni, 2021: 124). El incumplimiento, por parte de la mujer, de su rol "primordial" en el cuidado de la familia, entendiendo por esto la provisión de bienestar para sus hijas/os, pareciera colaborar con su expulsión.

4.2. Estereotipos en la intersección

Entiendo que las resoluciones en los tres casos no son fortuitas, sino que reflejan un contexto en el que operan estereotipos que refuerzan ciertas jerarquías sociales. Sin embargo, es importante destacar que, al menos en una de las sentencias, el hecho de que la mujer migrante cumpla con un rol sacrificial dentro de la familia parece ser un factor determinante para evitar su expulsión.

Realizando una simplificación de la estructura, ser migrante y haber cumplido condena por un delito relacionado con el transporte o la comercialización de estupefacientes son cuestiones que derivan, en Argentina, en la expulsión. Ser mujer aparenta no influir en dichas consideraciones (al menos no de modo explícito), se trata de un aspecto "accidental". Aunque en principio parecería que el hecho de tener un vínculo de familia, por ejemplo, con padres, podría permitir a una persona migrante evitar la expulsión, las sentencias analizadas demuestran que esto no es suficiente. Es necesario acreditar un vínculo de dependencia significativo, especialmente en el cuidado de hijas/os menores.

La Ley Nacional de Migraciones menciona la reunificación familiar en relación con vínculos con padres, cónyuges, hijos solteros menores o hijos mayores con discapacidad, sin especificar una relación particular entre ellos. Sin embargo, a partir de las decisiones de la DNM y de la Corte Suprema de Justicia de la Nación evaluadas aquí, se observa que en el caso de las mujeres este vínculo debe evidenciar una dependencia concreta. Por ello creo que es posible afirmar que no solo se trata de una dependencia, sino un sentido, una direccionalidad de la misma, y respecto a ciertos miembros de la "familia".

De lo anterior resultan al menos dos estereotipos, familia implica (debe ser) dependencia, madre implica (debe cumplir) la atención a esa dependencia, en particular de sus hijas/os menores. Esto se lleva bien con la hipótesis de que, en función de los casos observados, la figura de la reunificación familiar procede por una protección de menores y no por la protección de mujeres migrantes.[45]

5. Reflexiones finales

Al integrar estas observaciones en las categorías de reconocimiento/menosprecio e interseccionalidad, se advierte que esta jerarquización no es una simple asignación de roles; se trata de exigencias

45. Es importante destacar que, aunque no se menciona explícitamente que las mujeres y madres involucradas en la comercialización o distribución de estupefacientes se asocian directamente con el estereotipo de "mala madre", parece encontrarse implicado. En situaciones donde estas mujeres buscan invocar la excepcionalidad de la reunificación familiar, se enfrentan a un mayor escrutinio sobre su capacidad de cumplir con los roles de cuidado y dependencia tradicionalmente asignados.

identitarias que, en caso de no cumplirse, conllevan una limitación existencial específica.

Haciendo foco específico en las sentencias tratadas, el Estado argentino no considera a las migrantes en tanto que migrantes, sino como migrantes potencialmente/preferiblemente madres. A su vez, se asocia el ser madre con ciertas otras exigencias y expectativas. Así, solo quienes se ajustan al estereotipo de "buena madre" reciben una excepción a la expulsión. Este reconocimiento condicionado refleja cómo el estereotipo le otorga visibilidad solo a algunas situaciones, por su conformidad con un modelo social jerárquico.

La aparente neutralidad del tratamiento de estos tres casos en realidad refuerza una jerarquía en la que el rol de la mujer-madre está ligado al cuidado de niñas/niños. La función normalizadora del derecho exige que, para ser aceptada social y jurídicamente como migrante en Argentina, una mujer que ha cumplido condena y quiera hacer uso de la figura de la reunificación familiar debe mostrar no solo que es madre (no parecen importar otros vínculos), sino que es una madre que "siempre sostuvo los cuidados de sus hijos". Este contexto es particularmente problemático en el marco de la feminización de la migración en Latinoamérica, donde las mujeres enfrentan marginalización económica, discriminación de género y precariedad laboral.

Para abordar estas complejidades, resulta insuficiente un análisis basado en casos individuales. Solo un análisis comparado permite identificar cómo estas funcionalidades y jerarquías operan de manera sistemática y serializadora. Desde una perspectiva teórica y jurídica, observar un caso aislado impide percibir el contexto interseccional y el papel de los estereotipos. Este panorama solo emerge cuando se comparan casos similares, y se reflexiona sobre su interacción con los roles sociales exigidos.

El análisis revela que ciertas intersecciones quedan desatendidas, lo cual no solo invisibiliza a las personas afectadas, sino que también vulneran su identidad (Fascioli, 2013). Los estereotipos, como mecanismos que perpetúan jerarquías, juegan un papel crucial en este proceso. Así, tanto cuando el estereotipo favorece o no en la decisión judicial, desde la perspectiva del reconocimiento o menosprecio, se argumentó que invisibiliza a las personas afectadas, al ignorar sus identidades individuales y sociales.

En este sentido, el tratamiento de los estereotipos, en el marco del análisis de la interseccionalidad y de la relación reconocimiento/menosprecio, implica, primero, una reconstrucción del contexto en el que se desarrollan; segundo, un análisis de las jerarquías y desigualdades que lo atraviesan; tercero, el estudio de las exigencias y expectativas impuestas a las identidades; cuarto, la identificación de los efectos específicos sobre las intersecciones identitarias; y quinto, un abordaje enfocado en el reconocimiento de las identidades menospreciadas, es decir, brindando condiciones para el desarrollo de estos individuos.

6. Referencia bibliográfica

Arena, Federico J. (2016). "Los estereotipos normativos en la decisión judicial". *Revista de derecho de la Universidad Austral de Chile*, 29 (1), 51-75.

Arena, Federico J. (2022a). *Los estereotipos detrás de las normas.* Córdoba: Toledo.

Arena, Federico J. (2022b). *Manual sobre los efectos de los estereotipos en la impartición de justicia.* México: Suprema Corte de Justicia de México.

Arriagada, Irma y Hopenhayn, Martín (2000). *Producción, tráfico y consumo de drogas en América Latina.* Santiago de Chile: División de Desarrollo Social, Naciones Unidas.

Batthyány, Karina (2023). *Ser mujer y migrante.* Clacso. https://www.clacso.org/frente-a-las-migraciones-aparecen-discriminaciones-especificas-asociadas-al-genero/. Recuperado el 29 de marzo de 2024.

Ceriani, Pablo y Asa, Pablo (2002). "Migrantes: ley inconstitucional y práctica arbitraria". *CELS Informe Anual 2002,* 2001, 1-21.

Clérico, Laura (2017). "Derecho constitucional y derechos humanos: haciendo manejable el análisis de estereotipos". *Derechos en Acción*, 5, 206-241.

Crenshaw, Kimberlé W. (1991). "Mapping the Margins: Intersectionality, Identity Politics, and Violence against Women of Color". *Stanford Law Review*, 43 (6), pp. 1.241-1.299.

Etel Papo, Laura y González, Liliana Noemí (2008). "El trabajador migrante irregular frente a los Tratados de Derechos Humanos. Derecho a la libertad sindical". *Revista Latinoamericana de Derecho*, 5(9-10), 235-259.

Fascioli, Ana C. (2013). *Honneth frente a Habermas: confrontaciones sobre la renovación de la Teoría Crítica*, Tesis Doctoral, Valencia, Universidad de Valencia.

Fries Monleón, Lorena (2019). Las mujeres migrantes en las legislaciones de América Latina Análisis del repositorio de normativas sobre migración internacional del Observatorio de Igualdad de Género de América Latina y el Caribe, serie Asuntos de Género, N° 157 (LC/TS.2019/40), Santiago, Comisión Económica para América Latina y el Caribe (CEPAL).

Ghidoni, Elena (2021). "Altrove, non qui": il diritto al rispetto della vita familiare tra stereotipi di genere e politiche anti-migranti". *AG About Gender-International Journal of Gender Studies*, 10(20), 117-142.

Ghidoni, Elena y Morondo Taramundi, Dolores (2022). "El papel de los estereotipos en las formas de la desigualdad compleja: algunos apuntes desde la teoría feminista del derecho antidiscriminatorio". *Discusiones*, 28(1), 37-70.

Greenberg, Julie (2002). "Definitional dilemmas: Male or female? Black or white? The law's failure to recognize intersexuals and multiracials". *Gender Nonconformity, Race, and Sexuality. Charting the Connections*, 102-126.

Greenberg, Julie (2012). *Intersexuality and the law.* New York: New York University Press

Honneth, Axel (1997). *La lucha por el reconocimiento, por una gramática moral de los conflictos sociales.* Barcelona: Crítica.

Honneth, Axel (2006). "El reconocimiento como ideología". *Isegoría*, 35, 129-150.

Honneth, Axel (2008). *Reification: A New Look at an Old Idea.* Oxford: Oxford University Press.

Honneth, Axel (2014). *El derecho de la libertad.* Madrid: Katz.

Htun, Mala (2003). *Sex and the state: abortion, divorce, and the family under Latin American dictatorships and democracies*. Cambridge University Press.

Lugones, María (2008). "Colonialidad y género".*Tabula rasa*, 9, 73-102.

Lugones, María (2010). "Towards a Decolonial Feminism". *Hypatia*, 25(4),742-759.

Lugones, María (2018). "Hacia metodologías de la decolonialidad", En Xochitl Leyva, Jorge Alonso, R. Aída Hernández, et al., *Prácticas otras de conocimiento(s). Entre crisis, entre guerras. Tomo III*. CLACSO (pp. 75-92).

Magliano, María José, y Mallimaci Barral, Ana Inés (2018). "Mujeres migrantes en la Argentina: Los desafíos en el ejercicio de la ciudadanía". *Género y diversidad sexual*, Ministerio Público de la Defensa de la Ciudad Autónoma de Buenos Aires, 14; 125-137.

Martínez Pizarro, Jorge (2007). "Feminización de las migraciones en América Latina: discusiones y significados para políticas". En *VV. AA. Actas del Seminario Mujer y Migración, Conferencia Regional sobre Migración. San Salvador, El Salvador* (pp. 125-131).

Mestre i Mestre, Ruth M. (2020). "Exploring intersectionality: Female genital mutilation/cutting in the Istanbul Convention". En Johanna Niemi, Lourdes Peroni y Vladislava Stoyanova (coord.) *International Law and Violence Against Women* (pp. 157-172). London: Routledge.

OECD (2017). *The Pursuit of Gender Equality: An Uphill Battle*. OECD Publishing. https://doi.org/10.1787/9789264281318-en

Petroziello, Allison J (2013). "Gender on the move working on the migration-development nexus from a gender perspective". *Training manual*, UN Women. https://www.unwomen.org/sites/default/files/Headquarters/Attachments/Sections/Library/Publications/2013/12/GenderOnTheMove_low2b%20pdf.pdf.

Procuraduría de Narcocriminalidad (PROCUNAR) (2022). *Narcocriminalidad y perspectiva de género. La perspectiva de género y enfoque interseccional en la persecución penal de la narcocriminalidad*. https://www.fiscales.gob.ar/wp-content/uploads/2022/05/Procunar-informe_Narcocriminalidad-y-g%C3%A9nero.pdf

Puente Aba, Luz María (2012). "Perspectivas de género en las condenas por tráfico de drogas". *Oñati Socio-legal Series*, 2 (6), 97-121.

Ronconi, Liliana (2022). "Estereotipos y derecho antidiscriminatorio: algunas reflexiones para desarmar la desigualdad compleja". *Discusiones*, 28(1), 85-108.

Unidad Fiscal de Investigación de Delitos Tributarios y Contrabando (UFITCO) (2012). *Primer informe del relevamiento de causas judiciales de contrabando de estupefacientes mediante la utilización de personas físicas.* Buenos Aires: Ministerio Público de la Nación.

Young, Iris Marion (1990). *Justice and the politics of difference.* Princeton: Princeton University Press.

Categorías migrantes estereotipadas e indicadores lingüísticos como mecanismos justificativos en la creación y aplicación del Derecho migratorio europeo

Encarnación La Spina*

1. Introducción

Desde la puesta en marcha del Espacio de Libertad, Seguridad y Justicia (ELSJ), la Unión Europea ha mantenido, pese a un desarrollo normativo y programático cambiante, una línea continuista de carácter defensivo y *securitario* a la hora de regular y gestionar los flujos migratorios. Una muestra de esta creciente deriva han sido los procesos y las prácticas de *securitización*, externalización y criminalización del fenómeno migratorio[1] que se han ido incorporando sucesivamente a la agenda europea para garantizar una mayor eficiencia y alcance punitivo en el control migratorio hacia el territorio europeo. Cabe destacar entre otras prácticas inherentes a los tres paradigmas de *securitización* de las migraciones,[2]

* Este trabajo se ha realizado en el marco del proyecto RESEST (Resiliencia del derecho antidiscriminatorio a los sesgos y estereotipos: desafíos y propuestas de intervención), ref. PID2021-123171OB-I00, financiado por el Ministerio de Ciencia e Innovación.

1. A diferencia de Estados Unidos, en Europa el debate se ha centrado normalmente en la securitización de los discursos políticos y normativos (Bigo, 2002; Huysmans, 2006). Sin embargo, sobre el debate más a fondo de la *crimigración* véase Martje Van der Woude, Vanessa Barker, Joanne Van der Leun (2017).
2. Sería la migración como un peligro para el orden público, una amenaza político-identitaria y una amenaza socio-económica, véase Giuseppe Campesi (2012).

por ejemplo, el refuerzo de los controles fronterizos exteriores dentro del Área Schengen por medio de la aplicación de dispositivos tecnológicos y biométricos, las actividades y operaciones de vigilancia de la Agencia europea de la Guardia de Fronteras y Costas (Frontex) o bien la introducción de un progresivo carácter restrictivo en la reforma del marco jurídico europeo de inmigración y asilo entre 2013-2023.[3]

Tales prácticas cotidianas y excepcionales de *securitización* tanto a nivel europeo como nacional, según la Escuela de Copenhague y de París,[4] se reflejan en el desarrollo de tecnologías de seguridad y de vigilancia sobre las migraciones, que no solo marcan las relaciones de poder dominantes, sino que terminan por deshumanizar a la persona migrante por medio de estereotipos y narrativas que contribuyen a negarles sus derechos. En concreto, los estereotipos[5] refuerzan y transforman los discursos en narrativas tóxicas[6] dada su capacidad camaleónica de naturalización, simplificación y neutralización de ciertas categorías migrantes como amenazas sociales a la seguridad, incluso sirviéndose de diferentes

3. Véase Luisa Marin (2011), Elspeth Guild (2020) y Sarah Léonard (2010).
4. A modo de síntesis, la Escuela de Copenhague defiende que se convierte en una cuestión de seguridad, cuando se presenta como una amenaza para un objeto referente, el Estado, hecho por el cual se tomarían medidas extraordinarias para protegerlo. Mientras que, para la Escuela de París, la *securitización* no se entiende como un proceso lineal creado solo discursivamente sino como resultado de relaciones de poder existentes y el desarrollo de tecnologías de seguridad y vigilancia entre los distintos actores. Véase Thierry Balzacq, Sarah Léonard y Jan Ruzicka (2016).
5. Se definen como visiones o concepciones generalizadas relativas a los atributos o características o roles que los miembros de un grupo tienen o tienen que tener (Stangor, 2000).
6. El Secretario General Adjunto de ONU DAES Thomas Gass en 2018 con ocasión del Pacto Global apuntaba la necesidad de "alejarnos así de la narrativa tóxica que existe alrededor de las migraciones". Respecto a la necesidad de revertir la tendencia "tóxica" de los estereotipos también se hacen eco transversalmente las principales estrategias europeas de igualdad e inclusión o incluso a nivel nacional o local las estrategias anti-rumores o de contra-información.

usos lingüísticos para reproducir fórmulas descriptivas o "verdades" estadísticas que apelan a las emociones o a la persuasión para producir indistintamente efectos de invisibilidad o de hipervisibilidad.

De este modo, los estereotipos aplicados a las categorías migrantes alcanzan la acción institucional no solo por medio de los discursos políticos y, desde la producción cultural (medios de comunicación, redes sociales y plataformas de contenidos digitales, etc.), sino que influyen inevitablemente en los procesos legislativos, en las prácticas administrativas y en las orientaciones jurisprudenciales. Precisamente, sin ánimo de exhaustividad, en la práctica jurídica vinculada a las migraciones es posible advertir el uso creciente de categorías estereotipadas según la situación administrativa de las personas migrantes como "legal o regular" frente a "ilegal o irregular";[7] la referencia situacional o subjetiva de ser "vulnerable o invulnerable" respecto a la condición migrante genérica o bien ciertas adjetivaciones explícitas o implícitas como "auténtico/a/", "sospechoso/a" y "falso/a" para crear nexos diferenciales entre los deseados o meritorios frente a los indeseados o los no bienvenidos.

En particular, sobre el modo en que los estereotipos y ciertas categorías estereotipadas condicionan el Derecho, así como sobre el posible impacto del Derecho en los procesos de reproducción y perpetuación de estereotipos[8] se ha desarrollado una amplia reflexión analítica y crítica desde el derecho anti-discriminatorio[9] y desde el enfoque interseccional.[10] Todas estas perspectivas críticas analizan las formas y usos de

7. Enrica Rigo (2022: 106) señala varios autores que discuten esta dicotomía, entre ellos, Patricia Tuit (1996) que apuesta por la categoría de alegalidad elaborada por el teórico y filósofo Hans Lindhal (2017).

8. Véase entre otros, especialmente sobre los estereotipos en el razonamiento jurídico de decisiones judiciales, Alexandra Timmer (2011) y Federico Arena (2016).

9. Por ejemplo, véase Dolores Morondo Taramundi (2016) y Maggy Barrère y Dolores Morondo Taramundi (2011).

10. Desde un enfoque teórico-práctico interseccional, es posible deconstruir desde una perspectiva anticategorial las categorías de raza, clase, género,

tales categorías estereotipadas y, especialmente cuestionan el binarismo ontológico o las bases del fetichismo categórico o identitario (Zetter, 2007; Meyer y Boll, 2018), en cuanto garantizan el predominio de falsas dicotomías entre persona refugiada/migrante económico, o bien de la clasificación clásica entre migraciones voluntarias y migraciones forzadas (Collyer y De Haas, 2012; Crawley y Skleparis, 2018; Bakewell, 2011; Feller, 2005). Ahora bien, si se trata de descodificar la significación real de tales estereotipos como constructos sociales extra-jurídicos (Arena, 2019) se advierte que la misma no deriva tanto por su naturaleza descriptiva, preceptiva y psicológica ni tampoco por la credibilidad, la neutralidad o la veracidad de tales estereotipos, sino más bien como apuntan Elena Ghidoni y Dolores Morondo Taramundi (2022) por su función justificativa. Esto es, su capacidad de inferencia a la hora de reproducir formas de exclusión y producir jerarquías o dinámicas de poder asimétricas entre los sujetos-Estados en razón del *status* que el derecho les atribuye (Bernardini, La Spina, Morondo Taramundi y Parolari, 2021).

Por ello, el objetivo de este trabajo, desde un análisis textual y una revisión lingüística es centrarse en el *modus operandi* de las categorías migrantes estereotipadas, de un lado, considerando las explicaciones narrativas que acompañan el paquete de reformas legislativas derivadas del Pacto de la UE sobre Migración y asilo UE[11] y, de otro lado, revisando

sexualidad, clase, nación, capacidad, etnia y edad –entre otras– dado que están interrelacionadas y se moldean mutuamente, y también desde la perspectiva intracategorial emplear categorías concebidas como construcciones sociales no ontológicas. Véase Leslie McCall (2005).

11. En este trabajo se han seleccionado algunas de las propuestas de reformas legislativas del periodo 2020-2024 que finalmente han sido aprobadas y publicadas en el DOUE del 22 de mayo de 2024 https://eur-lex.europa.eu/oj/daily-view/L-series/default.html?ojDate=22052024 (Recuperado el 9 de diciembre de 2024). En concreto, las propuestas del Reglamento por el que se establece un control de los nacionales de terceros países en las fronteras exteriores, COM (2020) 612 final; Reglamento que aborda situaciones de

las pautas interpretativas del Tribunal Europeo de Derecho Humanos en una selección de *leading cases.*[12] A tal propósito, siguiendo el triángulo del análisis sociológico del discurso que diferencia entre textos, contextos y prácticas (Herzog y Ruiz, 2019; Kriger, 2021), se realiza una retrospectiva contextual sobre la deriva *securitaria* de las políticas europeas de inmigración y asilo y, seguidamente, se propone un análisis de los estereotipos en textos normativos y judiciales por medio de varias muestras de unidades de análisis normativos y operacionalizados, para así finalmente contribuir a entender cómo opera esta función justificativa.

crisis y fuerza mayor en el ámbito de la migración y el asilo COM(2020) 613 final y el Reglamento EURODAC COM (2020) 614 final. Y, asimismo las reformas legislativas ya publicadas que incluyen las enmiendas 2024: el Reglamento (UE) 2024/1356 del Parlamento Europeo y del Consejo, de 14 de mayo de 2024, por el que se introduce el triaje de los nacionales de terceros países en las fronteras exteriores y se modifican los Reglamentos (CE) n. 767/2008, (UE) 2017/2226, (UE) 2018/1240 y (UE) 2019/817 DO L, 2024/1356, 22.5.2024. Reglamento UE 2024/1359 del Parlamento Europeo y del Consejo, de 14 de mayo de 2024 (TOL10.081.999), por el que se abordan las situaciones de crisis y de fuerza mayor en el ámbito de la migración y el asilo y por el que se modifica el Reglamento (UE) 2021/1147, DO L, 2024/1359, 22.5.2024. Reglamento UE 2024/1358 del Parlamento Europeo y del Consejo, de 14 de mayo de 2024 (TOL10.089.113), sobre la creación del sistema "Eurodac" para la comparación de datos biométricos a efectos de la aplicación efectiva de los Reglamentos (UE) 2024/1351 y (UE) 2024/1350 del Parlamento Europeo y del Consejo y de la Directiva 2001/55/CE del Consejo y de la identificación de nacionales de terceros países y apátridas en situación irregular, y sobre las solicitudes de comparación con los datos de Eurodac presentadas por los servicios de seguridad de los Estados miembros y Europol a efectos de aplicación de la ley, por el que se modifican los Reglamentos (UE) 2018/1240 y (UE) 2019/818 del Parlamento Europeo y del Consejo y se deroga el Reglamento (UE) n. 603/2013 del Parlamento Europeo y del Consejo DO L, 2024/1350, 22.5.2024.

12. STEDH n. 20696/09 *MSS v. Belgium and Greece* (GC), 21 de enero de 2011 (TOL9.067.640), STEDH n.19951/16 *H. A. and others v. Greece*, 28 de febrero de 2019 (TOL7.074.610), STEDH n. 8675/15 y 8697/15 *N. D. and N. T. v. Spain* (*GC*), 13 de febrero de 2020, (TOL7.742.286).

2. Contextos y políticas europeas de inmigración y asilo: su deriva securitaria y regresiva

Si conocer el proceso donde se originan y se desarrollan los estereotipos es una tarea previa y relevante para acometer su abordaje (Ghidoni y Morondo Taramundi, 2022), en este caso, es necesario saber que el contexto migratorio europeo ha estado marcado tanto en sus avances como en sus retrocesos por una progresiva impronta *securitaria* (Ramírez, 2018) que ha promovido la sucesión de reformas, pactos y programas para luchar contra la irregularidad, la criminalidad organizada o el tráfico de personas, y en su defecto la acogida e integración de los flujos migratorios. Desde que se dispuso en Tampere por primera vez la necesidad de una política común de inmigración y asilo,[13] este afán ha tenido hitos políticos y normativos importantes como el Programa de la Haya,[14] la firma del Pacto europeo sobre Inmigración y asilo en 2008[15]

13. Consejo de la Unión Europea (1999). Conclusiones Consejo europeo de Tampere del 15 y 16 de octubre de 1999, SN 200/99, véase "El Consejo Europeo está decidido a *hacer frente a la inmigración ilegal* en su origen, en especial luchando contra quienes se dedican a la trata de seres humanos y la explotación económica de los migrantes" (punto 23) y "la Unión ha de desarrollar (...) *un control coherente de las fronteras exteriores para poner fin a la inmigración ilegal y para luchar contra quienes la organizan y cometen delitos internacionales conexos*" (punto 3).

14. Consejo de la Unión Europea (2004): Consolidación de la libertad, la seguridad y la justicia en la Unión Europea, DOUE C 53, 3.03.2005. Plan de Acción del Consejo y de la Comisión por el que se aplica el Programa de la Haya sobre refuerzo de la libertad, la seguridad y la justicia en la Unión Europea, DOUE C 198, 12.08.2005. con la mención expresa a "Definir un enfoque equilibrado de la inmigración. La Comisión quiere definir un nuevo *enfoque equilibrado de la gestión de la inmigración legal y clandestina*. Por una parte, se trata de luchar contra la inmigración ilegal y la trata de seres humanos, especialmente de mujeres y niños" (2005: 1).

15. Consejo de la Unión Europea (2008). Pacto Europeo sobre inmigración y asilo, 13440/08 ASIM 72, con numerosas referencias a "la organización de

o la aprobación de la Directiva de Retorno.[16] Estos no solo promovieron una apertura selectiva y restrictiva en el control de los flujos migratorios si no que siguieron como máxima de acción: organizar la inmigración "legal", controlar la movilidad "irregular" y establecer una revisión del conjunto normativo que integra el vigente marco europeo para el asilo (SECA). Una vez firmado el Tratado de Lisboa el énfasis se centra en la gestión eficaz de los flujos migratorios y en un trato equitativo para los nacionales de terceros países que residan legalmente, pero el Programa de Estocolmo (2009-2014)[17] al igual que el Programa de Bruselas (2014-2019),[18] siguen y mantienen vivo el carácter *securitario* del 2008, pese a hacer una llamada a la solidaridad simbólica entre los Estados en sus orientaciones estratégicas revisadas[19] así como por poner hincapié a la transposición plena y a la aplicación efectiva del SECA.

Sin embargo, un giro radical en este afán por contener y rebajar la presión migratoria *tout court*, se produce a partir de la crisis del sistema europeo de asilo en 2015. El replanteamiento férreo de la política

la migración legal y la lucha contra la inmigración irregular" "combatir la inmigración irregular" o "extranjeros en situación irregular",

16. Directiva 2008/115/CE del Parlamento Europeo y del Consejo, de 16 de diciembre de 2008 (TOL1.427.226), relativa a normas y procedimientos comunes en los Estados miembros para el retorno de los nacionales de terceros países en situación irregular DO L 348, 24.12.2008.

17. Consejo Europeo (2010) Programa de Estocolmo. Una Europa abierta y segura que sirva y proteja al ciudadano. 2010/C "Es preciso contar con controles fronterizos reforzados para *impedir la inmigración ilegal y la delincuencia transfronteriza*" o bien "una política común de migración debe incluir una política de retorno sostenible y eficaz, sin dejar de trabajar para *prevenir, controlar y combatir la inmigración ilegal*" (115/01).

18. Consejo Europeo (2014). Programa de Bruselas. Una Europa abierta y segura: ha llegado la hora de hacerla realidad. COM/2014/0154 final, de 5 y 6 de junio de 2014, véase 1.2. "un enfoque creíble de la inmigración irregular y retorno".

19. Consejo Europeo (2017). Revisión intermedia de las orientaciones estratégicas sobre los Asuntos de Justicia e Interior, 15224/1/17 REV 1, 1 diciembre de 2017.

europea de gestión de la inmigración y de los controles fronterizos no cede ante la necesidad de "garantizar una política de asilo reforzada", debido a la propuesta de varias medidas excepcionales integradas en la Agenda Europea de Migración focalizadas en "reducir los incentivos a la migración irregular"[20] y en el despliegue de una serie de propuestas legislativas para reformar las estructuras del SECA en 2016.[21] Ahora bien, los intentos por fijar un procedimiento más justo y equilibrado para determinar qué Estado miembro debía revisar las solicitudes de asilo o la fijación de cuotas de solidaridad entre los Estados miembros, fracasan por una parte con la activación de acuerdos con terceros países como la Declaración UE-Turquía de 2016 para la devolución de "migrantes irregulares"[22] y por otra, cuando se reorienta la política europea al cierre o sellado de las fronteras y a la expulsión no solo de las personas migrantes irregulares, sino también de los potenciales solicitantes de asilo y refugio ante la falta de consenso sobre el sistema obligatorio de cuota-reubicación en casos de afluencia masiva.[23]

20. Comisión Europea, Comunicación al Parlamento Europeo, al Consejo, al Comité Económico y Social europeo y al Comité de regiones. Una agenda europea de Migración COM (2015) 240 final, 13 de mayo de 2015.
21. Comisión Europea, Comunicación al Parlamento Europeo y al Consejo, Hacia una reforma del Sistema Europeo Común de Asilo y una mejora de las vías legales a Europa, COM (2016) 197 final, 6 de mayo de 2016. También propuso reforzar el sistema Eurodac para gestionar mejor las solicitudes de asilo y prevenir la inmigración irregular, establecer una Agencia Europea para el Asilo y armonizar el reconocimiento y la protección de los refugiados, entre otros.
22. Comunicación de la Comisión al Parlamento Europeo, al Consejo Europeo y al Consejo "Nuevas medidas operativas de la cooperación UE-Turquía en el ámbito de la migración" COM(2016) 166 final 16 de marzo 2016. Comunicación de la Comisión al Parlamento Europeo y al Consejo "First Report on the progress made in the implementation of the EU-Turkey Statement" 20 de abril de 2016 COM (2016) 231 final y posteriormente los siguientes informes de seguimiento COM 2017 460 final 6 de septiembre de 2017 y COM 2017 669 final 16 de noviembre de 2017.
23. Decisión UE 2015/1523 del Consejo de 14 de septiembre de 2015 relativa al

En esta tesitura, un segundo punto de inflexión en esta deriva *securitaria* que merece una mención especial es el "nuevo" Pacto de la UE sobre Migración y Asilo 2020[24] con su reciente adopción el 14 de mayo de 2024. Su objetivo principal es abordar los retos comunes que no fueron asumidos individualmente por los Estados "guardianes" de las fronteras exteriores UE (Abrisketa, 2021). Entre ellos, la gestión integrada de las fronteras externas, la activación de los mecanismos de solidaridad flexible y el sistema de patrocinios de retorno para migrantes irregulares. Y, para ello plantea como apremiante una propuesta de reforma del paquete legislativo que tras un periodo de largas negociaciones (2020-2024) ya ha sido aprobada a la espera de su entrada en vigor en junio-julio 2026.

Precisamente, estos textos de reforma legislativa abogan por la ampliación del control previo en la llegada de personas a las fronteras exteriores, la "normalización" del enfoque de los puntos calientes (*hotposts*), admiten la ausencia "justificada" de un examen justo y exhaustivo de las solicitudes de protección internacional en frontera o la correspondencia automática entre el rechazo de una solicitud de asilo con el proceso

establecimiento de medidas provisionales en el ámbito de la protección internacional a favor de Italia y Grecia, DO L 239 de 15 de septiembre de 2015: 146-155. Y Decisión UE 2015/1601 del Consejo, de 22 de septiembre de 2015, por la que se establecen medidas provisionales en el ámbito de la protección internacional en beneficio de Italia y Grecia DO L 248/80 24.09.2015.

24. Comunicación de la Comisión al Parlamento Europeo al Consejo, al Comité económico y social europeo y al Comité de Regiones, relativa al Nuevo Pacto sobre Migración y asilo. Bruselas 23 de septiembre 2020, COM (2020), véase: "su objetivo es reducir las *rutas inseguras e irregulares* y promover vías legales sostenibles y seguras" Abordar *las causas profundas de la migración irregular, luchar contra el tráfico ilícito de migrantes*, ayudar a los refugiados que residen en terceros países y apoyar una *migración legal bien gestionada*". "Esto erosiona la confianza de los ciudadanos en todo el sistema de gestión del asilo y la migración y actúa *como incentivo para la migración irregular*. También expone a las personas en *situación irregular a condiciones precarias* y a la explotación por parte de redes delictivas". Todo ello, sin perjuicio de recurrir a múltiples referencias a "llegadas irregulares", estancia irregular", "travesías irregulares", "flujos migratorios irregulares" (609).

de retorno, incluso en neta contradicción con las obligaciones internacionales de *non-refoulement* o de no criminalización del asilo (Carrera y Geddes, 2021). Sin embargo, esta incompatibilidad está alineada con la Agenda estratégica de la UE para el periodo 2019-2024,[25] un documento programático llamado a sentar las bases de un "nuevo mundo de controles fronterizos sólidos, procedimientos de asilo ágiles y retorno fluidos" (Guild, 2020: 30-31), al hilo también del precedente que ocasiona la gestión de la crisis de los desplazados desde Ucrania[26] o la presión o instrumentalización migratoria.

3. Las categorías migrantes estereotipadas desde un análisis textual de algunas reformas legislativas del SECA y de algunos leading cases del TEDH

Entre las propuestas y reformas legislativas derivadas del Pacto de la UE sobre Migración y Asilo, es posible destacar tres de ellas por su sintonía con el contexto previamente analizado: el Reglamento por el que se establece un control de los nacionales de terceros países en las fronteras exteriores; el Reglamento que aborda situaciones de crisis y fuerza mayor en el ámbito de la migración y el asilo y el Reglamento EURODAC. Estas reformas legislativas junto a las decisiones judiciales del TEDH (*MSS c. Bélgica y Grecia, H.A. et al. c. Grecia, N. D. y N. T.* c. *España*) en su fondo y trasfondo reproducen similares estereotipos sobre categorías migrantes, no solo de forma implícita sino explícita a la hora de reconocer o negar

25. Consejo de la Unión Europea (2019). Conclusiones del Consejo de Europa de 20 de junio de 2019. Agenda estratégica de la UE (2019-2024), EUCO "continuaremos y profundizaremos nuestra cooperación con los países de origen y tránsito para luchar contra la migración irregular y la trata de seres humanos y garantizar retornos efectivos" (2019: 19).

26. Decisión de Ejecución (UE) 2022/382 del Consejo de 4 de marzo de 2022 por la que se constata la existencia de una afluencia masiva de personas desplazadas procedentes de Ucrania en el sentido del artículo 5 de la Directiva 2001/55/CE y con el efecto de que se inicie la protección temporal, DO L71 4.3.2022.

una situación de vulnerabilidad en situaciones de irregularidad o reconocer o negar la violación de derechos en contextos migratorios.

Para su concreto abordaje, en primer lugar, respecto a la fase de creación de las normas, se identifican diferentes extractos y fragmentos de la exposición de motivos de sus propuestas legislativas, buscando referencias a aquellas expresiones, usos o indicadores lingüísticos que denotan los estereotipos y los propósitos perseguidos especialmente en los considerandos que justifican estas reformas del *corpus iuris* de inmigración y asilo europeo.[27] Y, en segundo lugar, desde la fase del proceso de interpretación y aplicación judicial, habida cuenta del nivel de interconexión indicado, se analizan extractos de las decisiones judiciales, que han tenido un gran impacto no solo doctrinal y jurisprudencial sino también *lege ferenda,* a la hora de aplicar o justificar una categoría estereotipada.

3.1. Propuestas legislativas de reforma sobre el control previo de entrada, situaciones de crisis y fuerza mayor y Eurodac

Sin duda, una primera contribución ilustrativa a la reproducción de categorías migrantes estereotipadas, es la Propuesta de Reglamento por el que se establecen controles sobre los nacionales de terceros países en las fronteras exteriores (en adelante Reglamento de control previo de entrada o *screening*). Básicamente esta propuesta, desde una pretendida inocuidad y aclamada eficiencia, se articula en un proceso obligatorio estándar en dos fases, una fase preliminar de control previo (triaje) a la entrada para (casi) cualquier persona que llegue a una frontera de la UE, sin cumplir las condiciones de entrada o para aquellas que sean desembarcadas tras una operación de búsqueda y salvamento. Y, una segunda fase, en la que se activan tras la identificación de cada situación, los respectivos procedimientos de asilo

27. Sobre la necesidad de dotar a las leyes de preámbulos y las exposiciones de motivos y una visión crítica de las mismas, véase Pablo De Lora (2023).

rápido en frontera o de devolución en instalaciones fronterizas o en la proximidad de las mismas.[28] Este control previo supone, tal y como se enuncia en la exposición de motivos, una asimilación de todas las posibles situaciones migratorias con la irregularidad y la articulación de la ficción jurídica de la no entrada,[29] pues limita *de facto* la concesión de protección internacional para aquellas personas migrantes vulnerables que solicitan asilo mientras que acelera para los restantes el retorno al país de origen o de tránsito (no seguro).

En el fondo de la reforma se reitera la referencia sinonímica de la categoría "migrante irregular o no autorizada" sin mayores consideraciones o delimitaciones mientras que en el trasfondo subyace la imagen de las "falsas o sospechosas" solicitudes de protección internacional, tal y como se deriva de los considerandos 8 y 28. Ambos con-

28. Considerando 8 Propuesta de Reglamento *screening* (2020), tiene un doble objetivo "luchar contra la práctica por la que *algunos solicitantes de protección internacional se fugan* tras haber sido autorizados a entrar al territorio de un Estado miembro" y "ayudar a garantizar que los nacionales de terceros países afectados *son remitidos a los procedimientos adecuados* lo antes posible (...) sin interrupciones ni retrasos" (2020, considerando 8).

29. Véanse varios extractos de la exposición de motivos de la Propuesta de Reglamento *screening* (2020) "aplicarse a toda la gestión de la migración, desde garantizar el acceso a la protección internacional hasta abordar la *migración irregular y los movimientos no autorizados*" (...) Asimismo, la propuesta crea un marco de la UE al establecer normas uniformes para el control de *migrantes irregulares interceptados* dentro del territorio y que han eludido los controles fronterizos al entrar en el espacio Schengen. El objetivo es ayudar a proteger el espacio Schengen y garantizar una gestión eficiente de la *migración irregular* (...)Estas personas han sido sometidas a inspecciones fronterizas a su llegada al espacio Schengen; el_*carácter irregular de sus estancias* no está relacionado con la forma de entrada, sino que deriva del hecho de que no se han marchado a su debido tiempo (...) La propuesta aborda los desafíos relativos a la protección de las fronteras exteriores y la prevención de los *movimientos no autorizados*".

siderandos en la versión aprobada[30] son también la base explicativa para defender la introducción de la fase preliminar de control previo en el caso de "malos/falsos" "solicitantes de protección internacional (que) se fugan tras haber sido autorizados a entrar al territorio de un Estado Miembro"[31] y, además se hace en términos de "no obediencia" y de eficiencia: dar respuesta eficaz y sostenible a la necesidad de un procedimiento de identificación incluso ante el riesgo evidente de difuminar la delgada línea entre migrante irregular vs. solicitante de asilo (Jakulevičienė, 2021) para legitimar así prácticas conforme a las cuales son tratadas las personas migrantes económicas y solicitantes de asilo de la misma forma.[32]

30. En la versión definitiva del texto del Reglamento *screening* se incluye la enmienda 210 A9-0149/210 del 10 de abril de 2024 y pasan a ser el considerando 2 "sean aprehendidos en un cruce no autorizado" y considerando 3 alimenta el nexo migrante irregular vs. falso solicitante de asilo "reducir inmigración irregular, a combatir el tráfico ilícito y la trata de seres humanos (...) abordar el desafío de las *llegadas combinadas* de migrantes en situación irregular y de personas que necesitan protección internacional" (considerando 2) y véase considerando 47 "que se encuentren en situación de irregularidad" o considerando 20 "determinar el carácter *regular o irregular* de la estancia" (considerando 47).

31. Considerando 8 Propuesta de Reglamento *screening* (2020) "ayudar a garantizar que los nacionales de terceros países afectados son remitidos a los procedimientos adecuados lo antes posible (...) sin interrupciones ni retrasos" (considerando 8). En la versión definitiva del Reglamento *screening* se incluye la enmienda 210 A9-0149/210 del 10 de abril de 2024 considerando 6, 10 y 15 "identificarlos o verificar su identidad y verificar si podrían constituir *una amenaza para la seguridad interior o la salud pública*" y en el considerando 37 se añade "aquellos con indicios de ser vulnerables", con un uso del lenguaje que presume la amenaza y requiere prueba indiciaria de la vulnerabilidad.

32. Considerando 28 Propuesta de Reglamento *screening* (2020) "dado que los nacionales de terceros países sometidos al control pueden no llevar consigo los documentos de identificación y viaje necesarios para cruzar de forma legal la frontera exterior, se debe facilitar como parte del control un procedimiento de identificación". Por ejemplo, "aquellos nacionales de terceros

Una lectura comprensiva de la exposición de motivos de la Propuesta de Reglamento que aborda situaciones de crisis y fuerza mayor en el ámbito de la migración y el asilo también construye una similar mímesis entre "la necesidad de facilitar el control de la migración irregular y la detección de movimientos no autorizados" incluso a la hora de ampliar la reubicación obligatoria.[33] Para ello, se recurre a una referencia expresa a "situaciones extraordinarias de afluencia masiva de nacionales de terceros países o apátridas que llegan de forma irregular a un Estado miembro".[34] Aunque se prescinde de la terminología "ilegal" se articula un nexo causa-efecto para hacer responsables de la securitización del procedimiento de entrada a las personas migrantes "irregulares", porque se justifica su razón de ser en que "es capaz de hacer que el sistema de asilo o acogida deje de ser funcional y tener graves consecuencias sobre el funcionamiento general del SECA". Así pues, en sus considerandos 6, 12 y 18[35] las categorías migrantes este-

países... que pueden no llevar consigo los documentos de identificación y viaje necesarios para cruzar de forma legal la frontera exterior". En la versión definitiva del texto del Reglamento *screening* se incluye la enmienda 210 A9-0149/210 a los considerandos 4 y 5 añade "aquellos que se sustraigan a las inspecciones fronterizas (..) tanto desde su aprehensión y durante las inspecciones en los pasos fronterizos" haciendo una referencia explícita al caso *N.D. y N.T. c. España.*

33. En la exposición de motivos de la Propuesta de Reglamento de situaciones de crisis o fuerza mayor (2020) se indica "amplían el alcance de la reubicación obligatoria, que pasa a incluir a todos los solicitantes, estén o no sujetos al procedimiento fronterizo, *incluidos los migrantes irregulares o las personas que gozan de protección inmediata al amparo del presente Reglamento"*

34. Según el considerando 24 del Reglamento de situaciones de crisis o fuerza mayor ya publicado se incluye la enmienda 131 Doc. A9-0127/131 del 10 de abril de 2024 "debe indicar en dichas solicitudes la opción que elige entre la exclusión de determinadas categorías específicas de solicitantes y el cese del procedimiento fronterizo para dichas categorías".

35. Considerando 6 Propuesta de Reglamento de crisis y fuerza mayor (2020) "La afluencia masiva de personas que cruzan la frontera de manera irregular y en un corto período de tiempo puede conducir a una situación de crisis en

reotipadas ponen el foco en la irregularidad, la no autorización y la responsabilidad de una situación de crisis como si fuera un *continuum* atribuible a la decisión de migrar presuponiendo una insólita autonomía de las personas migrantes pese a su capacidad limitada de agencia dados los actuales dispositivos tecnológicos en frontera (Molnar, 2019). Estos no solo merman su autonomía sino también su dignidad humana al ser tratadas "como simples datos" que se pueden filtrar, ordenar, correlacionar, desechar o usar *sine die*.

Y, por último, en similares términos, la Propuesta del Reglamento EURODAC recoge en su exposición de motivos no solo la necesaria validación "del control de la migración irregular a la UE y de los movimientos no autorizados de migrantes irregulares dentro de la Unión" sino que hace alusión expresa a "la presión que los movimientos no autorizados ejercen sobre los sistemas de asilo de los Estados miembros".[36] Una presión que califica no solo como "una pesada carga para los Estados miembros de primera llegada, así como para los sistemas de asilo de otros Estados miembros a través

un Estado miembro concreto". Considerando 18 Propuesta de Reglamento de crisis y fuerza mayor "en el marco de la aplicación del procedimiento de gestión de crisis de retorno, los nacionales de terceros países en situación irregular o apátridas que no tengan derecho de permanencia y no estén autorizados a permanecer no deben ser autorizados". Considerando 12 Propuesta de Reglamento de crisis y fuerza mayor "En situaciones de crisis, los Estados miembros podrían necesitar un conjunto más amplio de medidas que les permitan gestionar una afluencia masiva de nacionales de terceros países de una manera ordenada, y contener los movimientos no autorizados". La única excepción en la versión definitiva es la enmienda 131 Doc. A9-0127/131 de 10 de abril de 2024 en el considerando 37 con la referencia expresa a la vulnerabilidad de ciertas categorías con más probabilidad de presentar necesidades de acogida especiales.

36. Véase considerandos 2 "cruce irregular", considerandos 7 y 8 "amenaza a la seguridad interna", considerando 16 "inmigración irregular y facilitar estadísticas" del texto definitivo del Reglamento EURODAC que incluye la enmienda 158 Doc. A8-0212/158 del 10 de abril de 2024.

de movimientos no autorizados",[37] sino también debido "al retorno de los migrantes irregulares cuyas solicitudes hayan sido denegadas, incluidas las consideradas inadmisibles". Por tanto, todo ello, transforma una deficiencia intrínseca del procedimiento europeo de asilo y retorno respecto a los procesos migratorios en una responsabilidad recayente exclusivamente en las categorías migrantes estereotipadas por su falta de credibilidad, de veracidad o de no obediencia sobre los movimientos secundarios. En concreto, las personas migrantes o solicitantes de asilo que entran de forma irregular incluso se ponen bajo sospecha al afirmar que "no es posible saber cuántos solicitantes hay en la UE porque los datos recabados se refieren a solicitudes, pese a que una misma persona puede haber presentado varias solicitudes". Y, a esto se añade la referencia al "retorno de los migrantes irregulares que no solicitan, en ningún caso, protección internacional", subrayando así en la última versión aprobada que en el registro consten las razones o causas de esta falta de regularidad de entrada o de solicitud por (tales) "migrantes irregulares que no tienen intención de solicitar protección internacional (...) y encontrarse por defecto dentro del procedimiento de asilo".[38]

37. Véase texto definitivo del Reglamento EURODAC que incluye la enmienda 158 Doc. A8-0212/158 del 10 de abril de 2024, considerandos 20, 22, 23 y 24 sobre la categoría "falsa" de solicitante de asilo.

38. Considerando 14 Propuesta de Reglamento EURODAC (2020) "para que Eurodac pueda asistir eficazmente en el control de la migración irregular y la detección de movimientos secundarios dentro de la UE, es preciso permitir que el sistema cuente solicitantes, además de solicitudes, vinculando todos los conjuntos de datos correspondientes a una persona, independientemente de su categoría, en una única secuencia". Y, el texto definitivo del Reglamento EURODAC que incluye la enmienda 158 Doc. A8-0212/158 de 10 de abril de 2024, considerandos 27 y 38 así como los considerandos añadidos 40 a 43 sobre el registro de aquellas categorías de "malos o falsos" solicitantes de protección internacional aprehendidas tras entrada irregular, desembarque, beneficiarias de protección temporal o que se encuentran de forma irregular".

3.2. Una revisión de algunas categorías migrantes estereotipadas en los leading cases del Tribunal Europeo de Derechos Humanos

La reproducción de categorías estereotipadas entorno a la irregularidad y a la vulnerabilidad ha ido adquiriendo una dimensión compleja y matizada en la praxis judicial del TEDH. La casuística del Tribunal de Estrasburgo ha diferenciado entre sujetos vulnerables vs. situaciones de vulnerabilidad ya bien porque están bajo la custodia del Estado o porque están privados de su libertad o están en situación de vulnerabilidad mientras se encuentran en una posición o situación de vulnerabilidad especial como "grupos vulnerables".[39] Si bien el TEDH ha tratado de identificar —sin voluntad de sistematizar en contextos migratorios— algunas categorías de vulnerables entre los vulnerables (menores no acompañados preferentemente), ha tomado como criterio interpretativo la prueba de una experiencia traumática migratoria, la pertenencia a un grupo tradicionalmente discriminado y la dependencia total del Estado responsable de evitar un trato degradante e inhumano por las condiciones de acogida o detención. Sin embargo, dado el volumen de jurisprudencia supranacional sobre esta materia, se han analizado tres *leading cases* que comparten una interpretación restrictiva de la vulnerabilidad migrante y, que defienden una interpretación amplia de la irregularidad sobre ciertas categorías estereotipadas: "migrante invulnerable" vs. "solicitante de asilo vulnerable" y "migrante irregular culpable" o "falso solicitante de asilo" por ser aquellas que no merecen protección o deben ser excluidas de tal protección.

Un primer ejemplo, es el controvertido caso *MSS c. Bélgica y Grecia* por el que el Tribunal de Estrasburgo admitió frente a sus precedentes

39. Por citar algunos ejemplos de "grupos vulnerables" población gitana, a las personas con discapacidad, a las personas detenidas, a las personas portadoras del SIDA e incluso con relación a la violencia en el ámbito doméstico, STEDH n. 57325/00 *D.H. and others v. Czech Republic* (GS), 13 noviembre de 2007 (TOL9.077.870).

que dada "la vulnerabilidad inherente a la condición de solicitante de asilo" (párrafo 233) esta merece por circunstancias puntuales y excepcionales de "una especial protección bajo el CEDH" (párrafo 231), añadiendo "debido a las condiciones a las que se enfrentó durante la migración y al probable trauma que había sufrido anteriormente" (párrafo 231). De este modo, la Corte conecta estrechamente la vulnerabilidad con los solicitantes de protección internacional solo tras un examen individualizado del caso.[40] Esta posible conexión restringida y matizada de la vulnerabilidad se aprecia más si cabe en el voto disidente del juez Sajó que cuestiona no solo la generosa apelación de los solicitantes de asilo como miembros de un grupo particularmente no privilegiado de la población vulnerable, sino también que sean un grupo con una historia de prejuicio y estigmatización equiparable a los otros grupos vulnerables. Simplemente porque socialmente no ha sido clasificado así y está lejos de ser un grupo vulnerable homogéneo como tal.[41] Por tanto, el voto disidente concluye que la designación de los solicitantes de asilo como grupo vulnerable no añade más que confusión y, en verdad es la "probada" precariedad de la situación del solicitante de asilo en Grecia aquella que proporcionó suficientes razones para considerarlo vulnerable.[42] Es decir, trata de justificar por medio de una

40. Recientemente, se ha reproducido esta doctrina por la similitud de los hechos del caso con el asunto STEDH n. 28820/13,75547/13,13114/15 *N.H. et autres v. France*, 2 de julio de 2020 (TOL7.987.104), párrafo 108, 164.

41. El juez András Sajó en su opinión disidente en el caso *M.S.S.* alega "aunque muchos solicitantes de asilo son personas vulnerables, no pueden ser considerados incondicionalmente como un grupo particularmente vulnerable... Solicitantes de asilo están lejos de ser homogéneos, si es que existe tal grupo".

42. El juez Sajó en su opinión hace referencia a la situación: "el solicitante había vivido en un estado de la más extrema pobreza (falta de alimentos, higiene y un lugar para vivir), y el temor a ser atacado y robado, junto con el hecho de que no había perspectivas de mejora. Además, esa situación estaba vinculada a su condición de solicitante de asilo y, por consiguiente, el sufrimiento del solicitante podría haberse aliviado si las autoridades griegas hubieran

categoría migrante estereotipada "buen migrante/solicitante de asilo" que su reconocimiento como vulnerable no fue a razón de la condición de solicitante de asilo en sí mismo sino por la "puntual" precariedad creada por acción y omisión del Estado al no darle la protección adecuada.[43] El argumento central que supone la relación de dependencia de los solicitantes de asilo respecto del Estado de acogida para la satisfacción de las necesidades primarias es una condición determinada por la posición vulnerable contingente o situacional del solicitante de asilo, y no como una calidad subjetiva o intrínseca, pese a un amplio consenso en el ámbito internacional y europeo sobre la situación precaria de solicitantes de asilo antes de ser beneficiarios de un estatuto de protección y el control previo de entrada o la detención de las personas migrantes irregulares antes del proceso de retorno. Es más, la vulnerabilidad migrante no se considera homogénea como grupo porque los procesos de serialización de estereotipos sobre la condición migrante niegan que la pertenencia a un grupo vulnerable sea abiertamente heterogénea y cambiante al regirse por relaciones estáticas, diferenciadas y jerarquizadas entre sus integrantes (Rigo, 2022:96). La estratificación cívica, la proliferación de estatus y desigualdades que conlleva la condición migrante en los procesos migratorios les hace vulnerables en diversa medida – a saber, hasta el punto de regresar o de obtener una residencia temporal o permanente asociada a un estatuto jurídico reconocido–, aunque no por ello deja de ser comparable dadas las causas y factores subyacentes de vulnerabilidad humana. Por consiguiente, *a sensu contrario*, tendrían cabida dentro de la vulnerabilidad, la categoría de solicitantes de asilo junto a otras categorías que se dejan fuera, las personas migrantes

evaluado rápidamente su solicitud de asilo. Al no hacerlo, el solicitante quedó en una situación de incertidumbre y una posición de vulnerabilidad".

43. Judith Butler (2009): "formas de agresión que no son inducidas por el Estado, pero contra las que los Estados no proporcionan una protección adecuada" (2009: 3-4).

indocumentadas o que entran de forma irregular[44] o a las personas cuyas solicitudes de asilo han sido rechazadas o no presentadas o solicitantes de asilo fallido[45] o han llegado a sufrir las consecuencias del control migratorio o la disfuncionalidad del sistema de asilo en frontera o zonas de mayor presión migratoria.

Precisamente sobre las categorías migrantes estereotipadas como "invulnerables" resulta representativo otro ejemplo de cuestionamiento o minoración de la vulnerabilidad en caso de concurrencia de irregularidad administrativa. Se trata del caso *H.A. et al. c. Grecia* sobre las condiciones inadecuadas de detención de nueve menores no acompañados de edades comprendidas entre los 14 y los 17 años, que habían entrado irregularmente en Grecia durante su estancia en las comisarías de policía y en el centro Diavata. Tras una amplia jurisprudencia reiterada sobre el razonamiento jurídico en defensa de la valencia de la categoría estereotipada de "solicitante de asilo vulnerable" vs. "migrante (in)vulnerable" solo se muestra abiertamente proclive a considerar especialmente vulnerables a determinadas personas (como los niños no acompañados),[46] por lo que este caso concreto contrasta con esta línea de tendencia. El Tribunal se resiste a reconocer de forma holística a las personas migrantes irregulares como un grupo de personas

44. STEDH n. 16483/12 *Khlaifia y otros c. Italia* (*GS*), 15 de diciembre de 2016, (TOL6.411.859), párrs.11-19 y 143, párrafos. 161-164 y 194.

45. STEDH n. 17931/16 *Hunde v. The Netherlands*, 5 de julio de 2016 (TOL6.413.546) a diferencia de *M.S.S.* la pérdida del derecho del solicitante a la residencia legal en los Países Bajos después de la denegación de su solicitud de asilo no afectó automáticamente a su vulnerabilidad.

46. Véase la especial preocupación por las condiciones de detención de los solicitantes de asilo menores de edad donde incluso la situación de extrema vulnerabilidad de un niño prevalece sobre la situación de residencia irregular de una persona en STEDH n. 29217/12 *Tarakhel v. Switzerland*, 4 de noviembre de 2014 (TOL4.538.911) y respecto a los menores no acompañados: STEDH n. 3947/07 *Popov v. France*, 19 de enero de 2012 (TOL2.643.996).

vulnerables, pero no solo no reconoce explícitamente todas las características que contribuyen a la vulnerabilidad,[47] sino que, se limita a hacer observaciones prudentes sobre una concepción genérica de la vulnerabilidad migrante y sobre la obligación de los Estados de conciliar un equilibrio entre la protección de los derechos humanos y los imperativos de la política de inmigración. Por lo tanto, al admitir "incuestionablemente" la existencia de un factor añadido a "la situación particular de los menores de edad" (párrafo 171), el Tribunal podría haber reconocido "sottovoce" que la ausencia de protección adecuada por el Estado es un factor de vulnerabilidad añadido ante la situación de irregularidad concebida de una manera más amplia (y no sólo en relación con los niños), pues las personas migrantes son, de hecho, vulnerables y, por tanto, necesitan una protección ante situaciones de precariedad creadas por el propio Estado (EASO, 2021).

Un último ejemplo de razonamiento jurídico que se sirve de la categoría migrante estereotipada "migrante irregular culpable" o "falso solicitante de asilo" sería el caso *N. D. y N. T. c. España*, donde se refuerza la diferencia "entre refugiados y no refugiados o entre migrantes regulares e irregulares en lo que respecta a la protección garantizada por el artículo 4 del Protocolo número 4" (párrafo 135). Si se revisa la decisión de la Gran Sala que refrendó el argumento del Gobierno español sobre la expulsión de los demandantes como consecuencia de su propia "conducta delictiva" a los efectos de la jurisprudencia consolidada del Tribunal, se describe a los ciudadanos malíes demandantes (*N.D. y N.T.*) como "aquellos que intentaron entrar en territorio español de manera ilegal sin llegar a demostrar la imposibilidad de utilizar los numerosos procedimientos legales disponibles para obtener autorización para cruzar la frontera con

47. Véase párrafo 210 "el Tribunal no duda de que, si los demandantes hubieran podido saber que habían entrado ilegalmente en territorio griego, no habrían podido saber que habían sido víctimas de la falta de un centro de acogida para menores".

España como demandantes de asilo" (párrafo 203 y 205). Por lo tanto, se ponen bajo "sospecha" porque si hubieran necesitado solicitar asilo u obtener protección internacional por otros motivos, debían haber presentado dicha solicitud ante las instituciones mencionadas y, en su defecto, en las actuaciones posteriores a su eventual entrada en España en 2015, debían haber manifestado la existencia concreta de riesgo al que se hubieran expuesto como consecuencia de su traslado a Marruecos o a su país de origen. Así pues, la reproducción en bucle de la falsa dicotomía entre el estereotipo "migrante irregular culpable" o "falso solicitante de asilo" si concurre una entrada irregular, da soporte explicativo a la fundamentación jurídica de la Gran Sala, que concluye "en caso de que cruzaron la frontera ilegalmente (en este caso aprovechando su gran número y utilizando la fuerza)", sólo la ausencia de razones de peso y no la mención a dificultades en abstracto podría conducir a la evidencia de que ello no fue consecuencia de la propia conducta de los demandantes, lo que justificaría que los agentes españoles de frontera no los identificaran individualmente (párrafo 210 y 220).[48] De hecho, a la luz de estas consideraciones sobre sus comportamientos individuales y la serialización de estereotipos sobre el conjunto grupal "de los que hacen una entrada irregular a la fuerza", la Gran Sala sostiene que "la falta de decisiones individuales de expulsión puede atribuirse al hecho de que los demandantes, si efectivamente deseaban hacer valer los derechos del Convenio, no hicieron uso de los procedimientos oficiales de entrada existentes a tal efecto, y por tanto fue consecuencia de su propia conducta" (párrafo 200 y

48. Incluso, se añade que los demandantes, que declararon que habían permanecido en el campamento del monte Gurugú durante dos años (en el caso de *N.D.*) y durante un año y nueve meses (en el caso de *N.T.*), podrían haber viajado fácilmente hasta allí en caso de haber querido solicitar protección internacional. No dieron ninguna explicación al Tribunal sobre por qué no lo hicieron. De hecho, ni siquiera alegaron que se les hubiera impedido utilizar dichas posibilidades (párrafo 227).

240). Y, además, añade que "aunque los demandantes se quejaron de la falta de un recurso efectivo para impugnar su expulsión por su carácter supuestamente colectivo, la legislación española preveía la posibilidad de recurrir las órdenes de expulsión en la frontera" (párrafo 231). Esta protección decae por la irregularidad o ilicitud de la entrada, que convierte a las personas migrantes irregulares en "culpables o responsables" de ponerse en una situación ilícita al intentar deliberadamente entrar en España (inclusive si manifiestan, pero no formalizan su voluntad de solicitar asilo) cruzando las estructuras de protección de la frontera de Melilla como parte de un grupo numeroso y en un lugar no autorizado" (párrafo 240 y 241).

4. Un análisis textual de los dispositivos/prácticas lingüísticas que determinan la función justificativa de los estereotipos

Habida cuenta de la proyección de los estereotipos o de las categorías migrantes estereotipadas "falso, auténtico, vulnerable, irregular" en las diferentes fases de la práctica jurídica, a continuación, se reflexiona también sobre la capacidad de inferencia de los estereotipos en la construcción de narrativas tóxicas y su capacidad expansiva gracias a su combinación con diferentes problemas de ambigüedad semántica y sintáctica, de vaguedad o de usos pragmáticos del lenguaje, así como falacias o presunciones, entre otras.[49]

49. Moreso, (2022: 50) señala que el lenguaje del Derecho se convirtió en objeto privilegiado de la reflexión filosófica por medio de la sintaxis aplicada al lenguaje del derecho (modos de generar oraciones a partir de la combinación de palabras, por ejemplo ambigüedad sintáctica), la semántica de los textos jurídicos (el significado de las expresiones lingüísticas, por ejemplo ambigüedad semántica y vaguedad) y el abordaje de los problemas pragmáticos que el lenguaje del derecho enfrenta (actos lingüísticos y contextos en los que dichos actos son llevados a cabo).

Al respecto, desde el análisis de la sintaxis y la semántica de los textos propuestos, es posible apreciar una mayor proyección reforzada de las categorías migrantes estereotipadas especialmente por medio del recurso a la ambigüedad del lenguaje, principalmente una ambigüedad semántica entorno a los significados atribuibles a los conceptos de "irregularidad", "no documentado", "no autorizado"[50] sin perjuicio de ejemplos de ambigüedad sintáctica referidos a estructuras gramaticales confusas sobre la disyuntiva migrante "o" solicitante de protección internacional o bien "carácter regular o irregular de la estancia".[51] Aquí, de un lado, si bien puede haber confusión en torno al concepto de "irregularidad", el mismo puede referirse a realidades y situaciones diferentes porque pueden asimilarse entre sí por las reglas del lenguaje. Además, los distintos significados que se le pueden atribuir están bastante próximos entre sí, lo que plantea confusiones sobre su alcance restrictivo. En cambio, aunque existen múltiples acepciones contradictorias del término condición, proceso o *status* "migrante", no hay tantas dudas sobre el unívoco significado jurídico atribuido por el legislador: "un refugiado no es un migrante", frente al uso extensivo y estático de "irregularidad" más como una falta de adecuación a un status jurídico y no tanto por su connotación temporal. En cambio, es recurrente la vaguedad como forma de indeterminación y falta de precisión consciente o inconsciente a la hora de definir o describir estos mismos términos. Así, la misma resulta más problemática cuando se

50. Otros ejemplos de ambigüedades sintácticas, (considerando 35 y artículo 1 Reglamento UE 1356/2024) "personas que han cruzado la frontera exterior de forma irregular *o* tras una operación de búsqueda y salvamento *y* una persona haya entrado en un Estado miembro de forma irregular sin solicitar asilo".

51. Véase *N.T. c. N.D.* párrs. 179 y 181. Otro ejemplo de ambigüedad semántica sería el significado polisémico de conceptos como "irregular, ilegal, autorización, autorizados, crisis; sin perjuicio de un ejemplo de ambigüedad proceso-producto "el sistema cuente solicitantes, además de solicitudes". Véase el texto del Reglamento UE 1356/2024 y 1358/2024,

refiere a la categoría de "migrante", ya que su definición legal puede no ser lo suficientemente precisa para determinar si un elemento concreto debe pertenecer a esta clase concreta (Schane, 2002), ni hay suficiente claridad para establecer qué categorías se ajustan a las características del concepto (connotación) y cuáles se exceden del ámbito de aplicación (denotación).[52] De ahí que, en aras de aportar una mayor claridad, aunque se intenta eliminar o corregir la vaguedad intensional, etiquetando algunas categorías de llegadas combinadas o ciertos patrones de entradas irregulares que han sido injustamente consideradas bajo sospecha, marginadas, discriminadas o excluidas socialmente, esta voluntad clarificadora del legislador no lo es tanto. Máxime si estas no se sustentan en pruebas empíricas o estadísticas, sino que más bien tienen como respaldo o paradigma explicativo justificar amplias generalizaciones para salvar o avalar la consistencia de los estereotipos (Poscher, 2012). Y, de otro lado, también contribuyen a un desacuerdo generalizado sobre el significado preciso, las divergentes interpretaciones judiciales de la irregularidad o de la vulnerabilidad, es decir las razones para conceder o negar una protección especial y la identificación de las violaciones mediante la interconexión de uno o dos vectores implican una presunción *de iure* de ciertas categorías estereotipadas frente a otras.

Sin embargo, más allá del contenido sintáctico y semántico del lenguaje, también conviene completar dicho significado con la dimensión pragmática "lo que decimos, aquello que hacemos cuando emitimos una

52. Son ejemplo de vaguedad extensional e intensional "entradas ilegales, procedimientos adecuados, afectados, aprehendido, llegadas irregulares, antes posible, situaciones extraordinarias/excepcionales, afluencia masiva, graves consecuencias, manera ordenada". Véase la propuesta de Reglamento que aborda situaciones de crisis y fuerza mayor en el ámbito de la migración y el asilo COM(2020) 613 final.

expresión y los efectos que producimos"[53] por medio de la reproducción de categorías migrantes estereotipadas en el contexto de emisión de los textos jurídicos y en el de su aplicación (Tribunales). Si se observan los usos lingüísticos predominantes en cada fase, por un lado, en la exposición de motivos de los textos normativos objeto de reforma legislativa se aprecia un uso asertivo o descriptivo del lenguaje (descripción de los hechos, personas migrantes) para informar por medio de proposiciones verdaderas o falsas tanto en la creación como en la interpretación judicial sobre la existencia o credibilidad de tales categorías estereotipadas siguiendo una dirección de ajuste palabras a mundo.[54] Este uso del lenguaje en las propuestas legislativas se combina y articula directamente con un uso prescriptivo o directivo para orientar hacia la conducta "adecuada" por ser antítesis de la imagen estereotipada recayente sobre las personas migrantes o solicitantes de protección internacional (dirección de ajuste mundo a palabras), aportando así un halo de eficacia normativa y legitimidad del sistema de normas creado. Mientras que, especialmente en las decisiones judiciales, por otro lado, el recurso a falacias o presunciones se adorna con un uso expresivo del lenguaje para exteriorizar emociones, sentimientos o valoraciones o bien para intentar influir en los sentimientos, valores de otros. Con ello, se promueve directamente un uso realizativo u operativo del lenguaje jurídico en sede judicial al definir como "irregulares o vulnerables" acciones o comportamientos que dependen del lenguaje y que son configurados socialmente y convencionalmente en categorías estereotipadas por este mismo lenguaje. Sin duda, la interpretación judicial se convierte así en el terreno más fértil para elaborar falacias y dar forma a las presunciones *case by case*, dado que los legisladores construyen, completan y adaptan el lenguaje jurídico a las situaciones a las que se aplica desde la genera-

53. Josep Moreso (2022) cita a Searle (1969) para señalar la distinción entre las dimensiones locutivas, ilocutivas y perlocutivas de cualquier acto lingüístico.
54. Josep Moreso (2022: 63) citando a la teoría de los actos del habla de Anscombe (1957) y Searle (1979).

lidad y la abstracción de la norma. La construcciones falaces y presunciones irrefutables sobre la "irregularidad" y la categoría "irregular" en contextos migratorios, no siempre tienen la intención de engañar o un trasfondo emocional, pero como señala Manuel Atienza (2004: 107) el engaño a veces resulta de dificultades cognitivas y no solo por déficits de información, o por la incapacidad —añadiría— para comprender la complejidad de los procesos migratorios y el verdadero alcance limitado de la condición migrante si se reduce solamente a un mero status jurídico. En este caso, tratar de resumir e identificar ejemplos correspondientes a las distintas clasificaciones de las falacias puede ser una tarea ardua pero necesaria si se quiere comprender cómo y por qué abunda el recurso a falacias en la actividad legislativa, en las vistas orales de los juicios, en los escritos de los abogados y en las sentencias judiciales. El propósito es apoyar el argumento "explicativo" y despertar emociones de empatía, compasión, miedo, rechazo o tolerancia entre el público o entre las autoridades con poder para decidir. Por lo tanto, no parece ser la voluntad aportar justificaciones o evidencias objetivas y razonables sobre el por qué deben ser o no protegidas las personas migrantes, si predominan frases confusas, equívocos semánticos o la ambigüedad para trasladar la palabra "irregular" a diferentes contextos sin tener en cuenta que éstos pueden ser innumerables e indeterminados.[55]

55. Véase en la propuesta de Reglamento que aborda situaciones de crisis y fuerza mayor en el ámbito de la migración y el asilo COM(2020) 613 final, algunos ejemplos de falacia *petitio principi* "la afluencia masiva de personas que cruzan la frontera de manera irregular y en un corto período de tiempo puede conducir a una situación de crisis" por ende toda situación de crisis tiene origen en una afluencia masiva de personas...; falacia de composición vs. división "*algunos solicitantes de protección internacional* se fugan tras haber sido autorizados a entrar al territorio de un Estado miembros" (...) "*nacionales de terceros países afectados* son remitidos a los procedimientos adecuados"; generalización o falacia de composición "dado que los nacionales de terceros países pueden no llevar consigo los documentos de identificación (..) se debe facilitar como parte del control un procedimiento de identificación"; equívocos, reiteraciones "inmigración ilegal irregular, retor-

5. Algunas conclusiones finales

Tal y como se deriva del objeto de este trabajo, la dimensión sintáctica, semántica y pragmática del lenguaje tiene relevancia no solo para la creación e interpretación del derecho, sino puede ser una herramienta útil para descifrar la verdadera funcionalidad de los estereotipos. De igual modo, si desde una perspectiva analítica, los estereotipos se reafirman como verdaderos instrumentos de desigualdad, de exclusión y de asimetrías de poder, precisamente porque son difíciles de eliminar; el análisis textual y lingüístico da pistas sobre la razón por la que están o siguen estando ahí y, va más allá de observar e informar de su existencia o persistencia, tanto en los contextos de emisión como de aplicación del derecho.

Precisamente, el análisis contextual y textual llevado a cabo respecto a algunas propuestas de reforma legislativas y a una selección de *leading cases,* muestra la variedad y solidez de evidencias e intersecciones para defender una función justificativa de los estereotipos asociadas a determinadas categorías de personas migrantes. El uso de tales estereotipos y el lenguaje que construye el "corpus" de las explicaciones narrativas no solo dinamita todos los posibles espacios de protección para las personas migrantes, sino que, sirviéndose de su capacidad para racionalizar y naturalizar ciertas estructuras u órdenes de poder, produce un efecto contaminante o de difracción sobre los estereotipos proyectados o reproducidos explícita e implícitamente en los contextos de emisión y de aplicación del derecho migratorio europeo. Al reducir la complejidad de las categorías migrantes y la situación real vivida en origen, tránsito y destino, los estereotipos se hacen resistentes y resilientes, pues neutralizan y ocultan en sus explicaciones narrativas su fuerza justificativa, contribuyendo así a mantener de forma irreversible un contexto migratorio "estereotipado" *sine die* en la Unión Europea.

no ágil, frontera fuerte", estos últimos personalizan un objeto atribuyendo un adjetivo "fuerte" "ágil" a diferencia de la reificación del sujeto migrante "solicitud" o "movimiento".

6. Referencias bibliográficas

Abrisketa, Joana (2021). "El Pacto europeo sobre migración y asilo: hacia un marco jurídico aún más complejo". *Políticas de asilo de la UE: Convergencias entre las dimensiones interna y externa.* Aranzadi.

Arena, Federico J. (2016). "Los estereotipos normativos en la decisión judicial: Una exploración conceptual". *Revista de Derecho de La Universidad Austral de Chile*, 29(1), 51–75.

Arena, Federico J. (2019). "Algunos criterios metodológicos para evaluar la relevancia jurídica de los estereotipos". *Derecho y Control* (2), 11–44.

Atienza, Manuel (2004). *La guerra de las falacias.* Cajica.

Bakewell, Oliver (2011). "Conceptualising displacement and migration: Processes, conditions and categories". *In the migration-displacement nexus: Patterns, processes and policies.* Berghahn Books.

Balzacq, Thierry, Léonard, Sarah y Ruzicka, Jan (2016). "'Securitization' revisited: theory and cases". *International Relations*, (30-4) 494-531

Barrère, María Ángeles y Morondo, Dolores (2011). "Subordiscriminación y Discriminación Interseccional: Elementos para una teoría del derecho antidiscriminatorio". *Anales de la Cátedra Francisco Suárez*, (45) 15-42.

Bernardini, Maria Giulia, La Spina, Encarnación, Morondo, Dolores, Parolari, Paola (2021). "(Un)doing gender and migration stereotypes. Per un'analisi critica degli stereotipi nel rapporto tra genere e migrazione". *Rivista About Gender*, (10-20) 1-30.

Bigo, Didier (2002). "Security and immigration: Toward a critique of the governmentality of unease". *Alternatives*, (27-1) 63-92.

Brouwer, Evelien et al. (2021). *The European Commission's legislative proposals in the New Pact on Migration and Asylum.* LIBE.

Butler, Judith (2009). "Performativity, precarity and sexual politics". *AIBR. Revista de Antropología Iberoamericana*, (4-3) 1-13.

Campesi, Giuseppe (2012). "Migraciones, seguridad y confines en la teoría social contemporánea". *Revista Crítica Penal y Poder*, (3) 1-20.

Carrera, Sergio, Geddes, Andrew (2021). *The EU Pact on Migration and Asylum in light of the United Nations Global Compact on Refugees International Ex-*

periences on Containment and Mobility and their Impacts on Trust and Rights. Migration policy centre.

Collyer, Micheal, De Haas, Hein (2012). "Developing dynamic categorisations of transit migration". *Population, Space and Place,* (18-4) 468-481.

Crawley, Heaven, Skleparis, Dimitris (2018). "Refugees, migrants, neither, both: Categorical fetishism and the politics of bounding in Europe's 'migration crises". *Journal of Ethnic and Migration Studies,* (44-1) 48-64.

De Lora, Pablo (2023). *Los derechos en broma. La moralización política en las democracias liberales*. Ediciones Deusto.

EASO (2021). *Judicial analysis. Vulnerability in the context of application for international protection.* Easo publications.

Feller, Erika (2005). "Refugees are not migrants". *Refugee Survey Quaterly,* (24-4) 27-35.

Ghidoni, Elena y Morondo Taramundi, Dolores (2022). "El papel de los estereotipos en las formas de desigualdad compleja: algunos apuntes desde la teoría feminista del derecho antidiscriminatorio". *Discusiones,* (28) 37-70

Ghidoni, Elena y Morondo Taramundi, Dolores (2022). "Análisis contextual, interseccionalidad y función justificativa de los estereotipos en el derecho: una réplica". *Discusiones,* (28) 109-128

Guild, Elspeth (2020). "¿Por qué el asilo es un tema tan polémico en la Unión Europea?". *Políticas de asilo de la UE: Convergencias entre las dimensiones interna y externa.* Aranzadi.

Herzog, Benno, Ruiz, Jorge (2019). *Análisis sociológico del discurso. Enfoques, métodos y procedimiento*. PUV.

Huysmans, Jef (2006). *The Politics of Insecurity: Fear, Migration y Asylum in the EU.* Routledge.

Jakulevičienė, Lyra (2021). "Pre-screening at the border in the Asylum and Migration Pact: a paradigm shift got Asylum, return and detention rules?". *Reforming the Common European Asylum System. Opportunities, Pitfalls, and Downsides of the Commission Proposals for a New Pact on Migration and Asylum.* Nomos.

Kriger, Pablo (2021). "El análisis de contenido en textos normativos: propuestas prácticas en Ciencias sociales". *Revista de investigación interdisciplinaria en Métodos experimentales* (10-1) 9-33.

Léonard, Sarah (2010). "Eu border security and migration into the European Union, Frontex and securitzation through practices". *European Security*, (19-2) 231-254.

Lindhal, Hans (2017). *Linee di frattura della globalizzazione. Ordinamento giuridico e politiche dell'a-legalità*. Mimesis.

Marin, Luisa (2011). "Is Europe Turning into a 'Technological Fortress'? Innovation and Technology for the Management of EU's External Borders". *Regulating Technological Innovation: Legal and Economic Regulation of Technological Innovation*. Palgrave Macmillan

McCall, Leslie (2005) "The complexity of intersectionality." *Signs: Journal of women in culture and society*, (30-3) 1771-1800.

Meyer, Claus K. y Boll, Sebastian (2018). "Editorial: Categorising migrants: Standards, complexities, and politics". *Anti-Trafficking Review*, (11) 1-14.

Molnar, Petra (2019). "Technology on the Margins: AI and Global Migration Management from a Human Rights Perspective". *Cambridge International Law Journal*, (8-2) 305-330.

Moreso, Josep Joan (2022). "Filosofía del lenguaje para juristas". *Filosofía: una introducción para juristas*. Trotta.

Morondo Taramundi, Dolores (2016). "La interseccionalidad entre teoría del sujeto y perspectiva de análisis: algunos apuntes desde la teoría del derecho antidiscriminatorio". En MariaCaterina La Barbera y Marta Cruells López (coords.). *Igualdad de género y no discriminación en España. Madrid:* Centro de Estudios Políticos y Constitucionales.

Poscher, Ralf (2012). "Ambiguity and Vagueness in legal interpretation", *The Oxford Handbook of Language and Law. Oxford* University Press.

Ramírez, Jaques (2018). "De la era de la migración al siglo de la seguridad: el surgimiento de 'políticas de control con rostro (in)humano'". *URVIO, Revista Latinoamericana de Estudios de Seguridad*, (23) 10-28.

Rigo, Enrica (2022). *La straniera. Migrazioni, asilo, sfruttamento in una prospettiva di genere*. Carocci editore.

Schane, Sanford (2002). "Ambiguity and Misunderstandings in Law". *Thomas Jefferson Law Review*, (26-1) 167-193

Stangor, Charles (2000). *Stereotypes and Prejudice: Essential Readings*. Psychology Press.

Van der Woude, Martje, Barker, Vanessa y van der Leun, Joanne (2017). "Crimmigration in Europe". *European Journal of Criminology*, (14-1) 3-6.

Timmer, Alexandra (2011). "Toward and Anti-Stereotyping Approach for the European Court of Human Rights". *Human Rights Law Review,* (11-4) 707-738.

Tuit, Patricia (1996). *False images: Law's construction of refugee*. Pluto Press.

Zetter, Roger (2007). "More Labels, Fewer Refugees: Remaking the Refugee Label in an Era of Globalization". *Journal of Refugee Studies,* (20-2) 172-192.

La activación de la Directiva de protección temporal: ¿Ejemplo de solidaridad con Ucrania o de discriminación racial?*

Juana Goizueta Vértiz

1. Ideas preliminares

La magnitud del desplazamiento forzado de personas en Europa provocado por la invasión rusa en Ucrania ha obligado al Consejo – a iniciativa de la Comisión Europea[1] – a adoptar por unanimidad, el 4 de marzo de 2022, la Decisión 2022/382 por la que se permite conceder protección temporal a las personas que huyen de Ucrania.[2] Con esta Decisión, que

* Esta aportación es una versión reducida y modificada de un trabajo titulado "La Decisión del Consejo 2022/382 y la protección temporal en el caso de Ucrania: estereotipos y discriminación racial" que ha sido publicada en la Revista IgualdadES.

1. La Comisión Europea propone el 2 de marzo de 2022 la iniciación del procedimiento para la adopción de la Decisión de Ejecución 2022/382 (Véase. Propuesta de Decisión de Ejecución del Consejo por la que se constata la existencia de una afluencia masiva de personas desplazadas procedentes de Ucrania a tenor del artículo 5 de la Directiva 2001/55/CE del Consejo, de 20 de julio de 2001 y entra en vigor la introducción de la protección temporal, (COM (2022) 91 final. Bruselas, 2 de marzo de 2022) (En lo sucesivo, Propuesta de Decisión de Ejecución del Consejo).

2. Decisión de Ejecución (UE) 2022/382 del Consejo de 4 de marzo de 2022 por la que se constata la existencia de una afluencia masiva de personas desplazadas procedentes de Ucrania en el sentido del artículo 5 de la Directiva 2001/55/CE y con el efecto de que se inicie la protección temporal (DOUE L71/1, de 4 de marzo de 2022: 1-6) (en lo sucesivo, Decisión 2022/382).

entra en vigor el 7 de marzo de 2022,[3] asistimos a la rápida activación por primera vez de la "obsoleta" Directiva 2001/55/CE (Ineli-Ciger, 2015: 237-238).[4] Se trata de una Directiva que no se ha activado en más de veinte años desde su adopción lo que justifica que se haya ganado el apelativo de la "bella durmiente" (Gortázar Rotaeche, 2023: 343-344). Y ello a pesar de que no fueron pocas las voces que solicitaron su activación para hacer frente a los desplazamientos de personas que tienen su origen en la llamada "primavera árabe" o en conflictos como el de Siria entre otros.

La cuestión es que esta Decisión 2022/382 ha provocado una ola de solidaridad unánime sin precedentes no solo en la ciudadanía sino, también, por parte de las Instituciones comunitarias. En las siguientes páginas, nuestra atención se centrará en analizar si tras esa solidaridad –abrumadora, "inaudita" (Arenas Hidalgo, 2022: 2) o "admirable (Porras Ramírez, 2022: 1) –, se esconde un tratamiento discriminatorio para determinados colectivos de personas. Y ello porque el hecho de que la Decisión 2022/382 haya activado por primera vez la protección temporal prevista en la Directiva 2001/55 ha causado no poco asombro planteándose ciertas dudas acerca de la desigualdad generada, la eventual discriminación o el diferente rasero utilizado por la Unión. En este sentido Etienne Piguet, vicepresidente de la Comisión Federal de Migración, escribía en su blog lo siguiente: "La afirmación de que la apertura hacia las víctimas de la guerra en Ucrania constituiría un rasgo racista hacia los refugiados sirios, afganos o yemeníes debe ser analizada cuidadosamen-

3. Téngase en cuenta que el Consejo de Justicia y Asuntos de Interior celebrado el 28 de septiembre de 2023 ha decidido prorrogar la vigencia de la Decisión 2022/382, desde el 4 de marzo de 2024 hasta el 4 de marzo de 2025.

4. Directiva del Consejo, de 20 de julio de 2001, relativa a las normas mínimas para la concesión de protección temporal en caso de afluencia masiva de personas desplazadas y a medidas de fomento de un esfuerzo equitativo entre los Estados miembros para acoger a dichas personas y asumir las consecuencias de su acogida (DOCE L 212/12, de 7 de agosto de 2001: 12-23) (en adelante, Directiva 2001/55).

te por varias razones. Podemos soñar que la simpatía y la hospitalidad superarán un día todas las distancias y barreras, pero debemos tener cuidado de no quebrar la solidaridad de los más cercanos en nombre de ideales lejanos" (Dhif, 2022: 2). Y Filippo Grandi, Alto Comisionado del ACNUR, emitía el 21 de marzo de 2022 –Día Internacional de la Eliminación de la Discriminación Racial– unas contundentes declaraciones: "Aunque me siento honrado por la gran cantidad de apoyo que presenciamos por parte de los países y comunidades de acogida, también somos testigos de la fea realidad de que personas racializadas que huyen de Ucrania (...) no han recibido el mismo trato que los refugiados ucranianos" (Gortázar Rotaeche, 2023: 245-246). A lo que añade haber recibido por parte del ACNUR "incidentes inquietantes de discriminación, violencia y racismo". Todo parece apuntar a que se ha utilizado un "doble rasero" por parte de la UE en la gestión de la crisis migratoria ucraniana con respecto, por ejemplo, a la siria en el 2015. Una diferente vara de medir que bien queda resumida en las siguientes palabras de Zeena Saifi: "(...) a diferencia de los sirios que huyen del conflicto, los ucranianos encuentran una bienvenida mucho más cálida en Europa".[5]

Como puede advertirse la desigualdad jurídica y la discriminación racial están presentes cuando se aborda la cuestión de la protección temporal otorgada a las personas desplazadas procedentes de Ucrania, máxime si se repara en el tratamiento que en su día la Unión otorgó a los huidos de la guerra de Siria en la que el foco se centró no en la acogida sino en el cierre de las fronteras. En este estudio, nos cuestionamos por qué no se ha activado hasta ahora la Directiva de protección temporal cuando, *a priori*, parece que en el pasado ha acaecido un supuesto de hecho similar al éxodo

5. Palabras de Zeena Saifi que pueden consultarse en el siguiente enlace: https://cnnespanol.cnn.com/2022/03/16/guerra-ucrania-revelo-la-empatia-selectiva-hacia-los-refugiados-trax/. Recuperado el 4 de diciembre de 2024

provocado por la invasión de Ucrania que hubiera justificado su activación.[6] En el caso de Ucrania el Consejo ha utilizado la proximidad geográfica para redefinir el concepto de "afluencia masiva" que permite activar el dispositivo de protección temporal y trataremos de aclarar si tras la exigencia de la cercanía geográfica se esconde la preferencia de la Unión por proteger a un tipo de desplazado que por su pertenencia a un cierto colectivo responde a ciertos estereotipos que permiten considerarlos, también, culturalmente más próximos al ciudadano europeo. Dicho de otra forma, se trata de reflexionar sobre si la protección temporal de las personas procedentes de Ucrania –que parece fundamentarse en ciertos estereotipos implícitos– puede generar desigualdades injustificadas y resultar por lo tanto discriminatoria.

2. Algunos aspectos clave acerca de la decisión 2022/382

No han sido pocas las voces que denuncian la discriminación que se produce con la activación por primera vez de la Directiva 2001/55 en los términos concretados por el Consejo. En ello centraremos nuestra atención en las siguientes páginas y a estos efectos se analizarán los indicadores en los que la Decisión 2022/382 justifica la activación de la protección temporal.[7] En concreto, el foco lo fijaremos especialmente

6. Junto a la llegada masiva de desplazados provenientes de Siria en 2015, recordemos que ya en el 2011 la caída del régimen de Gadafi en Libia provocó también una llegada masiva de personas, principalmente, a Italia y Malta. Este hecho ya desencadenó la petición por parte del Gobierno italiano y maltés de activar la Directiva 2001/55 pero sin éxito ante la negativa del Consejo de Justicia y Asuntos de Interior.

7. Para realizar el análisis de la Decisión 2022/382 resulta de interés la Comunicación de la Comisión relativa a las Directrices operativas para la aplicación de la Decisión de Ejecución 2022/382 del Consejo por la que se constata la existencia de una afluencia masiva de personas desplazadas procedentes de Ucrania en el sentido del artículo 5 de la Directiva 2001/55/CE y con

en el análisis del concepto de "afluencia masiva" y en el del ámbito de aplicación subjetivo de la Directiva puesto que han sido estos los indicadores que han generado una mayor discusión en el ámbito académico. Ello no obstante también haremos, siquiera brevemente, una referencia a los indicadores geográficos y temporales.

2.1. El concepto de "afluencia masiva"

El artículo 5 de la Directiva 2001/55 contempla cómo debe constatarse la existencia de una "afluencia masiva", contando el Consejo con un amplio margen de apreciación. Y es el artículo 2.d) el que define qué debemos entender por "afluencia masiva", contemplando que esta se refiere a: "un número importante de personas desplazadas, procedentes de un país o zona geográfica determinada, independientemente de que su llegada se haya producido de forma espontánea o con ayuda, por ejemplo, de un programa de evacuación".

No parece difícil defender que nos situamos ante un concepto jurídico indeterminado por cuanto cuantitativamente la "afluencia masiva" se identifica con "un número importante de personas desplazadas". Una definición "vaga y flexible" (Ineli-Ciger, 2023: 61) que, como apunta Nuria Arenas Hidalgo, lejos de constituir una anomalía es una decisión consciente de la Directiva (Arenas Hidalgo, 2022: 9).

En este sentido en la Propuesta de Directiva 2001/55[8] la Comisión excluye que pueda catalogarse de afluencia masiva una llegada gradual

el efecto de que se inicie la protección temporal (DOUE de 21.3.2022, C126 I/1). En esta Comunicación la Comisión ofrece orientaciones a los Estados miembros acerca de la aplicación de la Decisión 2022/382.

8. Propuesta de Directiva del Consejo relativa a unas normas mínimas para la concesión de protección temporal en caso de afluencia masiva de personas desplazadas y a medidas de fomento de un esfuerzo equitativo entre los Estados miembros para acoger a estas personas y asumir las consecuencias de di-

de personas. Algo que no podemos decir que ocurra en el caso del desplazamiento desde Ucrania puesto que se califican de significativas tanto el número de llegadas a la Unión como la velocidad en la que llegan las personas que huyen de Ucrania. Sin embargo, esta precisión no evita que estemos ante un concepto jurídico indeterminado por cuanto, en opinión de la propia Comisión, cuantificar a partir de qué cifra estamos ante un "flujo masivo" es imposible, salvo que se trate de cifras incontestables.

Como puede observarse, la Directiva 2001/55 renuncia a precisar cuándo la magnitud de un desplazamiento de personas puede ser catalogado de "flujo masivo" lo que significa que será el Consejo el que deberá, atendiendo a la casuística, fijar si el número de personas desplazadas es suficientemente importante como para ser considerado "flujo masivo" y justificar el dispositivo de protección temporal. A ello hay que añadir que, la Directiva 2001/55 además apuesta por una evaluación subjetiva que exige tomar en consideración otra serie de indicadores.

Es la Decisión 2022/382 la que por primera vez tras veinte años constata que existe una afluencia masiva de personas desplazadas a la Unión, lo que lleva a la activación de la protección temporal. En el artículo 1 dice: "Queda constatada la existencia de una afluencia masiva a la Unión de personas desplazadas que han tenido que abandonar Ucrania como consecuencia de un conflicto armado".[9]

Una situación de "afluencia masiva" que el Consejo sustenta sobre la base de una serie de cifras. La propia Decisión 2022/382, en su considerando 2, evidencia que desde que se iniciara la invasión rusa se ha producido

cha acogida. Exposición de Motivos, explicación al artículo 2.d) (COM (2000) 0303 final, CNS 2000/0127, DO C311, de 31 de octubre de 2000, Art. 2.d)).

9. El Consejo en la Decisión 2022/382 reitera en los mismos términos prácticamente lo que asevera la Comisión en la Propuesta de Decisión de Ejecución del Consejo.

la huida de miles de personas y a fecha de 1 de marzo de 2022 se cifra en 650.000 las personas desplazadas que han llegado a la Unión a través de Polonia, Eslovaquia, Hungría y Rumanía. Unas cifras que, como constata el propio Consejo, se calcula que aumentarán.[10] Así en el considerando 6 el Consejo afirma que: "Dependiendo de cómo evolucione el conflicto, sobre la base de las estimaciones actuales, es probable que la Unión se enfrente a un gran número de personas desplazadas debido al conflicto armado, posiblemente entre 2,5 millones y 6,5 millones, de las cuales se calcula que entre 1,2 millones y 3,2 millones solicitarán protección internacional. El Alto Comisionado de las Naciones Unidas para los Refugiados (ACNUR) estima que, en el peor de los casos, hasta 4 millones de personas podrían huir de Ucrania". La cuestión es que a fecha 25 de octubre de 2022 y según datos de ACNUR se habían registrado un total de 4.426.745 personas desplazadas.[11] Y a 7 de marzo de 2023, 8,108,448 millones de personas son las que están desplazadas desde Ucrania a Europa, y 4,890,639 han obtenido el estatuto de Protección temporal u otros estatutos de protección.[12] Así pues, no solo se han cumplido, sino que incluso se ha superado las cifras estimadas de la Decisión 2022/382.

10. Considerando 5 de la Decisión 2022/382. Estas cifras coinciden con las que aporta la Comisión que apunta que, en los primeros días de marzo de 2022, las personas desplazadas que llegan a la Unión superan los 650.000 y en tan solo 10 días los huidos de la guerra ascienden a un millón ochocientas mil personas (Comunicación de la Comisión por la que se proporcionan directrices operativas para la gestión de las fronteras exteriores a fin de facilitar el cruce de fronteras en las fronteras entre la UE y Ucrania (2022/C 104 I/01. Bruselas, 02.03.2022). Y Comunicación de la Comisión al Parlamento Europeo, al Consejo, al Comité Económico y Social Europeo y al Comité de las Regiones. Solidaridad europea con los refugiados y con quienes huyen de la guerra en Ucrania. (Estrasburgo, 8 de marzo 2022).

11. Datos que se pueden consultar en: https://data.unhcr.org/en/situations/ukraine. Recuperado el 12 de diciembre del 2024.

12. UNHCR, Operational Data Portal. "Ukraine refugee situation", 7 march 2023/ otra fuente para obtener datos de los desplazados es ACNUR. Regional Bureau for Europe. Ukraine Situation Flash Update 33, 21 october 2022.

En este sentido, es obvio que los números son, como señala Nuria Arenas Hidalgo, incontestables (2022: 9).

Ahora bien, no solo es el elemento de las cifras el que nos va a permitir etiquetar a una situación de "afluencia masiva" y, por ende, justificar la activación de la protección temporal. Es la causa que provoca el desplazamiento una de las claves tenidas en consideración tanto por la Comisión como por parte del Consejo. En opinión de la Comisión una situación podrá ser caracterizada como de "afluencia masiva" no solo por las cifras de desplazados sino también por la gravedad de la guerra y su proximidad con las fronteras exteriores de la Unión.[13] Y para el Consejo, como afirma en el considerando 16 de la Decisión 2022/382, ha sido determinante el carácter extraordinario y excepcional de la situación producida por dos motivos: la invasión militar por parte de la Federación rusa y la magnitud de la afluencia masiva.[14]

Llegados a este punto, se nos plantean dudas de por qué los datos de desplazados a causa de conflictos bélicos a la Unión en situaciones anteriores calificadas de crisis migratorias, como fue la sufrida en el año 2015, no se han considerado de la magnitud suficiente para catalogarlas de "afluencia masiva" y activar la Directiva 2001/55.[15]

De forma preliminar, podemos avanzar que todo apunta a que lo determinante en esta ocasión para que el Consejo adopte la Decisión 2022/382 ha sido que la invasión armada proviene de Rusia y la directa

Disponible en: https://data.unhcr.org/es/documents/details/96361. Recuperado el 4 de diciembre de 2024

13. Propuesta de Decisión de Ejecución del Consejo.

14. En semejantes términos se pronuncia la Comisión en la Propuesta de Decisión de Ejecución del Consejo (página 3).

15. Adviértase que el Tribunal de Justicia de la Unión ha caracterizado de "afluencia masiva de personas desplazadas" la crisis migratoria vivida por la Unión previa al gran éxodo provocado por la invasión de Ucrania (STJUE, de 6 de septiembre de 2017, República Eslovaca y Hungría contra Consejo (C-643/15 y C-647/15, ECLI:EU, C:2017:631) (TOL6.326.140).

implicación de tal invasión para la Unión. En la Decisión 2022/382 se subraya que el conflicto es consecuencia de la invasión militar rusa, no provocada e injustificada, que implica una grave violación del Derecho internacional y de los principios de la Carta de Naciones Unidas, y que busca socavar la estabilidad europea y mundial.[16] De modo que, probablemente, la Unión no hubiera activado la protección temporal si la invasión de Ucrania hubiera sido originada por otro país diferente a Rusia, siendo este razonamiento geopolítico el que justifica la activación de la Directiva 2001/55.

2.2. Otros indicadores para la aplicación de la Decisión 2022/382: especial referencia al ámbito de aplicación subjetivo

La Decisión 2022/382 justifica la activación de la Directiva 2001/55 en base, asimismo, a una serie de indicadores explicitados en los artículos 2.a), c) y d), 3.4), 7 y 28. En concreto: la definición de unos peligros específicos como causa última del desplazamiento; los requisitos geográficos y temporales; y el estatuto migratorio de quienes huyen de Ucrania son algunos de esos indicadores.

La Decisión 2022/382 reproduce el artículo 2.a) de la Directiva 2001/55 y establece como criterio que justifica la activación de la protección temporal, *en especial*, que el sistema de asilo corra el riesgo de no poder gestionar este flujo de personas sin efectos contrarios a su buen funcionamiento, al interés de las personas afectadas y al de las otras personas que soliciten protección. Si bien hay que tener en cuenta que no existe una absoluta relación de causalidad entre la activación de la protección temporal y los efectos contrarios al buen funcionamiento del sistema de asilo puesto que esa activación se dará "en especial" en estos casos de efectos adversos.

Por su parte los requisitos geográficos y temporales vienen delimitados en el artículo 2 de la Decisión 2022/382. Respecto al espacio

16. Considerandos 1, 2, 3 y 5 de la Decisión 2022/382.

geográfico la protección alcanza, en consonancia con lo previsto en la Directiva 2001/55,[17] a una serie de colectivos o categorías de personas desplazadas desde territorio ucraniano a la Unión.[18] El concepto de persona desplazada exige que la salida se produzca a un país de la Unión desde un país concreto o zona geográfica determinada, excluyendo las situaciones de desplazamientos de personas provenientes de diferentes países. Con relación al indicador temporal, la Decisión 2022/382 especifica que podrán beneficiarse de la protección que dispensa la Directiva 2001/55 las personas desplazadas a partir del 24 de febrero de 2022 a raíz de la invasión militar de las fuerzas armadas rusas en esa fecha.[19]

Corresponde ahora analizar quiénes son los colectivos de personas beneficiarias de la protección temporal que es el elemento que mayores críticas ha generado por parte de ciertos sectores doctrinales. La Decisión 2022/382 especifica en su artículo 2 a quiénes se les aplicará la protección temporal. En general,[20] se refiere a:

Primero. Nacionales ucranianos que residieran en Ucrania antes del 24 de febrero de 2022.[21]

Segundo. Apátridas y nacionales de terceros países distintos a Ucrania que gozaran de una protección internacional o de una "protección

17. Artículo 2.c) de la Directiva 2001/55.
18. Artículo 2.1 de la Decisión 2022/382.
19. Artículo 2.1 de la Decisión 2022/382.
20. Téngase en cuenta que los Estados pueden decidir aplicar la Decisión 2022/382 a aquellas personas desplazadas por las mismas razones y desde el mismo lugar de procedencia identificado por la propia Decisión 2022/382, si residieran legalmente en Ucrania y no pudieran regresar a su país o región de origen. Nos situamos ante una categoría residual que podría abarcar, por ejemplo, a nacionales de terceros Estados que se encuentren trabajando o estudiando en Ucrania por un periodo breve de estancia en el momento de la invasión.
21. Art. 2.1.a) de la Decisión 2022/382.

nacional equivalente" en Ucrania antes del 24 de febrero de 2022.[22] Téngase en cuenta respecto a este segundo grupo de personas las siguientes cuestiones: por un lado, la Propuesta de Decisión de Ejecución del Consejo incluía a las personas refugiadas o con protección equivalente dentro del conjunto de nacionales de terceros países residentes legales en Ucrania. Con esta previsión, como constata acertadamente Arenas Hidalgo, se da respuesta a la voluntad de la Comisión de conceder la misma protección a todos sin distinción (2022: 15). En cambio, en la Decisión 2022/382 la protección alcanza a las personas residentes en Ucrania que huyen por los mismos motivos que los nacionales, pero permite que sea el Estado miembro quien decida si le otorga la protección de la Decisión o bien otra protección adecuada a su Derecho interno; por otro lado, si bien la Propuesta de Decisión de Ejecución del Consejo incluía a los solicitantes de asilo, esta categoría de personas queda fuera del ámbito de aplicación personal de la Decisión 2022/382.

Tercero: Apátridas y nacionales de terceros países distintos de Ucrania, que demuestren la residencia legal en Ucrania, antes del 24 de febrero de 2022, con un permiso de residencia permanente válido expedido de conformidad con el Derecho ucraniano, siempre que estas personas no puedan regresar a su país o región de origen en condiciones seguras y duraderas.[23] A esta categoría de personas la Decisión 2022/382 exige que se les otorgue protección, pero abre la posibilidad en su artículo 2.2 para que sean los Estados miembros los que decidan si esta debe ser la que resulta de la aplicación de la Decisión o "una protección adecuada en virtud del Derecho interno". Como puede observarse,

22. Art. 2.1.b) de la Decisión 2022/382.

23. Artículo 2.2 de la Decisión 2022/382 y artículo 2.1.b) de la Propuesta de Decisión de Ejecución del Consejo. Esclarecedoras resultan en este sentido, asimismo, las directrices operativas dictadas por la Comisión el 21 de marzo de 2022 en donde se explicita que la residencia legal en Ucrania antes del 24 de febrero de 2022 se constata "(...) sobre la base de un permiso de residencia permanente válido expedido de conformidad con el Derecho ucraniano y que no puedan regresar a su país (de origen) o región de origen (dentro de su país) en condiciones seguras y duraderas".

la Decisión 2022/382, exige demostrar la residencia legal con un permiso de residencia "permanente" válido, cerrándose así la puerta a la protección temporal a las personas con permiso de residencia temporal y a las que vivieren en Ucrania en situación administrativa irregular.

Y, además, la Propuesta de Decisión de Ejecución del Consejo no exige para esta categoría de personas el requisito de no poder regresar a su país o región de origen en condiciones seguras o duraderas. Sin embargo, este último requisito para la Comisión, sí que resulta exigible si los nacionales de terceros países o apátridas residen legalmente de forma duradera en Ucrania. Debemos entender que estamos ante un "concepto *sui generis* de la Directiva" que alude "(...) específicamente a las situaciones de conflicto armado o de violencia permanente y al peligro grave de verse expuestos a una violación sistemática o generalizada de los derechos humanos en el país de origen" (Comunicado de la Comisión relativa a la Decisión de Ejecución 2022/382).[24]

En todo caso, esta exigencia de la imposibilidad de regresar de forma segura y duradera al país o región de origen deja un importante margen de discrecionalidad a los Estados a la hora de decidir sobre la aplicación o no de la protección temporal. Una previsión que a nuestro modo de entender justifica que surjan dudas razonables de si la seguridad y durabilidad del retorno se examina adecuadamente en cada caso particular sin que se incurra en tratamientos

24. Directrices operativas dictadas por la Comisión el 21 de marzo de 2022. En concreto, para la Comisión "un riesgo evidente para la seguridad de la persona afectada, situaciones de conflicto armado o de violencia permanente, riesgos documentados de persecución u otras penas o tratos inhumanos o degradantes" son algunas de las situaciones que imposibilitan el regreso en condiciones seguras. Y por su parte, se entiende el regreso duradero cuando la persona puede "poder disfrutar en su país o región de origen de derechos activos, que le permitan espera que se atiendan a sus necesidades básicas en su país o región de origen, así como la posibilidad de reintegrarse en la sociedad".

discriminatorios en función de la nacionalidad de quien solicita la protección.

Cuarto. Otras personas, incluidas las apátridas y nacionales de terceros países distintos de Ucrania, que residan legalmente en Ucrania siempre que estas personas no puedan regresar a su país o región de origen en condiciones seguras y duraderas.[25]

Y quinto. Miembros de las familias de los ucranianos residentes en Ucrania antes del 24 de febrero de 2022 o de los apátridas y nacionales de terceros países distintos de Ucrania que gozaran de protección internacional o de una protección nacional equivalente en Ucrania también con carácter previo a la fecha ya indicada.[26] Esta previsión pretende proteger la unidad familiar y evitar que existan estatutos diferentes entre las personas que pertenezcan a una misma familia.[27]

Como puede apreciarse, la Decisión 2022/382 establece diferenciaciones según la situación del colectivo que se encuentre en Ucrania a 24 de febrero de 2022. Un tratamiento diferente que tiene su razón de ser en el origen nacional o estatus migratorio de la persona a la que se le reconoce la protección temporal y que no encuentra base jurídica en la Directiva 2001/55 que no establece diferenciaciones a este respecto. Resulta revelador que a finales de 2022 las personas de nacionalidad ucraniana supongan más del 95% de las personas registradas en el sistema de protección temporal.[28]

25. Véase artículo 2.3 de la Decisión 2022/382. En este caso la Decisión no exige que la residencia en Ucrania deba ser anterior al 24 de febrero de 2022.

26. Artículo 2.1.c) de la Decisión 2022/382.

27. Así lo manifiesta expresamente la Comisión en la Comunicación relativa a las directrices operativas para la aplicación de la Decisión 2022/382 de 21 de marzo de 2022.

28. Datos extraídos de la Agencia de Asilo de la Unión Europea.

3. La activación de la Directiva 2001/55: ¿Solidaridad o discriminación racial?

En numerosas ocasiones el Consejo alude a la presión migratoria a la que va a someterse a la Unión como consecuencia de la invasión de Ucrania por parte de Rusia para justificar la adopción de la Decisión 2022/382. Ahora bien, es evidente que la presión migratoria sobre la Unión es casi una constante que se produce por los movimientos de personas que traen su causa en diversas razones y a veces, como en esta ocasión, en razones de índole bélica. Es más, podría sostenerse que los flujos migratorios hacia la Unión en volúmenes que permiten hablar de presión migratoria, especialmente para los países que constituyen la puerta de entrada a Europa, es un fenómeno que se ha cronificado como lo demuestra la declaración por parte de Italia del estado de emergencia en 2023 o el aumento de solicitudes de demandantes de asilo desde el año 2021.[29]

Entonces las preguntas que cabe formularnos son las siguientes: ¿cuál es la nota diferencial o el "detonante" que permite justificar en este caso la activación de la protección temporal para los desplazados con ocasión de la invasión militar de Ucrania por parte de Rusia el 24 de febrero de 2022?; ¿existe en este caso una justificación legítima para activar la protección temporal? En las siguientes páginas intentaremos responder a las preguntas formuladas analizando la justificación utilizada en la Decisión 2022/382 para activar la Directiva 2001/55.

29. Si atendemos a datos aportados por Eurostat, y solo a modo de ejemplo, Alemania en el año 2021 ha aumentado respecto al 2002 en un 36% el número de solicitantes de asilo, en el caso de Francia el aumento ha sido del 23% y en el caso de Austria el incremento respecto al 2020 ha sido del 62%.

3.1. La proximidad geográfica como argumento justificativo de la activación de la protección temporal

Se plantean dudas razonables por el hecho de que solo se haya activado la protección temporal prevista en la Directiva 2001/55 para el caso de los desplazados de Ucrania cuando la mencionada Directiva no incluye ningún tipo de restricción geográfica. Resulta muy claro en este sentido el Consejo Económico y Social Europeo quien, en su dictamen a la Propuesta de Decisión de Ejecución del Consejo, llama la atención sobre el hecho de que la Directiva 2001/55 no debe operar como una "Directiva Balcanes", sino que debe ser utilizada como un instrumento geográfica e históricamente neutro cuando se compruebe su necesidad.[30] La mencionada neutralidad, a nuestro modo de entender, no se ha respetado.

La Decisión 2022/382 utiliza como argumento justificativo el hecho de que la invasión rusa sobre Ucrania "(...) busca socavar la seguridad y la estabilidad europea y mundial". En última instancia este debilitar o puesta en peligro de la seguridad y estabilidad europeas justifica la activación de la protección temporal por la proximidad geográfica de Ucrania. Sirven para justificar la precedente afirmación el hecho de que la guerra en Oriente Medio – en concreto en Siria– también tiene sus repercusiones en la Unión Europea por su situación geoestratégica y también puede afectar a la estabilidad europeas y mundiales, lo que sin embargo no ha servido para legitimar la activación de la protección temporal. Sobre este particular se pronuncia Joanne Van Selm quien

30. Dictamen del Comité Económico y Social sobre la "Propuesta de Directiva del Consejo relativa a unas normas mínimas para la concesión de protección temporal en caso de afluencia masiva de personas desplazadas y a medidas de un fomento equitativo entre los Estados Miembros para acoger a estas personas y asumir las consecuencias de dicha acogida" (DOCE núm. C155, de 29.05.2001, parágrafo 2.2., pág. 24). No olvidemos que la Directiva 2001/55 fue diseñada en su origen para dar respuesta al desplazamiento forzado tras la guerra de Kosovo de la década de los noventa.

sostiene que la protección temporal no se activó en el caso de los desplazados de Siria en el año 2015 porque la Unión no es un vecino directo de Siria, una justificación que le sirve para legitimar el argumento de la proximidad geográfica de Ucrania (2022). Así, toma peso el argumento de que es la proximidad geográfica de Ucrania y el temor de los países vecinos de verse "salpicados" por la guerra lo que justifica la activación de la protección temporal.

Así pues, el Consejo en la Decisión 2022/382 justifica la activación de la protección temporal sobre la base de la proximidad de la guerra con las fronteras exteriores de la Unión que pone en riesgo la seguridad y estabilidad europeas. Una justificación que no compartimos, puesto que convenimos con Arenas Hidalgo en que la voluntad del dispositivo de la protección temporal no es atender solo a crisis de desplazamiento producidas en vecinos directos de la Unión. Tal y como defiende esta autora el argumento de la proximidad carece de base jurídica en la normativa y por ello resulta discriminatorio, en función del origen de la persona desplazada, y contrario a las obligaciones europeas e internacionales (2022: 9). Una forma de discriminación que ha sido calificada de discriminación institucionalizada (Carrera *et al.*, 2023: 45) y de racismo (Bueno y Van, 2022).

La exigencia que contempla la Decisión 2022/382 de que la afluencia masiva provenga de un país próximo geográficamente a la Unión, constituye una reformulación del supuesto que habilita activar la protección temporal que lleva implícito de forma oculta algo más; a saber, la proximidad o cercanía cultural de los desplazados. En efecto, tras el requisito de la proximidad geográfica se oculta la voluntad de proteger a unas personas que tienen una conexión cultural con los ciudadanos europeos. Y esto implica introducir un elemento que no se prevé en la Directiva 2001/55. Merece la pena destacar en este momento que: en el caso de la afluencia de desplazados de Libia en 2011 se trata de un país con una población mayoritariamente árabe en el que más del 90% profesa el islam, siendo el cristianismo junto con el budismo totalmente residual; en el caso de Siria se da la circunstancia de que aunque su población presenta una gran diversidad étnica esta está mayoritariamente integrada por árabes musulmanes; y en el caso de África aun estando próxima a ciertos países que conforman la frontera Sur de la Unión se trata de un país en el que si bien no está tan erradicado el islamismo la componen población mayoritariamente negra. Estos datos nos inducen a pensar que la inmigración árabe que profesa la religión islámica y la inmigración africana negra resultan, como se ha señalado en varias ocasiones, más difíciles de asimilar a la "cultura europea".

En suma, esta exigencia de la proximidad geográfica no resulta neutral en su aplicación puesto que trae como resultado que la protección se despliega sobre desplazados europeos que responden a una "tipología" de refugiado diferente al que, hasta este momento, llega desde diferentes países o zonas geográficas a la Unión Europea. Sirven para corroborar la precedente afirmación las palabras del primer ministro búlgaro, Kiril Petkov, quien refiriéndose a los ucranianos afirma que "no son los refugiados a los que estamos acostumbrados (...) estas personas son europeos (...) Estas personas son inteligentes, son personas educadas. Esta no es una ola de refugiados a la que estamos acostumbrados" (Garcés Mascareñas, 2022: p.1) a lo que añade que la Unión está lista para dar la bienvenida a los ucranianos sobre el argumento de ser europeos. Como puede observarse, se parte de una idea estereotipada del desplazado ucraniano que por el hecho de ser europeo permite categorizarlo como si fueran personas con unas determinadas características– personas educadas e inteligentes–, que parece no pueden ser atribuibles a sirios, libios o africanos. Esta diferenciación entre colectivos de personas europeas y no europeas que construye en el imaginario social la idea de que los europeos tienen determinadas características "positivas" que no tienen las personas que no son europeas y a las que la Unión les ha negado la protección temporal no tiene, a nuestro modo de ver, ninguna justificación objetiva y solo está basada en la estereotipación que conlleva estigmatizar a quien no comparte la "cultura europea". Así, a pesar de la proximidad geográfica de otros países de donde también ha habido desplazamientos de personas hacia la Unión en busca de asilo, en esos casos se ha "demonizado" la imagen del refugiado africano o árabe considerándolos, "extraños cercanos" (Bauman, 2055:89) mientras que los que huyen de Ucrania serán "cercanos" pero no así "extraños". Y en nuestra opinión, la cercanía geográfica unida a una "proximidad" o identificación racial y cultural como exigencias para justificar la activación de la protección temporal en el caso de Ucrania resulta discriminatoria. Recordemos que, como ya hemos señalado, tras esa cercanía geográfica se esconde el argumento para no acoger en la Unión a desplazados que no comparten el color de la piel o la religión católica que profesan mayoritariamente los europeos por considerarlos extraños y alejados de la "cultura europea".

3.2. La nacionalidad ucraniana o el estatus migratorio de las personas desplazadas de Ucrania como justificación de la activación de la protección temporal

Resulta claro que la Decisión 2022/382 activa la protección temporal para el caso de personas que se desplacen desde Ucrania o procedentes de Ucrania. Y, tal y como hemos analizado, esa protección alcanza a las personas con nacionalidad ucraniana y a quienes no siendo ucranianos disfrutan de un determinado estatus migratorio.

La Decisión 2022/382, en particular respecto a los ucranianos, utiliza la siguiente argumentación fundamentada en la nacionalidad para justificar el despliegue de la protección temporal. En el considerando 6 se dice que el estatus migratorio –exención de estar en posesión de un visado para estancias de corta duración– que se le reconoce a una persona por ser de nacionalidad ucraniana permite prever que en la mitad de los casos estas personas se reunirán con familiares que ya están en países de la Unión o que buscarán empleo. Y en el considerando 16 se añade que los ucranianos debido a su nacionalidad podrán elegir el Estado miembro en el que disfrutar de los derechos vinculados a la protección temporal y reunirse con sus familias o amigos. Una circunstancia que sirve al Consejo para justificar que habrá un reparto equitativo de ucranianos entre los Estados de la Unión lo que permitirá reducir la presión sobre los sistemas de acogida nacionales.

Ahora bien, el Consejo con relación a las personas que no ostentan la nacionalidad ucraniana ha decidido excluir a determinados colectivos de personas que estaban en Ucrania cuando se produce la invasión rusa. Esta aplicación restrictiva por la que opta el Consejo parece no encontrar respaldo en la Directiva 2001/55 puesto que tras definir el concepto de "personas desplazadas" en su artículo 2.c) determina en qué ha de basarse la decisión del Consejo una vez que este constate que estamos ante una situación catalogable como de "afluencia masiva". La Decisión del Consejo se basará en a) el examen de la situación y la magnitud de los movimientos de personas desplazadas; b) la valoración de la conveniencia de establecer la protección temporal, teniendo en cuenta las posibilidades de ayuda de urgencia y de acciones *in situ* o su insuficiencia; c) la información comunicada por los Estados miembros, la Comisión, el ACNUR y otras organizaciones internacionales pertinentes.

Así pues, la cuestión que surge a este respecto es porqué el Consejo una vez constatada la existencia de una "afluencia masiva" de personas desplazadas y una vez adoptada la Decisión 2022/382 en base a lo que le exige la Directiva 2001/55 decide excluir a determinadas categorías de personas.

La cuestión que deberemos despejar es si con esta exclusión de determinados colectivos de personas que se encuentran en Ucrania cuando "estalla" la guerra se está otorgando un tratamiento discriminatorio a algunas personas por su origen étnico o por su estatus migratorio lo que no casaría con las obligaciones derivadas del Derecho Internacional sobre no discriminación por motivos de identidad racial. Y todo parece indicar que sí puesto que bajo el paraguas del argumento de no tensionar los sistemas de acogida nacionales se está excluyendo a ciertos colectivos de personas bien por su nacionalidad– no ser ucranianos– o bien por su estatus migratorio para el caso de los no ucranianos. En el caso de los no ucranianos el estatus migratorio es el criterio utilizado para diferenciar, excluyéndose de la protección temporal a las siguientes categorías de personas: los solicitantes de asilo, los refugiados o personas con protección equivalente; y asimismo a los nacionales de terceros Estados que se hallen en Ucrania de manera temporal o se encuentren en situación de irregularidad administrativa.

No resultan pocas las voces que, desde diversos ámbitos, sostienen que estamos ante un supuesto de discriminación racial. Por un lado, tanto la Agencia Aljazeera como la Unión Africana han denunciado incidentes de rechazo y trato discriminatorio hacia estudiantes africanos cuando trataban de huir de Ucrania.[31]

Por otro lado, el Grupo de Trabajo de Expertos sobre los Afrodescendientes, la Relatora Especial sobre las formas contemporáneas

31. Unión Africana, Statement of the African Union on the reported ill treatment of Africans trying to leave Ukraine, February 28, 2022. Este tratamiento discriminatorio sufrido por las personas de ascendencia africana que intentan huir de Ucrania también ha sido evidenciado por la Relatora Especial sobre formas contemporáneas de racismo, discriminación racial, xenofobia y otras formas conexas de intolerancia en la declaración emitida el 3 de marzo de 2022 (OHCHR, Tendayi Achiume, Special Rapporteur on contemporary forms of racism, racial discrimination, xenophobia and related intolerance. Application of the International Convention on the Elimination of All Forms of Racial Discrimination, 3 March 2022).
También resulta de interés resaltar que las personas africanas y afrodescendientes han sido mencionadas de forma expresa como víctimas de racismo, de discriminación racial, xenofobia y otras formas conexas de intolerancia en el marco de la Declaración de la Conferencia Mundial contra el racismo, la discriminación racial, la xenofobia y las formas conexas de intolerancia de 2001 y del Programa de Acción de Durban que lo acompaña (Informe realizado por el Instituto de Derechos Humanos "Bartolomé de las Casas" titulado "Análisis sobre las normas y recomendaciones de las organizaciones internacionales, regionales y de la Unión Europea en materia de lucha contra la discriminación hacia la población migrante, el racismo y la xenofobia", Madrid, 2022: 20).

de racismo, discriminación racial, xenofobia y formas conexas de intolerancia, y el Relator Especial sobre los Derechos Humanos de los Migrantes de Naciones Unidas han denunciado que la Decisión 2022/382 es atentatoria de la prohibición de discriminación racial.[32] En particular, en la declaración conjunta adoptada el 3 de marzo de 2022 y con relación al tratamiento del que están siendo objeto los afrodescendientes que intentan huir de Ucrania aseveran que se está vulnerando la prohibición de discriminación racial. Y en términos semejantes apunta la Alta Comisionada de Naciones Unidas para los Derechos Humanos.[33] Parece por tanto que hay constancia de que, este tratamiento diferenciado al que fueron sometidas algunas personas no ucranianas en la frontera polaca a los días posteriores de la invasión de Ucrania resulta discriminatorio.

La Red Europea contra el Racismo, igualmente, manifiesta que la activación de la protección temporal en este supuesto que estamos analizando, tras más de veinte años de vigencia y cuando ya se consideraba obsoleta, resulta discriminatoria. En concreto afirma que la declaración de invocar la Directiva de protección temporal es histórica, y, sin embargo, decepcionante porque todavía aplica un doble rasero racista que impide a los no ucranianos tener la misma protección legal.

Asimismo, en la doctrina encontramos apoyo para sustentar que estamos ante un supuesto de discriminación racial. Como se ha señalado, está

32. Comunicado conjunto emitido el 3 de marzo de 2022. Disponible en: https://www.ohchr.org/en/press-releases/2022/03/ukraine-un-experts-concerned-reports-discrimination-againts-people-african. Recuperado el 12 de diciembre de 2024.

33. NNUU. Alta Comisionada de NNUU para los Derechos Humanos. Debate urgente sobre la situación de derechos humanos en Ucrania a resultas de la agresión por parte de Rusia, 49º período de sesiones del Consejo de Derechos Humanos de 3 de marzo de 2022. Puede consultarse en: https://www.ohchr.org/es/statements/2002/03/ukraine-high-commissioner-cites-new-and-dangerous-threats-human-rights. Recuperado el 12 de diciembre de 2024.

documentado el trato discriminatorio y xenófobo. Blanca Garcés Mascareñas tras enfatizar que los ucranianos han sido tradicionalmente migrantes económicos deseados por la Unión, sostiene que existe un tratamiento diferenciado entre los ciudadanos europeos que califica de discriminatorio (2022: 1-3). Y recordemos que, tal y como ya se ha constatado, "(...) cualquier forma directa o indirecta de discriminación y (apariencia de) racismo hacia los solicitantes de asilo y refugiados no europeos, es contraria al Estado de derecho y a los principios consagrados en el artículo 2 del TUE" (Gortázar Rotaeche, 2023: 351). En la misma dirección se alinean las palabras de Arenas Hidalgo quien en clara alusión a la Decisión 2022/382 sostiene que: "La inseguridad jurídica que proyecta la Decisión, con relación a las obligaciones de los EMs hacia los nacionales de terceros países no ucranianos cabe, esperar que dé lugar a medidas incoherentes y a potenciales enfoques nacionales discriminatorios" (2022: 17).[34] Asimismo, resulta claro y contundente el parecer de Meltem Ineli-Ciger para quien la razón de la activación de la Directiva 2001/55 por unanimidad radica en que Ucrania es un país europeo y los ucranianos son europeos cristianos blancos (2023: 83). En suma, las personas no blancas que trataron de huir de Ucrania han sido objeto de un tratamiento que ha sido calificado de diferenciado, vergonzoso e inaceptable, lo que nos sitúa ante un "racismo deshumanizante" (Kostakopoulou, 2022: 437).

34. Según la información aportada por el Consejo Europeo de Refugiados y Exilados (ECRE) a fecha 31 de mayo de 2022, existe una gran disparidad en la lectura que por parte de los Estados miembros se realiza de la interpretación del ámbito de aplicación subjetivo de la Decisión 2022/382. Avalan la precedente afirmación el hecho de que hay un grupo de países que extienden la protección temporal a personas no ucranianas (además de España, esto ocurre en Alemania, Bulgaria, Croacia, Finlandia, Francia, Letonia, Luxemburgo, Países Bajos y Portugal), otros han considerado que cabe extender la protección incluso a quienes huyen de Ucrania desde el 24 de noviembre de 2021 (sería el caso de Bélgica), y un tercer grupo aplica el dispositivo solo a nacionales ucranianos y, de entre las personas nacionales de terceros países, solo a las beneficiarias de protección internacional (esta es la posición de Grecia o Estonia) (ECRE. Information Sheet. Measures in response to the arrival of displaced people fleeing the war in Ukraine, 31 de mayo de 2022).

Por el contrario, son muy pocos los que defienden que este tratamiento diferenciado no puede ser catalogable de discriminación racial. En esta dirección parece apuntar, por ejemplo, Achilles Skordas para quien el tratamiento otorgado a las personas de ascendencia africana en comparación con el dispensado a otros nacionales blancos de terceros países que huyen de Ucrania puede vulnerar el artículo 3 del CEDH pero no puede tildarse de "discriminación racial a menos que existan patrones claros de discriminación sobre la base de características protegidas" (2023: 423). Para el autor parece ser que no existe fundamento, ni en hechos ni en normas, que justifiquen las acusaciones de racismo institucional contra el tratamiento otorgado hacia ciertas personas que huyen de Ucrania. Como puede observarse la academia, pero también Organismos no gubernamentales y diferentes agencias internacionales han mostrado su preocupación por prácticas discriminatorias contra ciertos colectivos de personas que, al igual que los ucranianos, pretenden huir de Ucrania cuando se produce la invasión rusa.

Así las cosas, todo parece apuntar a que la Decisión 2022/382 constituye un ejemplo de discriminación por origen nacional y posible racismo institucionalizado por lo que respecta a la garantía del asilo y la protección de los derechos humanos en Europa. Sirve para fundamentar la precedente afirmación el hecho de que conforme a la Recomendación General número 30 del Comité para la Eliminación de la Discriminación Racial "el trato diferenciado basado en la nacionalidad o el estatus migratorio constituirá discriminación si los criterios para tal diferenciación, juzgada a la luz de los objetivos y propósitos de la Convención, no lo son en virtud de un objetivo legítimo y proporcional a la consecución de este objetivo".[35] Y es que, por ejemplo, las "facilidades" de los ucranianos para buscar empleo o las posibilidades de reunirse con familiares que ya se encuentran en la Unión de forma equitativa entre los Estados no nos parece

35. Recomendación General número 30 (ex Recomendación General número XXX) del Comité para la Eliminación de la Discriminación Racial. 65° período de sesiones (2005) sobre la discriminación contra los no ciudadanos, párrafo 4.

que sirva para justificar la diferenciación que la Directiva 2022/382 realiza para otorgar la protección temporal en aras a la nacionalidad o estatus migratorio. Y resulta evidente que la categorización de las personas en base a la nacionalidad o su estatus migratorio en Ucrania genera desigualdad y oportunidades diferenciadas entre colectivos que ponen en tela de juicio la falta de neutralidad de la Decisión 2022/382. Y ello porque esa diferenciación se fundamenta en una estereotipación que permite construir tipos de personas que, por ser de una nacionalidad, –la ucraniana–, o disponer de un determinado estatus migratorio cumplen con unas condiciones que permiten englobarlos en determinadas categorías de migrantes o perfiles de desplazados que, por ejemplo, van a buscar más fácilmente empleo o va a ser más fácil su retorno al país de origen.

4. A modo de epílogo

No se discute la bondad de la Decisión del Consejo 2022/382. La anterior afirmación se basa en que la Directiva 2001/55 debe ser un ejemplo a seguir, principalmente, para sentar las bases de un modelo de solidaridad efectivo en la Unión. Ahora bien, ello no significa que esta Decisión no tenga aspectos que resultan criticables. Es más no son pocas las sombras que plantea la Decisión 2022/382. Y principalmente estas apuntan en una doble dirección: porqué se ha activado la protección temporal en el caso del conflicto en Ucrania y no en casos en los que el conflicto tiene lugar en países que quedan fuera de la órbita europea como es el caso de Siria; y porqué se han excluido del ámbito de protección subjetivo de la Decisión 2022/382 a ciertas categorías de personas.

Los argumentos que han justificado la respuesta a esta crisis de refugiados provenientes de Ucrania son que en esta ocasión los flujos de personas que solicitan la protección llegan de Europa y su origen racial. Se ha otorgado un trato diferenciado a determinados colectivos que, igual que los ucranianos y que por las mismas razones, huyen de la misma zona del conflicto armado, y este tratamiento diferenciado solo encuentra fundamento en la pertenencia a un determinado grupo o colectivo puesto que no hay evidencias que permitan justificar esta diferenciación en otras causas, algo que podría incluso tildarse de arbitrario. La protección temporal diferenciada para determinados grupos de nacionales en atención a su origen étnico o afinidades culturales, a nuestro entender, constituye una posible discriminación racial estructural o una "solidaridad sistémica desigual" (Carrera *et al.*, 2023: 4).

Nadie discute e incluso merece ser aplaudida la ola de solidaridad que ha provocado la invasión de Rusia sobre Ucrania por parte de la Unión; ahora bien, resulta criticable la diferenciación de trato en la acogida por parte de la Unión de refugiados que no son europeos y que no comparten "nuestra" cultura o religión.

No solo es la proximidad geográfica de Ucrania el elemento diferenciador entre esta y otras situaciones de crisis ya vividas en la Unión. A esa proximidad geográfica o, precisamente, de esa proximidad geográfica se deriva o se preconcibe que los desplazados ucranianos y desplazados desde Ucrania son un tipo de persona "asimilable" al europeo y es esto lo que resulta discriminatorio.

La justificación del tratamiento diferenciador está justificada por prejuicios raciales y religiosos lo que provoca la estigmatización en función del origen étnico o la colectividad a la que pertenecen ciertas personas. Esto es lo que subyace cuando se afirma que la Directiva 2022/382 ha permitido ofrecer protección a un tipo de refugiado o a un refugiado europeo al que hasta ahora no estábamos acostumbrados. En suma, cuando la justificación del tratamiento diferenciado, como ocurre en este caso, se basa en motivos de componente identitario todo apunta a que estamos ante un tratamiento discriminatorio.

Para terminar, conviene apuntar la idea de la necesidad de apostar por un replanteamiento del modelo de solidaridad en la Unión para construir una solidaridad global basada en el respeto de los Derechos Humanos con un enfoque ético centrado en la persona.

5. Referencias bibliográficas

Abu-warda, Najib (2020). "La política de la Unión Europea en Oriente Medio, historia y actualidad". *Revista Iberoamericana de Filosofía, Política y Humanidades*, 22, núm. 45, pp. 499-526, 2020.

Arango, Joaquín, Mahía, Ramón, Moya, David y Sánchez-Montijano, Elena (2016). "El año de los refugiados". *Anuario CIDOB de la Inmigración 2015-2016 (nueva época)*, Barcelona, 12-26.

Arenas Hidalgo, Nuria (2022). "La primera activación de la Directiva 2001/55/CE, entre los límites restrictivos de su ámbito de aplicación personal y las bondades de su modelo de solidaridad interestatal en la acogida de personas desplazadas desde Ucrania". *Revista Europea de Estudios Internacionales*, 44,1-32.

Bauman, Zygmunt (2005) *Vidas desperdiciadas. La modernidad y sus parias.* Buenos Aires: Paidós.

Butler, Judith (2012). "Precarious life, vulnerability and the ethics of cohabitation". *The Journal of Speculative Philosophy*, 26 (2),134-151.

Bueno Lacy, Rodrigo y Van Houtom, Henk (2022). "The proximity Trap: How Geography is Misused in the Different Treatment of Ukrainian Refugees to Hide for the Underlying Global Apartheid in the European Border Regime". Forum, ASILE. Global Asylum Governance and the European Union's Role Project. https://www.asileproject.eu/the-proximity-trap-how-geography-is-misused-in-the-differential-treatment-of-ukrainian-refugees-to-hide-for-the-underlying-global-apartheid-in-the-european-border-regime/ Recuperado el 4 de diciembre de 2024.

Carrera, Sergio, Ineli-Ciger, Meltem, Vosyliute, Lina y Brumat, Leiza (2023). "The EU grants Temporary Protection for People fleeing war in Ukraine. Time to rethink unequal solidarity in EU asylum policy". En Sergio Carrera y Meltem Ineli-Ciger (eds.). *EU Responses to the Large-Scale Refugee Displacement from Ukraine: An Analysis on the Temporary Protection Directive and Its Implications for the Future EU Asylum Policy* (pp. 2-59). Florence: European University Institute.

Dhif, Kamel (2022). *Todos los refugiados huyen de una guerra, no entiendo la diferencia.* Swissinfo.ch https://www.swissinfo.ch/spa/sociedad/no-entiendo-la-diferencia-todos-huyen-de-una-guerra/47555782

Garcés Mascareñas, Blanca (2022). "Por qué esta crisis de refugiados es distinta". *CIDOB*, 708, 1-3.

Ghidoni, Elena y Morondo Taramundi, Dolores (2022). "El papel de los estereotipos en las formas de la desigualdad compleja: algunos apuntes desde la teoría feminista del derecho antidiscriminatorio". *Discusiones*, 28, 37-70.

Gortázar Rotaeche, Cristina (2023). "La respuesta de la UE ante los refugiados de Ucrania: ¿Excepción puntual o cambio de perspectiva?". *Cuadernos Electrónicos de Filosofía del Derecho,* 49, 339-352.

Ineli-Ciger, Meltem (2015). "Has the Temporary Protection Directive Become Obsolete? An Examination of the Directive and Its Lack of Implementation in view of the Recent Asylum Crisis in the Mediterranean". En Céline Bauloz, Melte

Ineli-Ciger, Sarah Singer y Vladislava Stoyanova (Eds.), *Seeking Asylum in the European Union: Selected Protection Issues Raised by the Second Phase of the Common European Asylum System* (pp. 223-246). Bristol: Brill Academia Publishers.

Ineli-Ciger, Meltem (2023). "Reasons for the activation of teh temporary protection Directive in 2022: a tale of double standars". En Sergio Carrera y Meltem Ineli-Ciger (eds.). *EU Responses to the Large-Scale Refugee Displacement from Ukraine: An Analysis on the Temporary Protection Directive and Its Implications for the Future EU Asylum Policy* (pp. 59-86). Florence: European University Institute.

Kostakopoulou, Dora (2022). "Temporary Protection and EU Solidarity: Reflecting on European Racism". En Sergio Carrera y Meltem Ineli-Ciger (eds.). *EU Responses to the Large-Scale Refugee Displacement from Ukraine: An Analysis on the Temporary Protection Directive and Its Implications for the Future EU Asylum Policy* (pp. 436-446). Florence: European University Institute.

Morondo Taramundi, Dolores (2023). "Los estereotipos como mecanismos de desigualdad y alienación: un análisis desde el Derecho antidiscriminatorio". *Oñati Socio-Legal Series*, 13(2), 710-729.

Olesti Rayo, Andreu (2016). "La crisis migratoria y la reinstauración de los controles en las fronteras interiores del espacio Schengen". *Revista Española de Derecho Internacional*, 68 (1), 243-247.

Porras Ramírez, José M. (2022). “La crisis de Ucrania. La aplicación de la Directiva de protección temporal de los desplazados, en caso de afluencia masiva, y el reconocimiento inmediato de derechos a los inmigrantes: ¿un progreso en la política migratoria común de la Unión Europea?”. *La Ley Unión Europea*, 106.

Skordas, Achilles (2023). “Temporary Protection and European Racism”. En Sergio Carrera y Meltem Ineli-Ciger (eds.). *EU Responses to the Large-Scale Refugee Displacement from Ukraine: An Analysis on the Temporary Protection Directive and Its Implications for the Future EU Asylum Policy,* (pp. 419-435). Florence: European University Institute.

Van Selm, Joanne (2022). “Temporary Protection for Ukrainians: Learning Lessons of the 1990s?”. Forum, ASILE. Global Asylum Governance and the European Union's Role Project. https://www.asileproject.eu/temporary-protection-for-ukrainians-learning-the-lessons-of-the-1990s Recuperado el 4 de diciembre de 2024.

El funcionamiento de los estereotipos en la investigación sobre desigualdad de trato y discriminación en el acceso al crédito*

Cristina de la Cruz Ayuso

1. Introducción

La exclusión financiera sigue siendo uno de los ejes principales de la desigualdad para un porcentaje alto de la población. En la mayoría de los países europeos muchas personas tienen dificultades para acceder y/o utilizar los servicios financieros del mercado convencional debido, principalmente, a las condiciones que las entidades bancarias exigen a determinados colectivos para abrir una cuenta bancaria o para realizar operaciones tras haberla abierto.[1]

* Este trabajo se ha realizado en el marco del Proyecto Derechos Humanos y retos socioculturales en un mundo en transformación. Proyecto de Apoyo a las actividades de los grupos de investigación reconocidos del sistema universitario vasco (ref.: IT1468-22) (Grupo reconocido en la categoría A), y del Proyecto I+D+i RESEST «Resiliencia del derecho antidiscriminatorio a los sesgos y estereotipos: desafíos y propuestas de intervención», ref. PID2021-123171OB-I00, financiado por el Ministerio de Ciencia e Innovación.

1. Es habitual referirse al impacto que esto tiene para las personas que no cuentan con permiso de residencia (Defensor del Pueblo, 2024). En España, el Real Decreto Ley 19/2017 regula el derecho a cuentas de pago básicas y asienta las bases jurídicas que obligan a las entidades bancarias a ofrecer cuentas de pago básicas a aquellas personas «que no tengan permiso de residencia, pero su expulsión sea imposible por razones jurídicas o de hecho». Sin embargo, las entidades financieras persisten en su negativa a proveer este derecho amparándose en la Ley 10/2010, de 28 de abril (TOL1.817.133), de prevención del blanqueo de capitales y de la financiación del terrorismo

A pesar del fortalecimiento de la normativa que protege el derecho a la igualdad de trato y no discriminación en la oferta al público de bienes y servicios, los datos confirman, desde hace más de tres décadas, que la discriminación por razones de raza, etnia y/o género en el acceso a bienes y servicios es un fenómeno persistente en las interacciones económicas en los países de economía de ingresos altos. La literatura especializada ofrece resultados claros sobre las diferencias étnicas y/o de género que existen en el acceso de bienes y servicios básicos en ámbitos como el mercado laboral, la vivienda, los servicios públicos o los servicios financieros (Eddleston et al., 2016; Stefan et al., 2019; Ghosh, 2022). Sin embargo, llama la atención el contraste que existe entre las evidencias encontradas y las narrativas justificativas obstinadas en mostrar las limitaciones de los estudios más que sus hallazgos o avances.

En las narrativas aportadas desde la academia, las explicaciones que documentan la existencia de sesgos y la potencial discriminación en el acceso a servicios financieros cuentan con robustez empírica y un con-

que establece que, para abrir una cuenta bancaria, se debe identificar a los clientes a través de documentos «fehacientes» y probar la procedencia de sus ingresos. Algunas están exigiendo requisitos relativos a la situación administrativa regular de las personas extranjeras, como es la presentación de la tarjeta de residencia, así como requisitos relativos a la situación económica que afectan exclusivamente a personas en situación o riesgo de exclusión social. Exigen, por ejemplo, contar con el Número de Identificación de Extranjero (NIE), un contrato de trabajo o la justificación de la fuente de ingresos. A pesar de que las entidades bancarias tienen la obligación de no limitar el acceso a las cuentas básicas, en la práctica se están produciendo trabas que, principalmente, están afectando a personas en situación o riesgo de exclusión social, personas extranjeras sin permiso de residencia o con permisos vencidos, personas sin documentación, o personas inhabilitadas judicialmente. Algunas entidades no reconocen la validez de documentos emitidos por el Gobierno, como el resguardo de la solicitud de protección internacional o la tarjeta oficial de solicitante de asilo, que acreditan la identidad de las personas y su situación administrativa regular en España.

senso amplio (Kepler y Shanel, 2007; Fraser, 2009; Zunzunegui, 2023). Sin embargo, se tiende a cuestionar y problematizar la falta de contraste con la que cuentan los resultados. De hecho, a pesar de incorporar datos que lo corroboran, algunas investigaciones afirman no haber encontrado discriminación en el ámbito financiero por razón de etnia, raza o género (Ozili, 2023). Los resultados, en general, son ambiguos y, en algunos casos, contradictorios. Esto dificulta llegar a una comprensión profunda de una realidad que muestra serias resistencias para constatar la desigualdad de trato y la discriminación en el acceso a determinados servicios financieros. En muchos casos, esta dificultad es resultado de un modo de analizar un problema complejo que exige no sólo una aproximación metodológica distinta sino también un posicionamiento epistemológico crítico desde el cual poder entender el alcance de lo que muestran esos datos.

Este trabajo realiza una revisión crítica de las narrativas que la academia ha elaborado en torno a la desigualdad de trato en el acceso al crédito empresarial, con el objetivo de poner de manifiesto cómo dichas narrativas justifican y, por tanto, reproducen el modo de funcionamiento del sistema financiero. A partir de la hipótesis de que la función última del estereotipo es justificar sistemas organizativos o prácticas para perpetuarlo (Ghidoni y Morondo, 2022), se analiza cómo la literatura existente sobre el análisis de la desigualdad de trato en el ámbito financiero, si bien encuentra evidencias que permite identificar las relacionadas con factores tales como la raza, la etnia o el género, finalmente termina por invisibilizar sus resultados incorporando un argumentario justificativo que trata de explicarlas aludiendo a factores objetivos legítimos de las entidades financieras o a factores exógenos al propio sistema financiero.

El acceso a bienes y servicios financieros es un factor determinante en y para el funcionamiento de la economía real de las personas. Un acceso desigual tiene consecuencias económicas sustanciales y es una de las principales causas de la exclusión financiera, un fenómeno que en Europa afecta de manera particular y grave a personas migrantes o refugiadas. Si bien en trabajos anteriores hemos tratado las dificultades de acceso a cuentas de pago básicas (de la Cruz, 2016), en este nos centramos de manera específica en la desigualdad de trato y discriminación en el acceso a financiación para el desarrollo de proyectos empresariales. Nuestro objetivo es identificar los resultados más generalizados en la literatura sobre las dificultades de acceso a financiación para algunos colectivos. A partir de ahí, proponemos una vía de análisis que trata de poner de relieve cómo esas dificultades están relacionadas con factores resultantes de una desigualdad de trato y discriminación. Aunque existen múltiples dimensiones, directas e indirectas, asociadas a la etnia, la raza y/o el género, los estudios muestran que los sujetos vinculados a determinados grupos sociales tienen menos probabilidades de obtener financiación para emprender o sacar adelante un proyecto empresarial.

La cartografía que hemos definido se ha hecho a partir de la recolección de datos sobre uno de los ámbitos específicos de la intermediación financiera: el acceso al crédito. Un análisis sobre el sector de inversión puede ofrecer resultados significativos sobre sesgos relacionados con la raza o la etnia y presentar resultados sobre cómo el sesgo condiciona la atribución de riesgo a ese tipo de operaciones dependiendo cómo influya la percepción que se tiene sobre la procedencia del dinero de estos clientes (Eddleston et al., 2016; Stefan et al., 2019). Sin embargo, por cuestiones de alcance y dimensión, nos detenemos únicamente en el ámbito de acceso a financiación porque ofrece, por sí mismo, una primera visión sobre cómo operan los estereotipos en el sector financiero y cómo la academia, de alguna manera, contribuye a reproducirlo.

A pesar de la legislación antidiscriminatoria, siguen existiendo diferencias significativas de género, raciales y/o étnicas en el acceso a la financiación empresarial. En particular, las mujeres emprendedoras tienen menos probabilidades de acceder al crédito bancario que sus homólogos masculinos; los empresarios negros tienen más probabilidades de que se les desaconseje o deniegue el crédito, y de pagar tipos de interés más altos por el crédito recibido que los empresarios blancos (Kepler y Shane, 2007). Estas diferencias han sido justificadas apelando a las diferencias estructurales entre empresas o a otras explicaciones que no tienen nada que ver con el género, la raza o la etnia. También se acude al argumento de autonomía privada que ampara a las entidades financieras para denegar el acceso a determinados servicios cuando existen causas objetivas y razonables que lo justifiquen. Sin embargo, la literatura muestra evidencias que sugieren que los resultados de acceso al crédito empresarial se ven afectados por cuestiones de discriminación étnica o racial y/o de género. Dichas razones quedan invisibilizadas por una narrativa que se apoya en un argumentario que la propia academia contribuye a alimentar, dificultando un análisis que permita constatar cómo operan realmente los estereotipos en determinados ámbitos como el financiero (Carter y Rosa, 1998; Blanchflower et al., 2003).

El trabajo se estructura en tres bloques de contenidos. Por un lado, en primer lugar, se recogen sintéticamente algunos avances en la investigación sobre la exclusión financiera que nos permiten tener una mejor comprensión sobre su naturaleza y alcance. En segundo lugar, se propone una revisión de la literatura existente sobre diferencias por razones de etnia y/o género en el acceso a financiación empresarial con el fin de rescatar el análisis justificativo que trata de identificar y explicar los factores que pueden estar influyendo en el desigual acceso a la financiación para algunos grupos concretos. Esta revisión pone de manifiesto cómo la academia, atendiendo mayormente a limitaciones de carácter metodológico, ha terminado por construir una narrativa justificativa que impide identificar los efectos excluyentes de determinados sesgos y estereotipos en el ámbito financiero. Esta cuestión es la que se aborda en la tercera y última parte de este trabajo.

2. Avances en la investigación sobre desigualdades en el ámbito financiero

En general, la literatura sigue aportando evidencias sobre el incremento de los niveles de exclusión financiera a nivel global y, de manera específica, en Europa (Bonilla y Pérez, 2017). La exclusión financiera se ha convertido en una de las dimensiones más relevantes de la exclusión social no solo en países en vías de desarrollo, sino también en economías avanzadas. De hecho, ha sido una preocupación creciente en las dos últimas décadas tras la constatación del peso que las relaciones financieras tienen en el entorno social de las economías avanzadas (Ozili, 2023).

En la actualidad, la exclusión financiera es una de las manifestaciones más claras de exclusión social. El alcance del fenómeno y de sus consecuencias reales para las personas ha sido ampliamente estudiado (Zunzunegui, 2023). Esto, sin duda, ha aportado claridad y mayor conocimiento sobre la complejidad de esa desigualdad en el ámbito económico.

Por un lado, en primer lugar, contamos con una mayor definición y concreción sobre la exclusión financiera. La exclusión financiera ha sido definida como la incapacidad para acceder a los servicios financieros necesarios de una forma apropiada, ya sea por razones de precio, requisitos de acceso, escasez de oferta, discriminación social o autoexclusión (Anderloni et al, 2008). También se ha logrado diferenciar distintos tipos de exclusión, lo cual permite entender con mayor profundidad la naturaleza de este fenómeno y las medidas concretas que se pueden activar para hacerlo frente (Carbó y Rodríguez, 2015). Existe cierto consenso entre los estudios sobre la exclusión financiera (Padilla y Sanchis, 2015) acerca de los diferentes tipos en los que se manifiesta:

- *Exclusión en el acceso*, relacionada con el perfil de riesgo de los potenciales clientes de cara a acceder a un servicio financiero.

- *Exclusión estructural*, referida a los obstáculos normativos, institucionales, etc. que colocan a determinadas personas y/o colectivos en una situación de desventaja respecto al acceso y uso de determinados productos financieros.

- *Exclusión por las condiciones*, relacionada con las dificultades y/o limitaciones y/o imposibilidad de cumplir con los términos contractuales que se exigen para obtener ciertos servicios financieros.

- *Exclusión por el precio*, relacionada con las dificultades y/o limitaciones y/o imposibilidad de asumir el coste de los servicios financieros.
- *Exclusión en marketing*, relacionada con el hecho de no formar parte del grupo diana a los que van dirigidos determinados productos o servicios.
- *Autoexclusión*, referido al propio rechazo de los individuos a solicitar productos financieros, simplemente por la creencia de que no les serán concedidos. De hecho, existe un grupo cada vez más numeroso de personas que se autoexcluyen en el uso de determinados servicios financieros.

Por otro lado, en segundo lugar, tenemos mayor evidencia sobre cómo opera la exclusión, cómo se genera la desigualdad y cómo esa desigualdad puede ser considerada discriminatoria para algunos colectivos. La incorporación del enfoque interseccional ha permitido comprender mejor su complejidad. Según un estudio de EAPN (Malgesini y Sánchez, 2021), existen características de naturaleza económica, educativa, social, cultural y geográfica social que impiden o frenan el acceso y la demanda de servicios financieros a una parte importante de la población. La propia operativa del sector bancario, excluye a determinados grupos de personas del mercado o las penaliza a través de prácticas específicas. Existen deficiencias institucionales relacionadas con el control de las entidades, de la transparencia de sus actuaciones y de la publicidad engañosa y regulaciones que tienden a distorsionar la provisión de servicios financieros, dado que permiten ciertas prácticas que están en el límite legal. Todo ello permite constatar el carácter complejo y estructural de la exclusión financiera.

En tercer lugar, los servicios financieros han sido desde hace años pioneros en el uso de la inteligencia artificial en el ámbito financiero. Términos como *redlining o profiling* se refieren a esas estrategias que utilizan algoritmos predictivos para desaconsejar prestar servicios a perfiles de los que se espera rentabilidad baja, nula o con alto nivel de riesgo: personas con salarios o pensiones bajos, pensiones no contributivas, con rentas de emergencia, sin ingresos estables, personas que viven en barrios desfavorecidos, hogares monoparentales, inmigrantes, mayores, calificadas de clase baja o media-baja, inmigrantes y refugiados (Malgesini y Sánchez, 2021). Los resultados que generan estas herramientas dan lugar a comportamientos que tienen consecuencias muy severas en la vida de muchas personas: denegación de servicios financieros, créditos a interés por encima del mercado, mayores requisitos que para la clientela media, comisiones y exigencias desproporcionadas, cierre unilateral de cuentas, etc.

Finalmente, en la actualidad, existe una concreción mayor de la normativa que regula la igualdad de acceso y de trato en el acceso a servicios financieros. Este marco de protección de derechos, entre otras cosas, además de aportar mayor seguridad y protección jurídica, ha permitido, al mismo tiempo, mostrar las grietas existentes en el sistema para implementar medidas de lucha contra la discriminación en ese ámbito financiero. Entre otras cosas, como ya hemos señalado, ha facilitado comprender la necesidad de acreditar la vulnerabilidad económica a aquellas personas que tienen serios obstáculos para abrir una cuenta corriente en una entidad financiera por la normativa de blanqueo de capitales. No obstante, y a pesar de que las entidades bancarias tienen la obligación de no limitar el acceso a las cuentas básicas, en la práctica se están poniendo serias trabas para ello.

3. Diferencias por razones de raza o etnia en el acceso a financiación empresarial

Los primeros estudios en Europa sobre las diferencias étnicas en el acceso a crédito empresarial se realizan a mediados de los 90' del siglo XX en el Reino Unido. James Curran y Robert Blackburn (1993) llevaron a cabo entrevistas a empresas propiedad de minorías étnicas con el objetivo de averiguar cuáles fueron las dificultades de acceso a financiación en la etapa inicial de puesta en marcha del proyecto empresarial y, posteriormente, las dificultades para financiar la expansión de sus negocios. El estudio reveló que los empresarios afrocaribeños son más propensos que otros grupos étnicos a recurrir a fuentes de financiación no formales en las etapas iniciales de puesta en marcha de la iniciativa empresarial. Además, a la mitad de las empresas afrocaribeñas les resultaba muy difícil conseguir financiación para su expansión.

En un estudio posterior más amplio, en 1994, los resultados mostraron que el 40% de los solicitantes de préstamos afrocaribeños declararon haber tenido dificultades para obtener crédito, bien porque sus solicitudes fueron denegadas o porque las condiciones que les exigían no eran razonables (Jones et al, 1994). Este estudio confirma también que las empresas afrocaribeñas tienen más probabilidades (50%) que las empresas de propiedad asiática (30%) o blanca (40%) de recurrir a fuentes de financiación no formales en la fase inicial. Basándose en estos estudios, el Banco de Inglaterra publicó en 1999 un informe en el que afirmaba no haber pruebas contundentes que mostrasen la existencia de discriminación étnica por parte de los proveedores de financiación (Bank of England, 1999). Este informe reconocía la posibilidad de que quizás existieran prejuicios o percepciones erróneas de trato injusto, aunque argumentaba que era preciso matizar esta apreciación poniendo de relieve el impacto de otros factores en esos resultados, más a allá de la estricta cuestión étnica y la "precipitada" conclusión de un potencial ámbito de discriminación en el acceso a la financiación para el desarrollo de proyectos empresariales.

Por un lado, el informe argumenta que los bancos basan sus decisiones de concesión de crédito en su evaluación del riesgo, atendiendo a la probabilidad de devolución del préstamo. Las condiciones de los préstamos, que *de facto* resultan más favorables a las personas emprendedoras de raza blanca, no reflejan en realidad diferencias étnicas sino tan sólo diferencias de riesgo financiero. Uno de los factores que ayuda a entender esta divergencia, según dicho informe, es la relacionada con el sector al que pertenece el proyecto empresarial: los empresarios de minorías étnicas suelen estar más concentrados en sectores con altos índices de fracaso (comercio minorista, restauración y transporte), lo que hace que, independientemente de la etnia -y del género, como veremos más adelante-, los préstamos a sus empresas sean, en general, menos atractivos.

Por otro lado, los bancos pueden exigir que se aporten garantías para evaluar la solvencia del prestamista. El informe del Banco de Inglaterra destaca la dificultad de aportar garantías de solvencia por la falta de respaldo o el escaso valor de las propiedades que comprometen como aval. Esto es especialmente significativo entre los empresarios bangladeshíes. En algunos grupos étnicos, el problema de las garantías está estrechamente relacionado, según el Banco de Inglaterra, con la mayor tendencia de las empresas pertenecientes a minorías étnicas a ubicarse en zonas desfavorecidas del centro de las ciudades, a los que se suman otros factores como mayores niveles de delincuencia y peores condiciones de acceso a la atención sanitaria.

Finalmente, el informe del Banco de Inglaterra también apunta al problema de la escasez de flujos de información entre los bancos y las empresas de minorías étnicas, agravado por la falta de datos. Las barreras culturales y lingüísticas crean impedimentos adicionales en los flujos de información. Todo ello puede incidir en la percepción de los bancos que pueden llegar a percibirlas con un nivel de riesgo mayor, lo que se traduce en un peor acceso a la financiación y en el incremento de la percepción entre los empresarios de minorías étnicas de que están siendo discriminados por los bancos.

En 2003, los resultados de un tercer estudio sobre las diferencias étnicas en las condiciones de financiación insistían en el desigual acceso de los recursos de financiación empresarial (Smallbone et al., 2003). Los datos indican que, si bien los empresarios afrocaribeños eran los que más probabilidades tenían de contar con formación o una cualificación más alta en competencias de gestión, seguían siendo los que contaban con menos acceso a la financiación en el momento de poner en marcha el proyecto empresarial (el 21% frente al 49% de las empresas de nueva creación de propiedad china). A diferencia de las empresas afrocaribeñas, las empresas de propiedad asiática y blanca tenían un acceso relativamente bueno a los préstamos bancarios en la fase inicial. Además, las empresas afrocaribeñas fueron las que menor tasa de éxito tuvieron en la concesión de un préstamo durante el primer año de vida de la empresa (62% frente al 88% de las empresas de propiedad bangladeshí). Una conclusión importante de este estudio es que los problemas de acceso a la financiación son mayores en algunas comunidades de minorías étnicas que en otras (Smallbone et al, 2003: 308-309).

Para hacer frente a esta situación, el Gobierno británico creó en 2007 un Grupo de Trabajo sobre *Empresas de Minorías Étnicas* para promover la creación y el crecimiento de empresas por parte de emprendedores de minorías étnicas. Uno de los principales objetivos de este grupo de trabajo consistió en investigar las razones de los peores resultados crediticios en las empresas propiedad de minorías étnicas. Stuart Fraser recogió en su trabajo los principales resultados de esta investigación (Fraser, 2009) realizada sobre una muestra de 2.373 empresas de propietarios blancos, 202 empresas de propietarios indios, 202 empresas de propietarios pakistaníes, 103 empresas de propietarios bangladesíes, 203 empresas de propietarios negros caribeños y 200 empresas de propietarios negros africanos:

- El 45,9% y el 40,6% de las empresas negro-africanas/caribeñas necesitadas de crédito se sintieron desanimadas a la hora de solicitar un crédito y optaron por autoexcluirse de esta posibilidad de financiación. Estas tasas de desaliento fueron significativamente superiores a las encontradas entre las empresas de propiedad india (11,6%), pakistaní (22,9%) y blanca (7,1%).
- El 37,4% y el 28,1% de las empresas propiedad de negros africanos/caribeños, que necesitaban nueva financiación, experimentaron una denegación rotunda de su solicitud. Este porcentaje

fue significativamente superior al de las empresas de propiedad india (5,8%), pakistaní (13,2%) y blanca (10,4%).

- Los déficits de financiación, es decir, la diferencia entre la cantidad de financiación solicitada y la cantidad recibida, fueron mayores entre las empresas de propietarios negros (que accedían, en promedio, al 50% de la cantidad solicitada) y pakistaníes (que accedían, en promedio, al 22% de la cantidad solicitada). Las empresas de propietarios blancos e indios mostraron déficits de financiación mucho más bajos (entre el 9% y el 10% de la cantidad solicitada). Además, las empresas propiedad de africanos negros tuvieron condiciones de préstamo mucho más exigentes que las empresas de propietarios blancos e indios.

Al igual que lo hizo el Banco de Inglaterra una década antes, las explicaciones aportadas para analizar estos resultados incidieron en las diferencias estructurales subyacentes entre empresas de distintos grupos étnicos:

- Las empresas de propiedad india y blanca son más grandes y, por tanto, de menor riesgo y con más capacidad de ofrecer garantías de mayor solvencia.
- Las empresas de propiedad asiática están muy concentradas en los sectores mayorista y minorista, altamente competitivos, mientras que las empresas de propiedad negra están más concentradas en sectores de servicios empresariales menos competitivos.
- En comparación con las empresas de propietarios blancos, todos los grupos de empresas de minorías étnicas se ven perjudicados por su ubicación en zonas desfavorecidas.
- En cuanto a las características empresariales, los empresarios indios, pakistaníes y blancos poseen más activos personales para ofrecer como garantía que los empresarios negros y bangladeshíes.

- Los empresarios blancos tienen más experiencia empresarial que los negros y bangladeshíes. Sin embargo, en consonancia con investigaciones anteriores, los empresarios negros africanos tienen una mayor cualificación académica.
- En términos de historial crediticio y morosidad financiera, el 18,2% de las empresas propiedad de negros caribeños no pagaron sus préstamos, frente a sólo el 2,9% de las empresas propiedad de blancos.
- En cuanto a la duración de las relaciones financieras con su banco de referencia, las empresas de propietarios indios y blancos tienen relaciones significativamente más largas en comparación con otros grupos.

En resumen, el estudio concluye que existen variaciones significativas en las características de las empresas y los empresarios de los distintos grupos étnicos. En particular, la menor rentabilidad empresarial, el menor número de activos empresariales y personales, los mayores índices de morosidad financiera y las relaciones financieras más cortas pueden servir para explicar los peores resultados crediticios de empresas propiedad de algunas minorías étnicas concretas. En el informe, una vez controladas las características de la empresa y del empresario, la etnia se convierte en un factor residual a la hora de explicar los resultados de acceso al crédito. Si bien los empresarios de minorías étnicas parecen percibir discriminación étnica por parte de los proveedores de financiación, agravadas probablemente por las dificultades de comunicación con sus bancos, el análisis de los datos muestra que, en realidad, no existen pruebas concluyentes de discriminación real atendiendo a las tasas de denegación, las brechas de financiación y los márgenes de préstamo.

En contraste con estos hallazgos en el Reino Unido, estudios sobre la discriminación étnica en el mercado crediticio de las pequeñas empresas estadounidenses concluyen, en el mismo periodo de tiempo, que las empresas de propiedad negra tienen un 25% más de probabilidades que las empresas de propiedad blanca de que se les deniegue un préstamo y pagan, por término medio, más de un punto porcentual de intereses (Blanchflower et al., 2003), lo cual advierte de una discriminación real en el mercado crediticio de las pequeñas empresas. El estudio de David Blanchflower et al. también señala que la percepción de discriminación entre los empresarios negros es elevada: tienen unos 26 puntos porcentuales más de probabilidades que sus homólogos blancos de autoexcluirse por miedo al rechazo. El estudio también concluye que los prejuicios percibidos subyacen a estos temores de rechazo.

Se ha insistido mucho en la existencia de una serie de factores contextuales para explicar estas diferencias y analizar la influencia que pueden tener en el acceso a la financiación los grupos de minorías étnicas. Los marcos normativos en materia financiera, la legislación sobre discriminación, las políticas sociales, migratorias, etc. difieren entre los países y son estas diferencias las que podrían estar impactando en las prácticas discriminatorias en el acceso al crédito. Sin embargo, un estudio comparativo llevado a cabo en 7 países de la Unión Europea en 2018 (Stefan et al., 2018) sobre esta temática concluyó que ninguna de estas condiciones contextuales modificaba el efecto de discriminación observado en el sector financiero. Las evidencias sobre estas prácticas discriminatorias son sólidas y, de manera específica en este estudio, corroboran la conclusión de que el sector financiero europeo se enfrenta a una marcada discriminación contra los clientes de procedencia árabe.

No obstante, a pesar de la rotundidad de los resultados, el diseño metodológico del estudio (a través de consultas por correo electrónico) no permite distinguir razonablemente entre la distinta naturaleza y características de la discriminación. No se puede confirmar ni descartar de manera concluyente que los prejuicios desempeñen un papel determinante en el comportamiento discriminatorio observado, ya que se desconocen cuáles son las preferencias y actitudes individuales de los proveedores de financiación con respecto a estos grupos étnicos. Del mismo modo, la discriminación estadística podría influir en el comportamiento discriminatorio observado en función de los posibles costes legales o ventanas de oportunidad que se esperan en el caso de clientes no nacionales. Ambos tipos pueden ser posibles explicaciones de los efectos de la discriminación. Aunque es razonable suponer que los prejuicios desempeñan un papel importante en la discriminación de los clientes potenciales de los bancos, no ha sido posible determinar de forma concluyente si eso es así. Sin embargo, y esto es quizás lo más interesante, ninguna de esas limitaciones, asociadas principalmente a las dificultades metodológicas para investigar esa realidad, bastan para contrarrestar los resultados que apuntan de manera clara hacia esas prácticas discriminatorias por razones de raza o etnia. La realidad en distintos contextos, y de manera reiterada, muestra que las empresas propiedad de minorías étnicas tienen dificultades para conseguir financiación incluso antes de que las posibles barreras jurídicas y económicas adquieran relevancia (Stefan et al, 2019; Ghosh, 2022).

Por otro lado, resulta de interés preguntarse si, a este respecto, las creencias religiosas tienen o pueden afectar al acceso al crédito. Algunos estudios afirman que, en el contexto de una sociedad secular moderna, con instituciones de crédito que utilizan una variedad de tecnologías de préstamo, parece poco probable que los empresarios con creencias religiosas particulares se vean sistemáticamente limitados por la disponibilidad de crédito (Ghosh, 2022). Aun así, no se descarta que, en algunos casos, las cuestiones de discriminación étnica y religiosa puedan ir de la mano.

Como conclusión cabe decir que los métodos utilizados en la investigación sobre las diferencias étnicas (y de género) ha ido mejorando para identificar la naturaleza de estas diferencias en las condiciones de financiación. En los últimos treinta años, las muestras utilizadas en estos estudios han sido paulatina y significativamente más amplias, los métodos mixtos utilizados han permitido diferenciar las explicaciones por razones étnicas de las estrictamente estructurales para entender las diferencias en el acceso y las condiciones de financiación. La cuestión es que es precisamente en ese nexo tan sutil, poniéndolos en relación, dónde es posible valorar cómo esas justificaciones estructurales esconden y se basan en realidad en estereotipos. Y que son estos los que tienen como consecuencia la discriminación por razones de etnia y/o raza en el acceso y las condiciones de crédito empresarial.

4. Diferencias por razones de género en el acceso a financiación empresarial

Las diferencias identificadas en el mercado crediticio entre mujeres emprendedoras comparten y llegan a resultados y conclusiones muy parecidas a las identificadas por cuestiones étnicas o raciales.

Existen evidencias que confirman las dificultades que afrontan las mujeres emprendedoras para acceder a financiación para la puesta en marcha y/o el desarrollo de sus proyectos empresariales. De hecho, esta es una de las cuestiones que más acciones ha generado a nivel global para intentar revertir la situación. La Comisión Europea publicó en 2016 un informe sobre *Mujeres, política empresarial y emprendimiento* en el que, tal y como viene haciendo desde hace más de dos décadas, puso de manifiesto los desafíos que enfrentan las mujeres a la hora de crear una empresa (European Commission, 2016). En realidad, la Comisión Europea se hacía eco de la persistencia de esta brecha de género, agravada principalmente por las dificultades de acceso a financiación. Como se sabe, la persistencia de esta brecha de género ha inspirado el desarrollo de un sinfín de iniciativas a nivel global, regional o nacional de los que es prácticamente imposible dar cuenta. Destacan, por su significatividad, los Objetivos de Desarrollo Sostenible de las Naciones Unidas que incluyen un llamamiento en favor de un crecimiento económico inclusivo y sostenible a través del empleo pleno, productivo y decente para todos (ODS 8) y de la mejora de la igualdad de género mediante la mejora del acceso de las mujeres a los recursos económicos y su participación en los aspectos económicos, políticos y sociales de la vida (ODS 5).

En este caso también, la voluntad política por hacer frente a las desigualdades de género en el ámbito económico, mediante la promoción de iniciativas de emprendimiento específicas, convive con el reconocimiento de las dificultades que enfrentan las mujeres para alcanzar estos objetivos. De manera específica, hay un consenso amplio que apunta a las dificultades de acceso a financiación como la principal causa que señalan las mujeres para no emprender.

El reciente informe *Mujeres e Innovación* (2024) insiste precisamente en esta dirección: las dificultades para obtener financiación siguen siendo, junto con el escenario de incertidumbre al que se enfrentan, una de las principales razones que limitan las oportunidades de emprendimiento de las mujeres españolas. Según datos de marzo de 2024 de la Cámara de Comercio de Madrid, las mujeres que solicitan un préstamo para empezar un negocio tienen hasta un 30% menos de probabilidades de obtenerlo que un hombre.

En la narrativa sobre las causas de la brecha de género subyacen explicaciones diversas. Algunas de esas narrativas tratan de documentar la existencia de sesgos en el acceso a recursos financieros y explicar las dificultades de las mujeres para acceder a los mismos atendiendo al modo cómo operan esos sesgos y las consecuencias que tienen para las mujeres emprendedoras. Por otro lado, existen narrativas que buscan comprender por qué las mujeres son menos propensas a solicitar préstamos para acometer iniciativas de autoempleo y por qué, a diferencia de los hombres, tienden a apoyarse económicamente en redes familiares o sociales. También es común encontrarse con argumentos que asocian a las mujeres con una menor tolerancia al riesgo, una tendencia a ser más colaborativas que competitivas o una acusada sensibilidad hacia las necesidades de los demás, en detrimento de las propias.

En general, los análisis estadísticos presentan resultados contradictorios sobre las diferencias de género en las condiciones de acceso a la financiación empresarial. Por un lado, estudios pioneros sobre la discriminación en el acceso a financiación concluyen que esas diferencias de género no existen.

Uno de los primeros estudios llevados a cabo en el Reino Unido (Carter y Rosa, 1998) utilizó una amplia muestra de empresas de propiedad masculina con el objetivo de estudiar los motivos que pueden estar detrás de la situación de desventaja de las mujeres emprendedoras a la hora de conseguir financiación: ¿por qué tienen más dificultades de obtener financiación en las fases iniciales del proyecto empresarial? ¿Qué repercusión puede tener el hecho de contar con garantías más robustas, un historial crediticio más sólido o una red social más densa? ¿Acaso esas desventajas pueden tener su origen en estereotipos de género?

El estudio concluyó que no se puede determinar las causas de esas diferencias de género en las condiciones de financiación: en algunos casos, pueden ser resultado de prácticas discriminatorias, pero, en otros, se deben a factores que las explican de manera más plausible tales como, por ejemplo, la mayor aversión al endeudamiento/riesgo por parte de las mujeres o las diferencias estructurales entre las empresas de propiedad masculina y de propiedad femenina. Aunque, en algunos casos, las mujeres empresarias pueden percibir discriminación de género por parte de los agentes de crédito, la mayoría de las pruebas parecen apuntar a causas de origen estructural, relacionadas con diferencias en el tamaño de la empresa, la edad, el sector y la experiencia empresarial de la persona emprendedora (Kepler y Shane, 2007). De hecho, parece razonable, y así se justifica, que las entidades financieras rechacen solicitudes de financiación de personas con una educación y experiencia limitadas y escaso capital propio, como suele ser el caso de las mujeres emprendedoras.

Otros estudios, sin embargo, han encontrado diferencias residuales de género, incluso después de incluir amplios controles de las diferencias estructurales. Un ejemplo es el estudio de Susan Coleman y Alicia Robb (2009) que examina las diferencias de género en el uso de capital inicial y las inversiones posteriores para el desarrollo del proyecto empresarial. Las principales conclusiones de este estudio son que las mujeres utilizan mucho menos capital inicial que los hombres y tienen más probabilidades que sus homólogos masculinos de recurrir al endeudamiento personal. En términos de inversiones posteriores, controlando una amplia gama de características de la empresa y de la persona emprendedora, incluida la experiencia empresarial y la educación, parece que las empresarias tienen muchas menos probabilidades de realizar nuevas inversiones en deuda o capital que los empresarios. Además, las empresas dirigidas por mujeres invierten, tanto al inicio como posteriormente, cantidades significativamente menores de capital que empresas similares dirigidas por hombres. Estas diferencias son difíciles de controlar y, por ese motivo, se justifican con argumentos contradictorios: por un lado, se dice que pueden ser resultado de un proceso de socialización de género y un conjunto de estereotipos que afectan a las mujeres en sus decisiones y actitudes ante el emprendimiento, ya que se encuentran con injustas barreras que limitan ese acceso a la financiación.

Por otro lado, el argumento hegemónico insiste en señalar que las diferencias de género en el uso del crédito están relacionadas principalmente con la aversión al riesgo y/o las diferencias de género en los motivos económicos y sociales para emprender (Alsos y Ljunggren, 2017). Según este enfoque, las mujeres empresarias optan por dirigir empresas de bajo riesgo/rentabilidad, con menores requisitos de capital, debido a su aversión al riesgo y/o a su priorización de otros motivos profesionales, como el trabajo flexible; o sociales, como el cuidado de otras personas (Eddleston, 2016). No obstante, "sea cual sea la causa, el hecho de que las mujeres utilicen cantidades drásticamente menores de capital inicial y dependan de fuentes personales en lugar de externas tiene implicaciones para su capacidad de desarrollar nuevos productos y servicios, hacer crecer sus empresas, contratar empleados y sobrevivir a períodos de adversidad (Coleman y Robb, 2009: 409). ¿Por qué ocurre?

El análisis de las causas de la brecha de género en el acceso y uso de financiación para emprender es muy desigual y esto dificulta tanto su comprensión como la posibilidad de justificar que la consecuencia que tiene es una discriminación de género que termina excluyendo a las mujeres del igual acceso a recursos financieros. Como hemos visto, por un lado, se sugiere que las dificultades de acceso a financiación para emprender tienen su origen en el desigual acceso de oportunidades de las mujeres en la sociedad. En cambio, otros estudios defienden que esa desigualdad es resultado de roles de género culturalmente construidos. Estas ideas, que cuentan con un amplio consenso, han sido asimismo problematizadas por estudios que ponen de relieve la falta de contraste con la que cuentan estos argumentos. De hecho, algunas investigaciones concluyen no haber encontrado discriminación de género en el acceso a recursos financieros. Otros estudios sugieren incluso que las mujeres cuentan, en algunas circunstancias y contextos, con más y mejores oportunidades que los hombres. Se afirma que, en muchos casos, las dificultades radican en diferencias socioeconómicas estructurales más que en diferencias de género *per se* (Stefani y Vacca, 2014), y que, en realidad, quizás no sea adecuado hablar de una brecha de género en el acceso a financiación ya que no existen evidencias concretas que avalen esa afirmación.

La diversidad y heterogeneidad de las mujeres emprendedoras en cuanto a sus características y competencias individuales parece ser el mayor determinante al que aluden estos estudios para no considerar el efecto específico que el género tiene a la hora de predecir y modular las oportunidades de acceso a financiación; es decir, el hecho de que las mujeres emprendedoras sean tantas y tan diferentes mitiga el potencial sesgo de género que pudiera darse en las oportunidades de acceso a financiación. Muchos estudios descartan la variable de género precisamente por esta circunstancia, a la que se suma la variable contextual: la diversidad y heterogeneidad de los contextos es tan amplia que no es posible llegar a conclusiones generalizables para el conjunto de todos ellos. Los países con un alto desarrollo financiero, por ejemplo, proporcionan a las mujeres un mayor acceso a la financiación, pero en tiempos de crisis sufren, al igual que el resto, mayores restricciones de acceso al crédito.

Las variables género y edad también tienen efectos en el emprendimiento. Por un lado, la voluntad y la intención de crear nuevas empresas disminuyen con la edad debido al aumento del coste de oportunidad del tiempo[2] (Zhang y Acs, 2018). Por otro lado, la capacidad para la creación de nuevas empresas aumenta con la edad debido al mayor capital físico, social y humano acumulado (Lee y Vouchilas, 2016).

Las emprendedoras de más edad no solo han tenido más tiempo para acumular riqueza material y personal, sino que también es probable que tengan un historial crediticio personal más largo para demostrar su solvencia. Esto sugiere que la edad debería tener un efecto positivo en el endeudamiento empresarial. Sin embargo, los datos empíricos disponibles sobre esta cuestión son escasos y ambiguos. En general, parece que las emprendedoras más jóvenes están en desventaja a la hora de acceder al crédito tanto para poner en marcha sus empresas como para financiar las operaciones en curso de proyectos ya en marcha.

No obstante, aunque se pueda constatar que el acceso de las mujeres emprendedoras a la financiación está a la par con el de sus homólogos masculinos, un análisis más pormenorizado constata que existen evidencias de una forma más sutil, residual y de "segundo orden" de trato diferencial basado en el género (Eddleston et al, 2016). El género es una variable relevante e importante en el acceso a financiación. Aunque no exista consenso sobre las causas que originan esa desigualdad, la literatura muestra que existen obstáculos adicionales que impiden a las mujeres emprendedoras obtener los mismos niveles de financiación que sus homólogos masculinos.

Los datos sugieren que a las mujeres emprendedoras se les suelen aplicar tipos de interés más elevados; necesitan compartir más información para obtener financiación y tienden a recibir préstamos de

2. El coste de oportunidad es utilizado en los procesos de toma de decisiones en el ámbito económico. Hace referencia al valor de un recurso en su mejor uso alternativo. La edad es considerada un factor para medir el coste de oportunidad en los procesos de toma de decisiones en el ámbito financiero. En el caso que nos ocupa, afecta de manera más determinante (y negativa) a mujeres jóvenes y a mujeres mayores.

menor cuantía. También las mujeres emprendedoras son más propensas a esperar ser rechazadas por las entidades financieras y a percibir que dichas entidades tienen una opinión negativa sobre su capacidad de solvencia.

a) Factores individuales que afectan al acceso a la financiación

En primer lugar, los factores individuales asociados al género parecen ser uno de los factores limitantes para el acceso a la financiación ya que, como se ha visto, reduce considerablemente sus probabilidades de éxito. Efectivamente, los estereotipos y prejuicios son una de las principales causas que parecen influir directamente en la posibilidad de acceder a financiación para las mujeres. El factor género parece tener una relación negativa directa con el acceso a financiación. Esa relación se revierte positivamente en el caso de proyectos emprendedores liderados por hombres. La constatación de este sesgo de género se sustenta en la correlación que se establece entre las expectativas de éxito de la iniciativa emprendedora con una serie de rasgos sobre los que tradicionalmente los hombres, han tenido una mejor posición que las mujeres (Alsos y Ljunggren 2017).

Tener mayor experiencia, contar con un buen historial crediticio, la rentabilidad esperada de la iniciativa emprendedora y/o la posibilidad de aportar garantías o avales más robustos son algunos de los factores que inciden en la mayor o menor probabilidad de acceso a recursos financieros. Los resultados muestran que favorecen más a unos colectivos que a otros y que lo hacen, además, no por causas objetivas sino por las derivadas de los efectos opresivos que provocan mecanismos de serialización y afectan a sujetos concretos en cuanto miembros de grupos sociales (Ghidoni y Morondo, 2022: 57).

b) Factores estructurales que influyen en el acceso a financiación

Estos efectos directos relacionados con el género se ven reforzados también por otros indirectos que potencian la situación de desventaja de las mujeres. Algunos análisis han puesto de manifiesto cómo si bien la edad de la iniciativa emprendedora y el nivel educativo de la persona emprendedora no eran factores directamente asociados con el acceso a la financiación, sí lo son cuando ambas variables se relacionan con el género. Muy pocos estudios han tenido en cuenta esta perspectiva. Variables como la edad y el tamaño del proyecto emprendedor se asocian directa y positivamente con el acceso a la financiación cuando no se controla el género. Sin embargo, muestran una asociación negativa cuando sí lo hacen.

c) Factores simbólicos que influyen indirectamente en el acceso a financiación

Independientemente de las características asociadas al proyecto emprendedor, los estereotipos de género hacen que las mujeres sean percibidas de forma diferente a los hombres. Junto con la menor demanda de financiación por parte de las mujeres emprendedoras, otro factor que refuerza exponencialmente sus dificultades de acceso a financiación está relacionado con el sector específico en el que se insertan sus iniciativas: aventurarse en sectores dominados tradicionalmente por hombres es un elemento que suele tener un efecto negativo para las mujeres. Cuando las mujeres deciden emprender en sectores tradicionalmente masculinos suelen ser percibidas como menos legítimas y creíbles a los ojos de los proveedores de capital. Existe el denominado "estigma de las magdalenas" para las mujeres empresarias, que hace que se las considere menos serias y comprometidas con la iniciativa empresarial, ya que se las estereotipa como iniciativas emprendedoras de naturaleza sexista, con escasas perspectivas de crecimiento o beneficios. Los estereotipos de género tienden a considerar el negocio de una mujer como un hobby, a tiempo parcial o incluso como una extensión de su papel de ama de casa (Eddleston et al., 2016).

Los estereotipos influyen en el modo en cómo se procesan las descripciones sobre cómo se espera que se comporten los hombres y las mujeres. En este sentido, los roles de género tienden a asignar a los varones el papel de "sostén de la familia" y enfatizan el liderazgo, mientras que asignan a las mujeres el papel de cuidadoras y enfatizan el vínculo y las relaciones. Es cierto que los derechos y los roles de las mujeres han evolucionado y progresado sustantivamente, pero igual de cierto es que estos estereotipos se mantienen relativa pero invariablemente estables a lo largo del tiempo. La brecha de género asociada al acceso a la financiación en el ámbito del emprendimiento pone de manifiesto la persistencia y el efecto que los estereotipos de género siguen teniendo a día de hoy.

Los resultados de la literatura sobre género y emprendimiento concluyen que no es posible sostener que el emprendimiento sea un campo neutro desde el punto de vista del género. Tampoco es posible sostener la idea de que el acceso a los recursos se basa únicamente en el mérito y la igualdad de oportunidades (Wheadon y Duval-Couetil, 2019), de ahí la necesidad de visibilizar cómo operan y cuál es el resultado de los estereotipos de género.

5. Conclusiones

Con distintos matices según el contexto de aplicación, cabe decir que el marco normativo referido a la igualdad de trato y no discriminación en el acceso a servicios financieros prohíbe la discriminación, tanto directa como indirecta, por razón de sexo, raza, color, orígenes étnicos, religión edad, condición de discapacidad, etc. Esta prohibición es explícita en Europa en el caso de acceso a cuentas de pago básicas, consideradas servicios esenciales de interés económico general. También lo es, con carácter general, en la base legal que regula los modelos de calificación crediticia donde se prohíbe la consideración de algunos factores como la etnia, la raza o el sexo como dispositivos de selección.

No obstante, la literatura existente muestra la incidencia que esos factores tienen en la práctica y cómo, en muchos casos, determinan y condicionan el acceso a determinados servicios financieros. La discriminación por motivos étnicos, raciales o de género afectan de hecho en los resultados de las interacciones financieras de algunos sujetos vinculados con determinados grupos sociales. Es una discriminación no solo basada en meros prejuicios personales, sino también estructural. Los prejuicios funcionan como consecuencia de la vinculación de una etnia con determinadas características socioeconómicas que pueden afectar a los resultados del crédito y tener como resultado la exclusión. Determinados grupos sociales pueden ser categorizados en los modelos de puntuación del crédito en función de los códigos postales o por la cantidad y/o calidad de los activos empresariales o personales que ofrecen como garantía (Fraser, 2009).

Por otro lado, los datos empíricos sobre las diferencias de género en los resultados crediticios indican que las mujeres utilizan menos capital en la fase inicial y tienen menos probabilidades de acceder posteriormente al crédito bancario (Carter y Rosa, 1998). Esto no tiene por qué deberse exclusivamente a diferencias estructurales, relacionadas con el sector y la experiencia, entre las empresas de propiedad masculina y femenina (Coleman y Robb, 2009). Una explicación de estas diferencias también puede ser que sean el resultado del modo cómo operan los estereotipos de género en el ámbito financiero. Determinados sesgos pueden hacer que, por ejemplo, las mujeres opten por dirigir empresas de menor riesgo/rendimiento con menores requisitos de capital; lo que, a su vez, puede llevar a considerar menos creíbles sus solicitudes de crédito.

Otro argumento justificativo de la desigualdad de trato en el acceso a servicios financieros es el que apela al postulado de autonomía de la voluntad privada en el que están amparadas las entidades financieras para el ejercicio de su actividad. Atendiendo a ese postulado, las entidades financieras pueden negar el acceso cuando se presenten causas objetivas y razonables que lo justifiquen. Dentro de los márgenes legales impuestos a la actividad que desarrollan, se guían por el criterio de la libertad de elección para escoger sus clientes y decidir si aceptan o no determinadas operaciones financieras.

No obstante, el ejercicio de la actividad financiera y bancaria como emanación de la autonomía de la voluntad privada no puede ser discriminatorio ni desigual. Debe ser razonable, proporcional y adecuado a los fines que persigue, sin vulnerar los derechos de las personas usuarias del sistema financiero. Para negar el acceso a determinados servicios financieros, la autonomía que emana de la voluntad privada de las entidades financieras se sustenta en causas objetivas tales como la capacidad de pago del solicitante y el riesgo de la operación. De esta manera, se espera que se limite un tratamiento diferenciado injustificado. La autonomía que emana de la voluntad privada está sujeta a la obligación de respetar la base normativa que protege los derechos de los consumidores financieros y prohíbe la discriminación por razones de sexo, raza, origen étnico, etc.

Esta narrativa refleja el *statu quo* a partir del cual se justifican las causas que limitan el acceso a los servicios financieros. Es también la que incorpora como evidencia más robusta numerosas investigaciones. De hecho, es muy difícil probar la discriminación por razones de sexo, raza o etnia en el acceso a los préstamos bancarios porque las decisiones que hay detrás de esas limitaciones están arropadas por un argumentario que inevitablemente las invisibiliza. La literatura existente se ha centrado mayormente en analizar las limitaciones objetivas en el acceso a la financiación bancaria, donde no encuentran ninguna diferencia por razones de raza, etnia o género. El efecto de estos factores es mucho más sutil y encubierto.

Las entidades financieras pueden basar en parte sus decisiones en las características de los proyectos, sin tener en cuenta otras variables relacionadas con el sexo o la etnia, centrándose especialmente en aquellos factores relacionados con esas causas objetivas como la viabilidad tanto económica como empresarial. Este escenario, efectivamente, neutraliza la posibilidad de evidenciar situaciones de discriminación, pero esos mismos estudios también aportan avances que sugieren que tanto el género, como la raza o la etnia desempeñan un papel determinante en el modo en como las entidades financieras interpretan las señales de viabilidad y calidad de los proyectos empresariales y, por tanto, las favorecen o bloquean, facilitando o limitando el acceso a financiación. Existen criterios indirectos relacionados con las características de los proyectos empresariales que, de hecho, influyen en el acceso. Algunos de esos factores indirectos que se convierten en señales más positivas de viabilidad para algunos sujetos son, por ejemplo, el tamaño o la antigüedad de la empresa. A mayor tamaño o más antigüedad, favorece más a los hombres que a las mujeres.

Los hallazgos muestran la importancia de comprender cómo influyen los sesgos a través de esos criterios indirectos en donde claramente el sexo o la etnia son determinantes para el acceso o los importes de financiación. Es preciso estudiar cómo operan los sesgos en estos casos y tratar de comprender cómo funcionan e influyen los estereotipos en las decisiones de las entidades financieras, más dispuestos a arriesgarse apoyando a empresas que perciben con más posibilidades de viabilidad atendiendo a criterios sesgados y basados en estereotipos discriminatorios. Sujetos vinculados a determinados grupos sociales enfrentan obstáculos difíciles de sortear a la hora de ganar legitimidad ante las entidades financieras, lo que limita su capacidad de acceso a financiación. Así, aunque no sean discriminados directamente, parece que existen sesgos y prejuicios encubiertos e implícitos que funcionan como barreras que limitan el acceso. Se necesita por tanto un posicionamiento epistemológico y metodológico crítico y más exhaustivo para explorar los matices entre las formas manifiestas y encubiertas de la discriminación en el ámbito financiero.

6. Referencias bibliográficas

Alsos, Gry Agnete y Ljunggren, Elisabet (2017). "The Role of Gender in Entrepreneur–Investor Relationships. A Signaling Theory Approach". *Entrepreneurship Theory and Practice*, 41(4), 567-590.

Anderloni, Luisa, Bayot, Bernard, Bledowski, Piotr, Małgorzata Iwanicz-Drozdowska y Kempson, Elaine (2008). "Financial Services Provision and Prevention of Financial Exclusion". Report prepared for the Directorate-General for Employment, Social Affairs and Equal Opportunities, Brussels, European Commission.

Bank of England (1999). *The Financing of Ethnic Minority Firms in the UK: A Special Report.* London: Bank of England.

Blanchflower, David, Levine, Phillip y Zimmerman, David (2003). "Discrimination in the Small-Business Credit Market". *The Review of Economics and Statistics*, 85(4), 930-943.

Bonilla, María I. y Pérez, Jacob (2017). "Exclusión financiera y social en Europa: nuevas estrategias socioeconómicas". En: Juana María Serrano, Roberto Moreno y Santiago Gutierrez, (Coords.). *Nuevos escenarios y retos socioeconómicos tras la crisis: una perspectiva comparada España y Europa.* Madrid: Dykinson, 91-102.

Carbó, Santiago y Rodríguez, Francico (2015). *Concepto y evolución de la exclusión financiera: una revisión.* Madrid: Fundación Funcas.

Carter, Sara y Rosa, Peter (1998). "The financing of male and female owned businesses". *Entrepreneurship & Regional Development,* 10(3), 225-242.

Coleman, Susan y Robb, Alicia (2009). "A comparison of new firm financing by gender: Evidence from the Kauffman Firm Survey data". *Small Business Economics*, 33, 397-411.

Curran, James y Blackburn, Robert (1993). *Ethnic Enterprise and the High Street Bank*, London: Kingston University.

De la Cruz-Ayuso, Cristina (2016). "Exclusión Financiera, Vulnerabilidad y Subordiscriminación. Análisis crítico sobre el derecho al acceso a servicios bancarios básicos en la Unión Europea". *Cuadernos electrónicos de filosofía del derecho*, 34, 91-114.

Defensor del Pueblo (2024). *Retos de la inclusión financiera Servicios bancarios y personas vulnerables*, Madrid: Gobierno de España.

Eddleston, Kimberly A., Ladge, Jamie, Mitteness, Cheryl y Balachandra, Lakshmi (2016). "Do you See what I See? Signaling Effects of Gender and Firm Characteristics on Financing Entrepreneurial Ventures". *Entrepreneurship Theory and Practice*, 40(3), 489-514.

European Commission, Directorate-General for Employment, Social Affairs and Inclusion, Organisation for Economic Co-operation and Development, Halabisky, D. (2016), "Policy brief on women's entrepreneurship". OECD Publishing.

Fraser, Stuart (2009). "Is There Ethnic Discrimination in the UK Market for Small Business Credit?" *International Small Business Journal*, 27, 583-607.

Ghidoni, Elena y Morondo, Dolores (2022). "El papel de los estereotipos en las formas de la desigualdad compleja: algunos apuntes desde la teoría feminista del derecho antidiscriminatorio". *Discusiones*, 28, 37-70.

Ghosh, Saibal (2022). "Religion, caste and access to credit by SMEs: Is there a link?" *Cogent Economics & Finance*, 11(1).

Jones, Trevor, McEvoy, Dave y Barrett, Gile (1994). "Raising Capital for the Ethnic Minority Small Firm". En Alan Hughes y David Storey (Eds.) *Finance and the Small Firm*, London and New York: Routledge, 145-181.

Kepler, Erin y Shane, Scott (2007). *Are male and female entrepreneurs really that different?* Washington, DC: U.S. Small Business Administration, Office of Advocacy.

Lee, Merijane O. y Vouchilas, Gus (2016). "Preparing to age in place: Attitudes, approaches, and actions". *Housing and Society*, 43(2), 69-81.

Malgesini, Graciela y Sánchez, Siara (2021). "Inclusión financiera para el desarrollo sostenible, un enfoque de derechos en el proceso de reconstrucción post pandemia". Madrid: EAPN España.

Ozili, Peterson (2023). "Impact of financial inclusion on economic growth: review of existing literature and directions for future research". *MPRA Paper* 118788, University Library of Munich, Germany.

Padilla, Angela M. y Sanchis, Joan R. (2015). "La relación causa-efecto entre exclusión/inclusión social y financiera: una aproximación teórica". *Revesco. Revista de Estudios Cooperativos* 138.

Smallbone, David, Ram, Monder, Deakins, David y Aldock, Robert B. (2003). "Access to Finance by Ethnic Minority Businesses in the UK", *International Small Business Journal*, 21(3), 291-314.

Stefan, Matthias, Holzmeister, Felix, Müllauer, Alexander y Kirchler, Michael (2019). "Ethnical discrimination in Europe: Field evidence from the finance industry". *PLoS ONE*, 13(1), 1-7.

Stefani, Maria Lucia y Vacca, Valerio (2015). "Small Firms' Credit Access in the Euro Area: Does Gender Matter?" *CESifo Economic Studies*, 61 (1), 165-201.

Unidad de Mujeres y Ciencia del Ministerio de Ciencia, Innovación y Universidades (2024): "Mujeres e Innovación. Informe 2024". Madrid: La Moncloa.

Wheadon, Mandy y Duval-Couetil, Nathalie (2019). "Token entrepreneurs: a review of gender, capital, and context in technology entrepreneurship". *Entrepreneurship & Regional Development*, 31(3-4), 308-336.

Zhang, Ting y Acs, Zoltan (2018). "Age and entrepreneurship: nuances from entrepreneur types and generation effects". *Small Business Economics*, 51(4), 773-809.

Zunzunegui, Fernando (2023). "Exclusión financiera: actuaciones y propuestas". *Revista de Derecho Bancario y Bursátil*, 169, 103-154.

Cuando la raza sale por la puerta, la cultura entra por la ventana: sobre el estereotipo de la diferencia cultural*

Jesús García Cívico

1. Introducción: el estereotipo de la diferencia cultural

Uno de los conceptos más complejos y quizás por ello más sensibles a la reducción es el de "cultura". Tanto es así que podríamos decir que, junto al género o la raza, la cultura es uno de los principales objetos de la esterotipia. En el caso de la mujer, y como resulta conocido, el estereotipo ha apelado a la emoción (frente a la razón), a la debilidad, a la inconsistencia y con una marcada ambivalencia a rasgos aparentemente positivos como la sensibilidad o una especial inclinación al cuidado. En la construcción estereotipada de la raza negra, la densa amalgama de estereotipos raciales osciló entre la fidelidad y una carnalidad animalesca en la imaginería de la "black face" o el Minstrel Show.[1]

* Este trabajo es original aunque algunas de ideas fueron expuestas como Comunicación en el Congreso "El tiempo de los derechos" celebrado en 2023 en la Universidad de Deusto y presentadas como Working-Paper en García Cívico (2023b). Se integra en los proyectos de innovación docente del Centro de Investigación La Norma y la Imagen Contemporánea" (CINIC) y se inscribe en el proyecto "Resiliencia del derecho antidiscriminatorio a los sesgos y estereotipos: desafíos y propuestas de intervención (RESEST)". Referencia: PID2021-123171OB-I00. IP: Dolores Morondo Taramundi (Universidad de Deusto).

1. En lo que toca a otro gran estereotipo, el que cubre la imagen de las personas de raza negra, el Minstrel Show fue una forma de entretenimiento racista desarrollada a principios del siglo XIX en Estados Unidos. El espectáculo, que combinaba la ópera inglesa con la música negra, consistía en parodias

Una vez se evidencian, los estereotipos de inferiorización (hoy considerados burdos pero no del todo desaparecidos) generan afortunadamente un rechazo, no ocurre lo mismo con aquellos que se benefician de la ambivalencia y desde luego tampoco con los estereotipos reductivos capaces de alternar caracterizaciones positivas y negativas a la vez a partir de algún tipo de esencialización: es el caso de "lo cultural" y especialmente de la "identidad cultural".[2]

El estereotipo cultural como matriz de otros estereotipos aparece desde antiguo ligado a las fronteras. La idea de "bárbaro" en la cultura grecolatina es quizás su ejemplo más claro. Hay pocas imágenes más gráficas que las que ofrece el "Sarcófago Ludovisi" o "Grande Ludovisi": las denominaciones historiográficas del sarcófago romano del siglo III tallado en mármol que representa una batalla entre bárbaros y romanos. Descubierto en 1621 al exterior de la puerta de San Lorenzo de Roma y adquirido por el cardenal Ludovico Ludovisi, sobrino del papa Gregorio XV, lo primero que todavía percibe el observador es que la masa humana de este "sarcófago de batalla" o "combate masivo" se representa entrelazada pero *simbólicamente diferenciada*: los romanos, afeitados o con barbas cuidadas y cabellos cortos, llevan casco, coraza o túnica de malla, espada corta y manto militar. Vemos cómo sus rostros se muestran enérgicos e impasibles como fruto de una constitución equilibrada. Los bárbaros, por el contrario, barbudos y con cabellos largos, visten pantalones o llevan el torso desnudo y sus contorsiones parecen apuntar un retorcimien-

cómicas y actuaciones musicales que representan a personas de ascendencia africana realizados por personas blancas con maquillaje o en blackface. El Minstrel muestra a los negros satirizados como tontos, perezosos, bufonescos, supersticiosos y despreocupados.

2. De esta amplia cuestión nos interesa la manera en que "lo cultural" se asimila a rasgos exteriores de etnicidad y estos como definitorios (e incluso definitivos) frente a variables como la educación o la clase social, sobre todo si lo ponemos en relación con el proceso de globalización. Véase Chris Barker (2003: 26 y ss.) y Stuart Hall (1996).

to interior. Todavía nuestros ojos se detienen en sus muecas de dolor, sufrimiento y angustia. Su derrota parece siempre inminente. Bajo los conocidos términos de Erwin Panofsky,[3] la composición sugiere, bajo una primera interpretación iconológica, un *desnivel*: los romanos, surgen del fondo del relieve culminando un movimiento envolvente sobre los bárbaros, en el que se cierran los flancos tras haber atacado el tumultuoso centro de sus líneas. Son conocidas las referencias reductivas de Kant en su *Lecciones de Antropología* e incluso en sus *Observaciones acerca del sentimiento de lo bello y lo sublime,* a lo pueblos mediterráneos (mucho antes de que medios financieros anglosajones acuñaran el acrónimo peyorativo PIGS para referirse al grupo de cuatro países del sur de Europa conformado por Portugal, Italia, Grecia y España). El bárbaro que habita al otro lado de la frontera y se expresa en esa lengua confusa y cuya denominación lleva implícita la burla (el – "bar" ininteligible), el pueblo exótico a los ojos del ilustrado centroeuropeo y también el colonizado de los siglos XIX y XX se presta al estereotipo identitario-cultural. Desde la perspectiva de la Literatura comparada y la Crítica cultural, Lionel Trilling dedica párrafos feroces contra la reducción de la imagen literaria del otro propia del imperialismo "mezquino e irreflexivo" de Rudyard Kipling y, en general, contra la presencia del estereotipo como *baluarte para proteger la mente contra sí misma* (2023: 191-192). De acuerdo con una bella imagen del antropólogo Luis Villoro, el otro se presenta en la soledad de la conciencia del sujeto como un satélite

3. Incluso si nos limitamos al estudio del estereotipo, los campos de estudio de las imágenes incluye los estudios culturales, la iconografía como rama de la Historia que se ocupa del contenido temático de las obras de arte, en cuanto algo distinto de su forma; la iconología fundada a principios del siglo XX por Aby Warburg, Alois Riegel y el propio Erwin Panofsky que engloba en gran medida todo lo anterior; "estética de los medios", investigaciones filosóficas, estudios sobre la representación o creación de estereotipos y otras. Para una visión de conjunto, véase Erwin Panofsky (2004: 45-76).

(2016: 23). La condición de la colonización parte siempre de una minusvaloración, una inicial negación del otro o, más exactamente, una sumisión desde su constitución discursivo-ideológica como objeto de dominio. Un episodio particular de la mentalidad colonial y sus formas de alteridad lo supone el orientalismo definido por Edward Said como tradición mistificadora, constructora de estereotipos, constelación de imágenes distorsionadas, falsos prejuicios que subyacen en el fondo de las actitudes occidentales con respecto al oriente, persistentes y sutiles prejuicios eurocéntricos contra los pueblos árabes-islámicos y su cultura.

En una línea parecida, podríamos decir que la figura del martinico Frantz Fanon con su obra *Los condenados de la tierra* (1961) ha ejercido una influencia inigualada en nuestra concepción dañina del estereotipo, y cada vez que un investigador de las creencias sobre los atributos asignados a un determinado grupo social aborda el tema, Fanon, oficia como referencia y guía. Sus ideas nos permiten, por ejemplo, entrar en los efectos psíquicos de la compleja subordinación del nativo, un sometimiento a la vez político, militar, jurídico y estético. Pero, más tarde, cuando los torpes y apresurados procesos de descolonización supusieron ya una apertura de la razón sensible al otro, cuando no *la razón del otro*, cierta reducción homogeneizadora se mantiene. Como puede apreciarse en las páginas de Rolland, Camus, Gide o Malraux o en la reivindicación de la literatura decolonial desde los años setenta, ya deja de hablarse del otro en términos negativos de la cultura económica, política, militar o jurídicamente sometida, pero la superación de la reducción identitarista no es realmente tal. Más bien parece una mera inversión de valores (ahora la superioridad de todos los valores propios de la cultura *original* frente a todos los valores de la metrópoli). La conciencia de uno y del otro sigue *orbitando* sobre la comunidad que *nombra* porque los vaivenes del despliegue de la especie humana sobre el planeta pueden seguir siendo observados desde el punto de vista del derecho como procesos de colonización (y descolonización) sociológica y política mediante la cual los grupos que antes eran extraños pasan ahora a ser recíprocamente nombrados y renombrados.[4]

Quizás la extensión más o menos normalizada de la islamofobia en la esfera política y los intentos de condicionar la recepción no solo de inmigrantes sino de refugiados a que estos no supongan una "amenaza para la cultura local" por provenir de países árabes y/o musulmanes constituya el ejemplo más evidente del peligro del estereotipo en el ámbito cultural. La islamofobia es una forma de racismo dirigida contra las personas musulmanas o consideradas como tal y supone un claro ejemplo de la retroalimentación entre el estereotipo cultural y el racial. En primer lugar, porque expresan la idea de que ser musulmán empuja a actuar de una determinada manera más allá de la religión (de una forma análoga a cómo en el pasado de defendía la predisposición biológico-cultural (sic) de la llamada entonces "raza negra"). La islamofobia es también racismo en el sentido más clásico porque la inmensa mayoría de los musulmanes del mundo no son blancos, son personas procedentes de la migración, del sur global, y ahí confluyen dos formas de racismo. Y por supuesto, está conectada con otras formas de exclusión y esterotipia como el género o la clase social. Los discursos que asimilan islam con una amenaza a la identidad ya no provienen solo de gobiernos autoritarios de ideología nacionalista (al estilo de la Rusia actual), sino de partidos políticos de toda Europa que incluyen en sus exitosos programas la "defensa de la pureza" y de la familia tradicional supuestamente

4. En el juego histórico de la alteridad Jacinto Choza propone un cuadro de las formas evolutivas de alteridad: el espacio exterior a la *polis*, *urbe*, *patrias* y *civitas* en la antigüedad grecolatina ocupado, entre otros, por bárbaros y esclavos. Durante el medievo, judíos e infieles se sitúan en el ámbito político de la inhumanidad. El núcleo fuerte de alteridad en la modernidad se da en el contexto del Nuevo mundo y los "salvajes". En la actualidad, sigue habiendo una exterioridad (una inhumanidad) constituida por "ilegales" o clandestinos y junto a la figura del inmigrante "ilegal" destacan pueblos indígenas desplazados a la periferia de las nuevas metrópolis. Véase Jacinto Choza (2018) y Jesús García Cívico (2019).

atacada tanto por el movimiento LGTBI como por el islam. Podemos convenir en que, si bien tales partidos políticos con representación parlamentaria suponen la expresión más visible, lo cierto es que el discurso securitario y la criminalización de la figura del inmigrante parece haberse extendido en el plano de las reformas legislativas y a nivel institucional como una expresión naturalizada de la visión "tóxica" de la inmigración convirtiendo al inmigrante en amenaza potencial (por ejemplo, de nuevo frente a la identidad cultural).

El paulatino declive del acento racial a favor del discurso de la incompatibilidad cultural no significa que el primero haya desaparecido, más bien funciona como el aspecto visible por externo de la diferencia *interior.* Las complejas tramas sociales, las distintas velocidades entre los consensos científicos, los hallazgos morales, los prejuicios atávicos, los egoísmos materiales y un sinfín de variables podrían quizás explicar la permanencia de los estereotipos raciales más burdos y la forma en que estos solapados con sutiles prejuicios culturales se reproducen y afectan al sujeto y al sujeto-objeto de la esterotipia. Por ejemplo, el discurso de la diferencia cultural en la UE sigue evitando la espinosa cuestión de la minoría gitana cuya discriminación podría estudiarse desde la perspectiva que nos ocupa aquí. Gran parte de la xenofobia que afecta a gitanos, árabes y subsaharianos se renueva en el terreno simbólico de forma novedosa aunque de acuerdo con la hiriente experiencia de muchos jóvenes de origen árabe en Europa, los problemas más inmediatos (acceso a vivienda, participación en tejido empresarial) achacados a la multiculturalidad son, en realidad, expresión del viejo racismo. Ese es el testimonio de la escritora española Najat el Hachmi, quien analiza *en El lunes nos querrán* (2021), la desconfianza hacia "el moro" bajo parámetros de un estereotipo que es a la vez externo e interno, visible e invisible, racial y cultural.

Creemos, pues, que al igual que es posible rastrear el estereotipo de género en leyes, sentencias e incluso instituciones (en el caso de la raza, hablamos de "racismos institucionalizados"), el cultural es todavía un estereotipo profunda y *dinámicamente* integrado en una gran parte del imaginario jurídico y político. Pero, tras los distintos episodios de estereotipia humillante (el imaginario simbólico de la representación imperial que inferioriza la colonia estudiada de forma modélica por Fanon) ahora, los peligros de la esencialización cultural como generadora de identidades excluyentes, cerradas u opresoras son señalados con prioridades distintas por sociólogos como Zygmunt Bauman (que apunta al peligro de la "retrotopía" y de considerar valiosa cualquier forma de vida tradicional u originaria por el mero hecho de su antigüedad). Al mismo tiempo, el estereotipo cultural como visión monolítica de la identidad asumida peligrosamente por los propios estereotipados (el "repliegue cultural") ha sido señalado en el pasado reciente por autores como Arjun Appadurai (2007) o Amin Maaluf (2010) y a su superación por críticos culturales actuales como Anthony Appiah (2019) o Nestor García Canclini (2004) haremos referencia aquí.[5]

Tal como solemos hacer desde que iniciamos una serie de estudios enmarcados en la línea "Dimensión cultural del derecho" y en particular desde los proyectos de innovación docente del Centro de Investigación "La Norma y la Imagen Contemporánea" (CINIC), el presupuesto básico del que partimos para tratar el estereotipo de la diferencia cultural es la distinción (no siempre tajante) entre un sentido descriptivo de lo cultural ligado a la tradición (lengua, gastronomía, fiestas populares, creencias religiosas, etc.) y un sentido formativo relacionado con la idea de mejora o crecimiento a través de la literatura, la ciencia y las artes: la idea de acceso a la cultura (bibliotecas, museos, cines, etc.) del artículo 44 de nuestra Constitución (García Cívico, 2023a), la idea de "constitución cultural" de Peter Häberle (2000) o las formas de entender la Unión Europea como construcción cultural (en lugar de como identidad cultural).[6] Bajo esta

5. Véase también Lila Abu-Lughod (2012).

6. Como ciudadanía anacional de diseño institucional (Kostakopoulou, 2009). Suscribimos aquella advertencia temprana que lanzaba Javier de Lucas

última acepción de cultura (cuando se dice, por ejemplo que el teatro de calle es un factor de democratización de la cultura porque la acerca a los pueblos), las mismas tradiciones son observadas críticamente (desde las peleas de gallos o las corridas de toros al matrimonio infantil o la ablación de clítoris). El análisis del estereotipo cultural debe, a nuestro juicio, beneficiarse de la distinción entre lo cultural como tradición y lo cultural en un sentido formativo porque el segundo (más reacio a la estereotipación, como veremos) en la medida en que incluye formas de vida y alternativas a las inercias dominantes *mira hacia delante* por así decir y permite incluir entre lo diverso-cultural formas de vida refractarias tanto a la globalización neoliberal como a instituciones tradicionales como el matrimonio, la familia, la escuela o la crianza de hijos. Aunque somos conscientes de que una asunción rígida de esta distinción plantea sus propios problemas,[7] nos parece más evidente el riesgo contrario: la reducción de la diferencia cultural a la diferencia lingüística y religiosa, una idea de la que parten la mayoría de las políticas que bajo este rótulo ("interculturalidad") actúan sobre ámbitos como el educativo, o por llevar ya claramente el tema al ámbito jurídico que vertebra este volumen, el derecho a la educación (desde políticas legislativas en la UE a las competencias autonómicas en nuestro país), las políticas de gestión de la diversidad cultural y la propia teorización del pluralismo político.

(2004): "la cuestión identitaria europea entendida en clave de identidad etnocultural, es coyuntural, aleatoria y, además, inoportuna e improcedente".

7. Raymond Williams da tres acepciones: una primera definición de cultura como proceso de desarrollo intelectual, espiritual y estético, vinculado a la noción ilustrada de progreso contenida en el término francés *civilisation*, la segunda, asociada al alemán *Kultur* o, con Herder, a la diversidad de *culturas,* como maneras de vivir específicas de pueblos y periodos (la esclavitud en la antigua Grecia); la tercera acepción de cultura es la más restringida y alude a obras derivadas de la actividad intelectual y artística (García Cívico, 2023b). Antonio Monegal (2022) parte de las conexiones entre esas dos acepciones.

Sobre la diversidad cultural: ¿hay realmente una diferencia cultural profunda entre un holandés vegano (protestante, si se quiere) involucrado en proyectos de convivencia colectiva y una joven judía impulsora de ecogranjas en Nueva York? ¿La hay entre un japonés amante del dream-pop y un chileno seguidor de Slowdive? ¿Imaginamos que ambos, junto a la inclinación por melodías atmosféricas, se declaran contarios al matrimonio monógamo y partidarios de las relaciones sexuales abiertas? ¿Les resulta posible imaginar a un muchacho senegalés y a un sexagenaria suiza compartiendo firmes ideales contrarios al tipo de vida neoliberal que desean expresarse en propiedades comunales o en fórmulas de convivencia colectiva intergeneracional? Pero, si identificar de forma tan reductiva el origen y lengua con la diferencia cultural resulta hoy paradójico en un contexto de intercambios y fluidez globalizada, ¿no lo es todavía más asumir una correspondencia entre la pigmentación de la piel y la cultura?[8]

Debemos reflexionar sobre el destino de los estereotipos en un estadio cultural dominado por nuevas formas de diversidad ajenas a la religión o la raza, caracterizado por una significativa (pero eclipsada) brecha socioeconómica, una preocupante extensión de las enfermedades mentales (como prueba quizás de la dificultad extendida de adaptación al clima de estrés y aceleración) y una creciente homogeneidad cultural llena de contradicciones que es a la vez, plural y dúctil, global e híbrida.

8. "Cabe también cuestionarse si realmente la principal causa de la diversidad cultural es la inmigración, la etnicidad o las identidades nacionales" (Aymerich, 2023), "¿Es mayor la diversidad que se da en un estado democrático y desarrollado entre el ciudadano medio oriundo de dicho estado y el inmigrante llegado de países menos desarrollados o, por ejemplo, la que se da entre una monja de clausura y un okupa?" (Aymerich, 2023).

2. El extraño viaje del estereotipo racial como estereotipo cultural

Si un usuario de la red de la segunda década del siglo XXI quisiera averiguar el significado de lo multicultural (por ejemplo, aplicado a una relación sentimental) guiándose solo por las imágenes que ofrece un buscador en Internet tendría serias dificultades para no confundir una pareja "multicultural" con una pareja interracial: hombre negro y mujer blanca, mujer con rasgos hindúes y un hombre caucásico. La red ofrece distintas combinaciones en una suerte de correspondencia entre el contraste de piel y la (supuesta) diferencia cultural. Lo mismo ocurre con el resto de imágenes de la multiculturalidad: todas reenvían imágenes de distinta pigmentación de la piel. Esto es así –podría responderse– por cuestiones de economía iconográfica y también porque aunque en efecto, el matrimonio entre dos jóvenes londinenses de distinto color de piel que han acudido a los mismos colegios, escuchan la misma música, etc. raramente podría considerarse intercultural, no todos los lugares del mundo resultan urbes multirraciales sino que sigue habiendo una influyente correspondencia entre lo étnico y lo geográfico.

Desde luego, pero si ampliamos el número de individuos en distintos ejemplos más allá de las relaciones de pareja, la confusión se repite. En el terreno de la representación publicitaria de lo cultural quizás el ejemplo más evidente es el de las reacciones académicas surgidas tras algunas de las conocidas campañas de la marca "Benetton" (Rey, 2006). La representación de lo intercultural como fuente de estereotipo (Ibid.)[9] y la identificación de lo racial con lo cultural se observa en la llamada "campaña breastfeeding" en la que se veía a una mujer negra amamantando a un bebé blanco: el revuelo académico asumió que la imagen apuntaba al oficio de "amas de leche" propio en el siglo XIX de mujeres esclavizadas (y no simplemente a una familia interracial). Algo similar ocurría con anuncios en los que distintos rasgos etarios, promotores de

9. Véase también Francisco Pérez Latre (2017).

la naturalización de la diversidad étnica eran leídos en clave de fagocitación etnocéntrica o de imperialismo cultural, por ejemplo, en la campaña "Blanket", en la que aparecía una mujer blanca, una mujer negra y un bebé asiático envueltos en una manta; o en "Angel and Devil" donde un niño negro simulaba un diablo junto a un niño rubio de aspecto angelical. Independientemente de la coherencia de los argumentos de la firma de ropa, lo único que queremos destacar aquí es que el problema se planteó asumiendo que la intención de Benetton era homogeneizar culturas y no naturalizar una sociedad multirracial (Rey, 2006).

Creemos que, si se trata de representar la singularidad de una cultura, o de elegir qué rasgo, qué obra, qué estilo encarna la esencia de un pueblo, de un colectivo, o de un grupo, las vías son muy distintas pero probablemente la peor es la racial. En una idea parecida insiste el Luis Villoro cuando escribe que si el investigador, por lo general un universitario, intenta retener en las obras culturales las notas que expresen una peculiaridad nacional:

> Se trataría ahora de encontrar, como núcleo de la nacionalidad o etnia, alguna nota esencial, es decir, permanente a través de todos los cambios. ¿Qué puede ser más permanente que una propiedad que precede a la historia misma, la raza, por ejemplo? El racismo ha sido, en el siglo XX, la respuesta más siniestra al problema, legítimo, de la identidad nacional (Villoro, 2008: 130).

Tiene razón Villoro, y es que en todos los nacionalismos agresivos, en los imperialismos —imaginarios o reales—, en los movimientos integristas de raíz religiosa, podemos reconocer esta operación ideológica: la identificación de la imagen de la nación con ciertas notas esenciales que nos separan de los otros y garantizan nuestra propia excelencia. Es aquí donde podemos comenzar a observar cuán profundamente se integran algunos aspectos de los viejos estereotipos raciales sobre el impacto cultural. Para gran parte de la perspectiva decolonial, lo que estaría haciendo la publicidad en el actual estadio de la globalización es inundar de imágenes las cosmovisiones periféricas de manera afín a las viejas influencias de la cultura de la metrópoli (la cultura occidental en la extendida fórmula que utilizaba por ejemplo la influyente obra de Edward Said). Los discursos e imágenes de inferiorización seguirían entreverándose en tropos, diálogos, situaciones y descripciones literarias ya no cómo las recogidas en *Orientalismo* (1978) o en *Cultura e Imperialismo* (1983) sino en ambiguos modelos de subjetividad en series de ficción de masas donde el recurso fácil es saturar la individual con los colores de la raza. El estereotipo colonial, hoy en completa revisión, permite aproximaciones tan distintas como la etnográfica, la histórica o la museística, así en *Crítica de la razón colonial* (1999) la filósofa india Gayatri Chakravorty Spivak analiza la compleja articulación de la experiencia colonial en el corazón de las disciplinas que conformaron la modernidad occidental como la filosofía, la literatura y la historia.

La primera expresión del estereotipo cultural es su identificación con la diferencia racial.

3. Culturas bajo la influencia: estereotipación de cultura como receptáculo pasivo

Si en la obra de Edward Said, la "alta cultura occidental" servía para difundir, primero, y justificar, después el ideal colonialista (Said, 1996: 201), ahora un fin análogo se consigue con una arista de la globalización neoliberal: su insistencia en las imágenes de la publicidad y el consumo. Sin embargo, cuando decimos que el modelo de globalización impone o naturaliza un modo de vida y acaba con la diversidad, ¿no parece asumirse que las culturas no dominantes funcionan como un receptáculo pasivo, débil y perfectamente homogéneo?

Es aquí donde encontramos una segunda expresión del estereotipo cultural (en un sentido meta-antropológico), en la imagen pasiva y a la vez homogénea de un grupo humano reducido en su la definición (antes peyorativa, ahora homogénea y esencializada en sentido positivo: pureza y pasividad). Sin embargo, sabemos bien, desde el conocido episodio histórico entre Grecia y Roma, que la influencia cultural siempre se produce en un doble sentido. Para el estudioso de la comunicación,

Chris Barker, la televisión global no se traduce necesariamente en un "imperialismo cultural" ni siquiera está claro que la globalización sea simplemente un proceso de homogeneización, pues las fuerzas de la fragmentación y de la hibridez son igualmente poderosas (Barker, 2003: 75). Incluso es posible que la difusión global del capitalismo consumista fomente necesidades ilimitadas entre ellas el placer de una constante transformación de la identidad de manera que la heterogeneidad surja precisamente como resultado de fuerzas globalizadoras o que el hecho de insistir en la particularidad y la diversidad se pueda considerar como un discurso *cada vez más global* (Ibid, 80).

En ello también ha insistido recientemente, Néstor García Canclini: la poderosa imagen bicéfala de un caballo de Troya en la frontera entre México y Estados Unidos debida a Marcos Ramírez Erre funciona como metáfora de una doble conexión influyente (García Canclini, 1999: 56). En efecto, tanto la perspectiva transdisciplinaria de los estudios culturales como algunas investigaciones empíricas, y por supuesto la intensificación de intercambios comunicacionales, económicos y migratorios entre Estados Unidos y América Latina, han mejorado el conocimiento recíproco entre estas sociedades (Rey, 2006: 198) y no se puede reducir la cuestión a un "choque" o la imagen de una sociedad amenazada por otra. No hay en sentido estricto un imperialismo cultural atrayente y a la vez una pérdida de la identidad de los países receptores, como tampoco la hay en los países emisores de migrantes.

Se puede condenar el expolio, la denigración, los intentos de conversión de evangelización de los indígenas del Amazonas y a la vez rechazar la reducción de las culturas a sus supuestos rasgos "puros" o inamovibles. Como señala el antropólogo Viveiros de Castro, "el indígena no es un santo. Nadie lo es. Para empezar, los pueblos indígenas son trescientos y pico en Brasil. Llamarlos a todos indígenas no dice mucha cosa sobre ellos, dice más sobre la Constitución brasileña, sobre la legislación, que llama indígena a una cosa". La protección de los pueblos y de los individuos que los forman debe pasar por marcos compartibles, por ejemplo, el de los derechos humanos. De nuevo con Viveiros, ser indígena es una forma de relación con el Estado. Está claro, tiene una dimensión histórica, son poblaciones descendientes, restantes, y que se piensan como ligadas a las comunidades precolombinas. Pero son también comunidades que tienen una cierta relación externa en relación con el Estado nacional y la etnia dominante, que es una relación muy particular. Y esa relación pasa, principalmente, por una cierta relación con la tierra. Por otro lado, "las miradas recíprocas entre estadounidenses y latinoamericanos, así como entre europeos y latinoamericanos están modificándose, no siempre positivamente, al intensificarse los intercambios económicos y los procesos migratorios. Podrían evolucionar más productiva y creativamente si en los campos culturales y comunicacionales pasáramos de la mera confrontación de diferencias, la reproducción de estereotipos y la retórica diplomática a la cooperación en proyectos compartidos". Parece hacer falta definiciones difusas poco reductibles al estereotipo para nuevas identidades nacionales alejadas ya del molde del siglo XIX con el que se levantó la imagen de estado-nación. Imágenes ya no atemporales o auto-contenidas ni cristalizaciones de un flujo unidireccional en sentido cultural amenazadas por el contacto o la influencia de "los otros" (García Canclini, 2004: 52 y ss.).

De acuerdo con García Canclini, al ofrecer visiones más profundas de la multiculturalidad y sus diferencias, de la desterritorialización y la re-territorialización, los estudios culturales permiten "retrabajar" la información sobre la inconmensurabilidad ideológica entre las sociedades (del tipo "americanización" o "latinización"). Para el antropólogo y crítico cultural argentino, los lugares actuales de lo cultural oscilan entre su concepción social y universal extendida en la primera modernidad y, al mismo tiempo, las exigencias mercantiles impuestas en los últimos años. Y, en lo que más nos interesa aquí, para García Canclini, "decir que la reducción de lo cultural al mercado, y a su globalización neoliberal, condiciona todas las relaciones interculturales induce hoy a renovados estereotipos de universalización inconsistente". ¿Y no se presentan a sí mismos y se representan los movimientos antiglobalización como el reverso especular de aquella imagen estereotipada? (García

Canclini, 2004: 53). ¿No es el mismo proceso de universalización –incluso en la algo estereotipada forma de *macdonalización* o la igualmente estereotipada forma de neoimperialismo– sensible a las variadas formas en que los grupos se apropian de lo moderno? La modernidad no solo uniformiza.[10] En estudios provenientes del propio campo de la publicidad puede observarse cómo los rasgos que conforman estereotipos son a su vez dinámicos, así sucede, por ejemplo con los modelos femeninos que aparecen en la publicidad de Costa de Marfil, en el que los modelos importados (occidentales) conviven con los modelos locales: la mujer que figura en la publicidad marfileña es una mujer africana con una cultura híbrida que combina aspectos de su propia sociedad y elementos procedentes de la cultura occidental. Esta hibridación se observa en los siguientes datos:

> [...] Se trata, por tanto, de una mujer que, en términos generales, desempeña "los roles tradicionales femeninos comprendidos en la cultura subsahariana". Pero a estos roles le ha sumado algunos aspectos nuevos, como el promocionar productos de belleza (17%) y dedicarse a la moda (18%), además de un levísimo erotismo (7%), extraño en este contexto cultural en el que la mujer no tiene tendencia a aparecer (Rey, 2006: 199).

En efecto, aunque aceptemos la conjetura de que la globalización del orden mercantil y los avances tecnológicos irán homogeneizando al mundo, achicando las diferencias y las distancias, ¿cómo afecta de hecho a todos los actores?, ¿y la imagen de la homogeneidad racial de la cultural del epígrafe anterior unida ahora a la reducción de una cultura como receptáculo pasivo no supone una peligrosa versión de la vieja idea de la inferioridad racial-cultural? Dediquemosle un epígrafe a recordar cómo se debió replantear esta cuestión.

10. García Canclini evoca el uso de las computadoras por los jóvenes mixes para recoger sus tradiciones orales y recuperar con tecnología avanzada su sabiduría antigua. Las innovaciones modernas no desvirtúan fatalmente las culturas tradicionales, sino que pueden reforzarlas (García Canclini, 2004: 53 y ss.).

4. El gran estereotipo de la raza como cuestión (de inferioridad) cultural

Incluso en el tiempo de la revisión de la identidad en clave de hibridez en los conocidos estudios de Homi K. Bhabha[11] y Kwame Anthony Appiah, incluso en la época de las manifestaciones culturales mestizas, fluidas y heterogéneas (de la música de Anohni and The Johnsons al cine de Ryûsuke Hamaguchi), podríamos asegurar que los ensayos *Raza e historia* (1952) *y Raza y cultura* (1972) del antropólogo Claude Lévi-Strauss siguen contagiando un raro efecto anímico –a la vez intenso y pasajero– y una influencia inigualada en nuestra reflexión sobre las formas de superar los prejuicios racistas y los estereotipos que todavía aparecen cuando en algún lugar del mundo se plantea la relación entre la raza y la cultura. Y sus ideas, pero sobre todo su manera fascinada y humilde de referirse a la diversidad humana suponen también, a mi juicio, una ineludible entrada para seguir penetrando en la compleja relación de la cultura y los estereotipos desde una perspectiva amplia y dinámica.

Si la primera forma tentativa de representar lo cultural es trasladarlo o identificarlo con la raza y la segunda homogeneizar lo cultural leyéndolo en clave de pasivo-debilidad, es aquí, en este solapamiento donde debemos continuar nuestra reflexión. Nos trasladamos a la segunda mitad del siglo XX, tras el horror de la segunda guerra mundial porque en un tiempo sensible a todas las formas de inferiorización, se consideró con buen criterio que había que desmontar el prejuicio de la inferioridad racial expresada en el prejuicio inferioridad cultural habitualmente como supuesta prueba de que la cultura occidental del hombre blanco era superior a ser también superior la raza que la había protagonizado. El estudio de la contribución de las razas humanas a la civilización mundial emprendido por Levy Strauss iría justamente en la dirección de desmontar ideas preconcebidas dentro de la lucha contra el prejuicio racista (1996: 39). Y desde entonces cada vez que un investigador de

11. Se trata de la fusión de lo "otro" con lo "propio" en un *tercer espacio* (Bhabha, 1994: 173).

las creencias sobre los atributos asignados a un determinado grupo humano aborda el tema, la claridad conceptual y el clima anímico – a la vez lúcido y nostálgico– de quien supo entrever con cierta desesperanza la persistencia de los discursos racistas que apelan a las diferencias biológico-culturales, debería oficiar como referencia y guía. "Raza e historia" fue el resultado de un encargo de la UNESCO (Organización de las Naciones Unidas para la Educación, la Ciencia y la Organización Cultural por su siglas en inglés) en un momento histórico en el que imperaba la pesarosa pero progresista convicción moral de que el nazismo había supuesto un antes y un después en la representación deshumanizada del ser humano y de lo que este podía hacer con otros grupos de su misma especie como consecuencia de la extensión de funestas ideas sobre supuestas superioridades raciales. La necesidad de enterrar, de *sepultar bajo el peso no solo de las bombas sino de la ciencia*, las peligrosas tesis biologicistas del III Reich y en general del supremacismo racial vigente en buena parte del occidente "vencedor" se consideraba un asunto prioritario. En efecto, en los años cincuenta del pasado siglo, el suprematismo ario había sido derrotado, pero no así toda apelación a la superioridad de grupos humanos sobre otros. En este punto, la conexión entre el horror de la deshumanización nazi y el colonialismo que había beneficiado a otras potencias se hacía evidente y había sido apuntada explícitamente en *Discurso sobre el colonialismo* del poeta y político martinico Aimé Césaire (1950) y desarrollada ampliamente por Hannah Arendt en *Los orígenes del totalitarismo* (1951).

Sin embargo, a pesar de la capitulación de los supremacistas, de los enveses del colonialismo y del desgaste moral del racismo, la *pregunta incómoda* parecía seguir en el aire, ¿había algo de razón ya no solo en considerar la cultura occidental como superior, sino en considerar igualmente superior al hombre blanco? O, más vastamente: ¿había alguna correspondencia entre raza y cultura?[12] La respuesta de Lévi-Strauss supuso en elegante e

12. Lévi-Strauss había dado a *Tristes Trópicos* un tono de acabamiento que, en lo que nos interesa aquí, tenía algo agridulce: la diversidad es condición de progreso porque resulta de ciertas coincidencias, acoplamientos y contras-

informativo repaso a la historia de la humanidad que deshacía ideas interesadas o preconcebidas y desmontaba los argumentativamente débiles, pero políticamente poderosos discursos sobre la superioridad racial en los que el estereotipo funcionaba como dispositivo político-estético. ¿No era así, a través de estereotipos de inferiorización racial y cultural como se cerraba mentalmente el apartheid político, social y jurídico que hubo de regir en Sudáfrica y Namibia justamente entre 1948 y 1992 por parte de una orgullosa minoría blanca?

No existe –dejó claro el antropólogo– un lazo causal entre la herencia biológica y la realización cultural. Los diagramas simplistas que establecen esa correspondencia son tan falaces como miopes en términos de perspectiva histórica. La historia de las civilizaciones apunta a hitos y redes complejas en grandes lapsos de tiempo. Ni siquiera de la breve superioridad del saber científico y la tecnología europea sobre los pueblos americanos en el siglo XVI se podía inferir aptitudes definitivas: "la historia de las civilizaciones muestra que, a través de los siglos, cada una pudo brillar con un resplandor particular" (Lévi-Strauss, 1996: 115). Ese brillo no está necesariamente en la línea de un desarrollo único y siempre orientado en el mismo sentido. La revolución industrial, exhibida como mérito de la raza blanca, pudo extenderse desde Inglaterra hasta Estados Unidos Europa y Japón, y luego, a Rusia y más lentamente al resto del mundo, pero, una revolución igual o más influyente en términos de civilización humana fue la revolución neolítica desencadenada simultáneamente en la cuenca egea, Egipto, el Próximo Oriente, el valle del Indo o China sin que haya llevado una reclamación análoga por parte de razas "amarillas" o "norteafricanas" (Lévi-Strauss, 1996: 87). La misma irradiación podría predicarse del neolítico americano del Antiguo Mundo.

tes. A la vez, una cultura en sentido esencializado pierde parte de su originalidad en el contacto con otras pero eso es justamente un factor evolutivo esencial para entender por qué determinadas culturas resultan más avanzadas en términos acumulativos.

No hay aptitudes raciales innatas. No es posible atribuir un significado intelectual o moral por el hecho de tener la piel negra o blanca, el cabello liso o rizado. El verdadero problema, no es aquel que coloca sobre el plano científico el lazo eventual que podría existir entre el patrimonio genético de ciertos pueblos y sus resultados prácticos de los que se extraen de tanto en tanto argumentos para pretender la superioridad, sino que se trata de errores de fondo. En primer lugar, la dudosa noción de raza no parece que vaya más allá de transformaciones con valor adaptativo, muchas de ellas culturales (debidas a modelos de familia, decisiones económicas, tecnológicas, migratorias, etc.). Si la particularidad existe se debe a circunstancias geográficas, históricas y sociológicas, no a aptitudes ligadas a la constitución anatómica o fisiológica de los negros, los amarillos o los blancos. Con eso ya empezaba a advertirse la inversión del punto de partida: la cultura no es función de la raza, pero la raza bien puede estar en función de la cultura. Tampoco se trata de cuán distintamente han aportado continentes poblados mayoritariamente por una u otra gente con tal o cual pigmentación de la piel: si las aportaciones culturales de Asia o de Europa, de África o de América son distintas (*únicas*, es la expresión que elige Lévi-Strauss) no es porque estos continentes estén, en conjunto, poblados por habitantes de orígenes raciales distintos con sus supuestos rasgos generalizables (estereotipados). De acuerdo con Lévi-Strauss, la humanidad avanza en su diversidad a partir de combinaciones favorables que permiten episodios de historia acumulativa. ninguna cultura se encuentra sola; siempre viene dada en coalición con otras culturas.[13] Y esa historia acumulativa (el progreso, si se quiere así)[14] no tiene un actor privilegiado, una civilización o una nación,

13. "La posibilidad que tiene una cultura de totalizar este complejo de invenciones de todo orden que nosotros llamamos civilización, está en función del número y diversidad de culturas con las que participa en la elaboración —con mayor frecuencia involuntariamente— de una estrategia común (Lévi-Strauss, 1996: 92-93).

14. Tomando los términos en el sentido que Levi-Strauss les da, se ve que todo progreso cultural se debe a una coalición entre culturas. "Esta coalición consiste en la confluencia (consciente o inconsciente, voluntaria o involuntaria,

una fecha señalada o un determinado periodo de historia (Lévi-Strauss, 1996: 64). El ejemplo que daba el antropólogo se observa mejor si tomamos una mayor perspectiva de la historia: los nómadas que atravesaron el estrecho de Bering gracias a las últimas glaciaciones consiguieron una de las demostraciones más asombrosas de la historia acumulativa (afín en distintos puntos a lo que llamamos "cultura en sentido formativo") que han ocurrido en el mundo: explotar de arriba abajo los recursos de un medio natural nuevo; dominar (junto a ciertas especies animales) las más variadas especies vegetales para su alimento, sus remedios y sus venenos, y —hecho inusual en otras partes— producir sustancias venenosas como la manioca desempeñando la función de alimento base, u otras, como estimulante o anestésico; coleccionar estupefacientes en función de especies animales sobre las cuales, cada uno de ellos ejerce una acción electiva; desarrollar ciertas industrias como la textil, la cerámica y el trabajo de los metales preciosos hasta su perfección. Para apreciar esta inmensa obra, escribe Levi-Strauss, basta con medir la aportación de América a las civilizaciones del Antiguo Mundo. En primer lugar, la patata, el caucho, el tabaco y la coca (base de la moderna anestesia) que, con nombres sin duda diversos, constituyen cuatro pilares de la cultura occidental. El cero, base de la aritmética e indirectamente de las matemáticas modernas, era concebido y utilizado por los mayas por lo menos medio milenio antes de su descubrimiento por los sabios indios, de quienes Europa lo ha recibido por mediación de los árabes. Por esta razón, quizá su calendario era, en la misma época, más exacto que el del Antiguo Mundo (Lévi-Strauss, 1996: 64). A su lado, la aportación occidental –más tardía, más breve– cuenta con una imaginería del logro cuya exaltación del genio creativo o del estereotipo del científico contrasta

intencionada o accidental, buscada o impuesta) de las oportunidades que cada cultura encuentra en su desarrollo histórico. Dicho esto, parece que nos encontramos frente a condiciones contradictorias, ya que este juego en común del que resulta todo progreso, ha de conllevar consecuentemente una homogeneización de los recursos de cada jugador (Lévi-Strauss, 1996: 99).

con la manera en la que se suele referir el uso del fuego o de los útiles de caza para los antiguos: frutos de la casualidad. El estereotipo del africano asustadizo ante los inventos del hombre blanco es uno de los recursos que más se utilizan consciente o inconscientemente para apuntalar esa falsedad.

Para Strauss, en coincidencia con Leslie White (*The Science of the Culture*), la aportación occidental (la del hombre blanco del siglo XIX) consistiría en la forma en que habría logrado incrementar continuamente la cantidad de energía disponible por habitante, y por otro, proteger y prolongar la vida humana. Pero, incluso en ese caso, la dependencia de los inmensos descubrimientos precedentes, los de una humanidad diseminada en otros continentes, es inmensa: "a todas estas artes de la civilización, nosotros hemos aportado solamente perfeccionamiento desde hace ocho mil o diez mil años" (Lévi-Strauss, 1996: 79).[15] Tampoco la complejidad de los descubrimientos modernos resulta de una mayor frecuencia o mejor disponibilidad del genio:

> [...] el ejemplo de la revolución neolítica (la única que el hombre occidental moderno consigue representarse con bastante claridad), debe inspirarle alguna modestia por la preeminencia que podría estar tentado a reivindicar en beneficio de una raza, una región o un país [...] ¿Qué es de las cuestiones de prioridad, a escala de milenios y de las que nos enorgullecemos tanto? (Lévi-Strauss, 1996: 87).

Y "la verdadera contribución de las culturas no consiste en la lista de sus invenciones particulares, sino en la distancia diferencial que ofrecen

15. A esta matización, podríamos añadir las contribuciones de autores como Jared Diamond (1998) sobre las causas objetivas del éxito del modelo entre las que no se encuentra ninguna superioridad biológica innata de tipo racial. El curso histórico de la alteridad resulta siempre un juego de integración y exclusión: lecciones que podríamos aprender de las sociedades tradicionales de un pasado casi desaparecido. Nosotros (sociedades desarrolladas) podríamos aprovechar el conocimiento antropológico en relación con los peligros y crianza de los hijos, el respeto a la vejez (Diamond, 2012: 429).

entre ellas" (Ibid., 70), *en sus contactos*. En definitiva, desde los primeros textos científicos del mundo en la era de las Naciones Unidas, se encuentra la misma afirmación frente a generalizaciones indebidas, prejuicios sobre el menor valor intelectual de una cultura o de una raza: no hay ninguna relación causa-efecto entre la diversidad racial y la diversidad intelectual o estética (Ibid., 41). El estudio del prejuicio racial-cultural proporciona más bien una conclusión en un sentido si no adverso, sí *diverso*. El estereotipo de la inferioridad racial no solo era insostenible sino que podría haberse dibujado al revés: si el criterio seguido hubiera sido el grado de aptitud para triunfar en los medios geográficos más hostiles, no hay ninguna duda de que los esquimales por un lado y los beduinos por el otro, se llevarían la palma. De acuerdo con el antropólogo, la India ha sabido mejor que ninguna otra civilización, elaborar un sistema filosófico-religioso, y China un género de vida, capaz de reducir las consecuencias psicológicas de un desequilibrio demográfico. [...] Oriente y el Extremo Oriente poseen un avance de varios milenios. Ellos han producido estos vastos conjuntos teóricos y prácticos que son el yoga de la India, las técnicas de aliento chinas o la gimnasia visceral de los antiguos maorís. La agricultura sin tierra, desde hace poco a la orden del día, fue practicada durante varios siglos por determinados pueblos polinesios que también hubieran podido enseñar al mundo el arte de la navegación, y que lo han modificado profundamente, en el siglo XVIII, revelándole un tipo de vida social y moral más libre y generosa de lo que se conocía (Ibid., 71-72). A pesar de la carencia de fundamentos científicos, y la miopía histórica evidenciada desde la antropología, las bellas alusiones a África y al Oriente Medio se enfrentan a los estereotipos negativos y/o peyorativos sobre la "mente africana" (o india, o irlandesa, o jamaicana, o china) tal como estudió Edward Said, aquellos estereotipos coloniales, dispositivos de justificación de la discriminación y el dominio, modos propicios de representación del otro y parte del esfuerzo por gobernar tierras y pueblos lejanos funcionaron durante mucho tiempo como dispositivos de exclusión en las políticas del apartheid (Said, 2008: 110 y ss.). El antropólogo tenía razón: no podemos pretender haber resuelto el problema de la desigualdad de razas humanas y los estereotipos que lleva aparejada si no se examina el de la desigualdad —o el de la diversidad— de culturas humanas que está en la conciencia pública estrechamente ligado a él (Lévi-Strauss, 1996: 42).

Hoy, encontramos ejemplos del temor anticipado por Lévi-Strauss, "el riesgo de ver los prejuicios racistas, apenas desarraigados de su base biológica, renacer en un terreno nuevo" (1996: 41). Uno de los más peligrosos es la segregación racial sobre el supuesto del pluralismo cultural, un riesgo muy bien apuntado por Ignacio Aymerich al señalar que los intentos de legitimación de la segregación racial con razones supuestamente multiculturales (aparte de justificar más amplios derechos políticos a uno de los grupos) "no es admisible como forma de pluralismo cultural, porque el pluralismo es la libre articulación de los elementos de la cultura, no su fijación normativa en bloques cerrados y estáticos" (2023: 548). Otro de esos terrenos se da en la gestión cultural, en la política de las expresiones culturales. Por ejemplo, la "negritud" se destacaba frente a una suerte de concepción neutro-cognitiva del autor y la dimensión estructural del estereotipo alcanzaba en Europa la política cultural de instituciones públicas incluidos premios literarios para autores extranjeros, presumiendo que el escritor de origen turco que vive en Alemania *escribe de temas turcos*, con un lenguaje o unas intenciones estéticas que lo alejan de la prosa de Gunther Grass. ¿Y en qué otro lugar es posible identificar hoy este estereotipo? En lo que sigue anotaremos algunas ideas sobre la cultura como fuente de identidad estereotipada y cómo se representa en la batalla cultural y en los nuevos frentes relacionados con la libertad de expresión.

5. La vieja y la nueva función del estereotipo racial

Podemos convenir en que, a principios del siglo XXI, tanto lo racial como cierta esencialización cultural regresan con su negatividad invertida de formas distintas, bien como objeto de la corrección política (visible en el cine con protagonistas negros y de otras minorías raciales)16 bien como dato sensible de lo que se ha venido llamando cultura woke y algunos de sus corolarios: racialización, "apropiación cultural" y otras. Y es aquí donde encontramos algunas evidencias de la superación en falso del estereotipo que apuntábamos al comenzar, ¿no reproducen tanto la "apropiación cultural" como lo que se conoce como "racialización" un esquema dicotómico más o menos rígido donde la cultura (o lo cultural) se presenta de nuevo "esencializada" y donde se proyecta "por inversión" un nuevo estereotipo (aquí ya un estereotipo positivo) una suerte de inocencia heredada, de nobleza histórica o superioridad moral enarbolada en la nueva "batalla cultural"? Hoy, el término "racializado" no es tanto la forma políticamente correcta de decir "negro" sino que es una manera desde la que describir la categoría racial como indicativa de la diferencia esencial y en ese sentido es una categoría más como pueden ser el género o la sexualidad.17 El problema es que si incluso estrictamente una persona racializada es alguien que recibe un trato favorable o discriminatorio en base a la categoría racial que la sociedad le atribuye, lo que ocurre

16. En los años 50, la ambigua idea de tolerancia daba paso a una suerte de reconocimiento en el sentido que la da Axel Honneth entre dos protagonistas masculinos, uno blanco y otro negro, como en *The Defiant Ones* (Kramer, 1958). Sin embargo, la construcción de un estereotipo positivo (el negro noble, educado y bueno) impedía que calaran las ideas de complejidad e indeterminación de los negros en pie de igualdad ontológica con los blancos. El movimiento de los derechos civiles de mediados de los 60 tuvo un sensacional impacto en todos los niveles de la sociedad norteamericana y los negros empezaron a desarrollar nuevas imágenes de sí mismos donde se reivindicó el color de la piel a la vez que los personajes, ya abiertos a los defectos y contradicciones humanas, se hacían menos estereotipados como en *Shadows* (Cassavetes, 1960; García Cívico, 2020).

17. En Estados Unidos a este conjunto de las categorías raciales que sufren el racismo se le llama "People of Color", y en ella están negros, latinos o asiáticos, pero no los blancos.

es que se sigue atribuyendo una relevancia a la raza. ¿No resultaría preferible aspirar, por parafrasear los términos de Ferrajoli, a una irrelevancia no solo jurídica sino cultural de la diferencia? El desplazamiento de lo diverso hacia el centro del discurso ha provocado todo un cine que podemos llamar "de ruptura de estereotipos", donde los clichés auto-conscientes sobre orientales y occidentales, o africanos y europeos se presentan en tono de choque y paulatina superación así, en nuestro país, las comedias sobre andaluces y vascos. Quizás, en el terreno de la educación moral la educación a través de ficciones presente aspectos positivos, pero también limitaciones. Más allá de que no parece que la ficción pueda por si sola revertir las paradas racistas en las estaciones de tren o los prejuicios de los propietarios a la hora de permitir en pie de igualdad el acceso a la vivienda de los extranjeros y en particular de los magrebíes, lo que nos interesa del complejo estado actual de ese estereotipo es el movimiento de inversión. Una manifestación en el terreno de las expresiones culturales se observa en la forma en que –en las (complejas) palabras de David Rieff– las antiguas colonias producen "resmas de ensoñaciones prelapsarias sobre las pacíficas costumbres de los pueblos indígenas, entendiendo por tales las culturas no urbanas y tribales, cuyo espíritu de cooperación se considera superior al espíritu occidental de competencia agresiva y agresión violenta, y cuyo conocimiento es al menos igual, y en algunos contextos superior, a lo que ahora se denomina con desprecio conocimiento occidental". El peligro de mantener esa esencialización aunque sea en un sentido positivo (como estereotipo positivo) es que estaría funcionando de nuevo como un sucedáneo de la raza merced a la esencialización de lo cultural. En todas partes, el estereotipo no se deja atrás, sino que se reformula. Está presente allá donde la cultura se lleva la contra así misma, en ciudades translocales, en identidades híbridas, allá donde la revuelta deviene irrepresentable, así en la juventud estudiada en México por Rossana Reguillo cuando se señala "el machismo y la reproducción de estereotipos religiosos conservadores en la ritualidad y la iconografía de jóvenes chicanos, punks y rockeros, el fundamentalismo con que definen su nosotros, su visión estereotipada y maniquea de la interculturalidad generacional y de clase". El excluido estigmatiza a su vez la alteridad que lo excluye, pero esa reducción incluye una lectura política: ejercicio de un sistema de normas o propuesta para modificarlas (Reguillo, 2012).

6. Una hibridez poco caricaturizable

Corresponde al experto en antropología y medios de comunicación, Arjun Appadurai (2001, 2016) la visión del propio futuro como un "hecho cultural", un proceso donde los modelos centro-periferia resultan inadecuados y donde la resistencia cultural en términos de identidad se vive en un solapado sistema de influencias disyuntivas (por ejemplo, la resistencia a la "indianización" en Sri Lanka, o la "japonización" en Corea", etc.). Sobre la necesidad de prevenirnos contra la esencialización cultural de un pueblo, una etnia, etc. frente a "lo global" han escrito, entre otros, el filósofo anglo-ghanés, especializado en estudios culturales y literarios sobre temas y afroamericanos, Kwame Anthony Appiah o el teórico del poscolonialismo nacido en Bombay y profesor de literatura en Harvard, Homi Bhabha. Ambos proponen una revisión de las descripciones dicotómicas (Oriente-Occidente, europeo-africano y otras). En *The Location of Culture*, Bhabha distingue entre diversidad cultural y diferencia cultural. La noción de diversidad implica repertorio de identidades predeterminadas e independientes. La diversidad cultural es también la representación de una retórica radical de la separación de culturas totalizadas, a salvo en el utopismo de una memoria mítica de una identidad colectiva única. En cambio, la noción de la diferencia cuestiona los fundamentos teóricos del concepto mismo de identidad y llama la atención sobre el carácter performativo de la enunciación de la diferencia. El antropólogo Jan Nederveen también ha desarrollado una tercera forma de afrontar las transformaciones en la identidad cultural más allá de la homogenización o el choque civilizatorio que es la hibridez.[18] Igualmente, para García Canclini, la cultura "es un proceso

18. Véase Jan Nederveen Pieterse (2004).

de ensamblado multinacional, una articulación flexible de partes, un montaje de rasgos que cualquier ciudadano de cualquier país, religión o ideología puede leer y usar" (1995: 16).

El recordatorio de la hibridez funciona en distintas direcciones. En primer lugar en un sentido histórico, como revisión de las esencializaciones en la enseñanza de las humanidades. En este sentido, se puede analizar como hace Appiah (2000) (entre otros) una genealogía que va desde la idea inicial de cristiandad reemplazada por la de Europa (Appiah resalta que la primera vez que se usó como identificador de un tipo de personas -europeos- fue por contraste entre cristianos y musulmanes) para acabar desembocando en Occidente. Pero Appiah señala que, aunque la división entre Occidente y el islam tuvo su origen en un conflicto religioso, no se ha de entender que todo aquello que se refiere a la civilización occidental sea cristiano. Entre los lugares comunes sobresale aquel que incide en cómo la cultura griega se transmitió, a través de Roma, a la Europa Occidental de la Edad Media. Pero lo anterior se agrieta al hilo de los datos históricos, en el sentido de que la herencia clásica de la cultura griega y romana también la compartieron los sabios musulmanes. También –esa es la línea que hemos seguido en otros lugares– puede aducirse que la propia idea de civilización occidental y de eurocentrismo contiene una falacia de petición de principio. Para Appiah en su batalla contra la ideología victoriana del eurocentrismo algunos se han convertido en abanderados del afrocentrismo. Sin embargo, los afrocentristas no siempre han sido clarividentes a la hora de decidir si la cultura occidental era una carga o un premio: si Occidente es un producto de Grecia, y ésta a su vez de Egipto, se pregunta Appiah ¿no tendrían que asumir las personas de raza negra la responsabilidad moral de su legado etnocéntrico? El "afrocentrismo" se mira en el mismo espejo que el "eurocentrismo": ambos necesitan una esencia unificadora. En *El origen africano de la civilización: mito o realidad* (1974) Cheikh Anta Diop sostuvo que evidencias arqueológicas apoyaban su postura afrocéntrica de que los faraones eran de origen negro. Egiptólogos tales como F. Yurco apuntaron que, entre los pueblos exteriores a

Egipto, los nubios eran los más cercanos genéticamente a los egipcios, compartían la misma cultura en el período predinástico, y empleaban la misma estructura política faraónica. Los descubrimientos del arqueólogo suizo Charles Bonnet en Kerma aportaron luz a las teorías de Diop. Hoy, es un lugar común recordar que África desempeñó la tarea como *melting pot* cultural del Antiguo Mundo, lugar donde todas las influencias vienen a fundirse para repartirse o quedar reservadas, pero siempre transformadas en sentidos nuevos. Para Levi-Strauss, la civilización egipcia, cuya importancia para la llamada cultura greco-latina es conocida, sólo es inteligible como una obra común de Asia y África y los grandes sistemas políticos de la antigua África. Sus construcciones jurídicas, sus doctrinas filosóficas ocultas por mucho tiempo a los occidentales, sus artes plásticas y su música, que exploran metódicamente todas las posibilidades ofrecidas por cada medio de expresión, son muchos indicios de un pasado extraordinariamente fértil (Lévi-Strauss, 1996: 73-74). Pero no se trata de aportaciones, como un patchwork, como un traje de arlequín en la artística imagen del antropólogo.

De acuerdo con Donna Haraway, al designar las redes de actores multiculturales, étnicos, raciales, nacionales y sexuales que emergen a partir de la Segunda Guerra Mundial, la expresión "inadaptable-otro" "refiere el posicionamiento histórico de aquellos que no pudieron adoptar la máscara del yo ni la del otro brindadas por las modernas narrativas occidentales relacionadas con la identidad" (Haraway, 2020: 46).

Otra vía de superación del estereotipo racial-cultural es la representación de la alteridad, de la mujer, del indio, del negro del migrante, frente a las exigencias morales del reconocimiento: "soy griego de sangre, turco de nacimiento y americano porque mi tío hizo una travesía" solía decir Elia Kazan. Hay incontables ejemplos de cómo la hibridez es difícilmente caricaturizable en términos raciales y culturales. Muchos provienen del mundo del cine. Desde su primera película *Pather Manchali*, el director bengalí nacido en Calcuta, Satyajit Ray se alejó de los relatos más tradicionales y del marco formal que se esperaba de él, para filmar películas deudoras de Jean Renoir y del neorrealismo italiano. Por lo demás admiraba el cine del japonés y en particular a Akira Kurosawa. Sus primeras películas parecen íntimamente conectadas con el liberalismo político y especialmente con su mentor artístico e intelectual Rabindranah Tagore (una señal de la afinidad de esta hibridez con el cosmopolitismo que señalábamos atrás). Sus estilemas artísticos quedan asociados a la crónica de la transición en la India de la decadencia del sistema feudal a sistemas económicos agrarios y la modernización capitalista: ritmo narrativo pausado y una precisa evocación de los estados emocionales de los personajes. El cosmopolitismo de Ray no era insensible a la pobreza, sino que llevaba al espectador a sumergirse en ella como en *La canción del camino* (1955). En películas como *La gran ciudad* (1963) o *La esposa solitaria* (1964) las mujeres buscan espacios de realización personal cuestionando su estatus secundario. El universalismo de Satyajit Ray tampoco asume el modelo de crecimiento y desarrollo del capitalismo y en los setenta se observa en su filmografía una crítica urbana y una tristeza por la separación irreconciliable entre la sociedad contemporánea y las condiciones de vida rurales. Las ficciones de Satyajit Ray se levantan contra el fanatismo religioso, contra aspectos de la cultura local y de la cultura de la metrópoli y lo hace tanto desde raíces culturales bengalíes como desde la influencia de movimientos artísticos "occidentales como el neorrealismo italiano.

Ousmane Sembené, considerado el primer africano de raza negra en realizar una película en África integra en su cine tanto una crítica colonial, una crítica sociopolítica en término de lucha de clases (*La noire de...*, 1966) y apuntes frente costumbres ancestrales como en *Moolaadé* (*Protección*) en contra de la ablación. No solo el maltrato histórico o la herencia colonial, sino el mismo fundamentalismo religioso se entrevera en las raíces políticas de la pobreza africana tal como muestra *Hermeakono* (2002), la película del director mauritano Abderrahmane Sissako. Mucho tiempo después de que al magnífico director de cine egipcio Youssef Chahine le llamara la atención la enorme aceptación de las fantasías que Hollywood proyectaba sobre África en sus películas, Ana Lily Amirpour iraní, estadounidense, nacida en Margate (una localidad costera británica), triunfa en los principales festivales del mundo con ficciones irreductibles a una sola cultura. De nuevo, no faltan ejemplos de lo peligroso que resulta identificar lo cultural con rasgos supuestamente esenciales de los seres humanos como su religión. Ya es un lugar común que el discurso de la diferencia racial significativa ha sido abandonado (salvo por grupos al margen del sistema y puntuales episodios de supremacismo del nuevo populismo de extrema derecha) y en su lugar se habla de "inintegrabilidad cultural". El sintagma inicialmente difundido para señalar al inmigrante musulmán parece, sin embargo, estar dispuesto para ser reutilizado cuando haga falta. No hay espacio para citar los numerosos casos de hibridez cultural poco reductiva, poco caricaturizable, y por poner solo dos ejemplos más, tenemos el rap y el hip-hop como híbridos americano-caribeños; el banghra-reggae-rap de la juventud asiática en Gran Bretaña desde los años noventa ambas asociadas a diásporas cuya identidad no descansa en raíces de una cultura absoluta sino de indeterminaciones y conflictos *impuros* (Barker, 2003: 124). Junto a la hibridez de las manifestaciones culturales típicas del siglo XXI otra vía para romper el rígido el estereotipo en la conceptualización de lo cultural es reflexionar sobre el pluralismo y la diversidad cultural ya que una de las manifestaciones más evidentes de la reducción de lo cultural a lo religioso y lingüístico se da, a mi juicio, en la filosofía jurídica.

7. ¿Qué es hoy lo multicultural?

La ciudadanía cultural no puede reducirse a distintos nombres de un dios, en aspectos estéticos de las religiones monoteístas, ni en dialectos, ni en diversidad lingüística. Tampoco en las señas identitarias entendidas en un sentido esencializado en correspondencia con las propuestas multiculturalistas. Creemos que tiene razón el crítico cultural Terry Eagleton cuando señala que el actual discurso de la diversidad (enarbolado por el identitarismo de la nueva izquierda) proviene de la extensión del lenguaje comercial y la lógica del consumo de una postmodernidad aparentemente fascinada por el discurso de la diferencia bajo cuyas estrategias de segmentación subyace el interés por impedir movimientos universalistas de reacción contra la lógica del capital.[19] Más allá de si asumimos o no algunos fundamentos universalistas de la izquierda (de la tradición marxista británica), lo cierto es que en un plano político las diferencias religiosas o lingüísticas resultan inanes en términos de transformación política y social en un sentido cultural. Más bien podemos rastrear la diferencia cultural en los intentos de transformación profunda de la esfera doméstica (modelos familiares alternativos, de hogar, amor y de crianza como los estudiados por la antropóloga y experta en países del Este, Kristen Ghodsee), en espacios compartidos en aras de la eficiencia energética y la reducción de la huella fósil, en la concienciación sobre la crianza y la felicidad que supone tener más tiempo libre, en vidas vividas en común y modelos de organización doméstica horizontal y ecológica, en ideas contrarias al natalismo (la propuesta de Donna Haraway de hacer parientes), en modos de vida basados en relaciones con la propiedad distintas de la acumulación destinada a la herencia privada (Ghodsee, 2024).[20]

El cuadro de pensamiento alternativo de experimentos microsociales se nos manifiesta en un sentido contrario al "realismo capitalista" de Mark Fisher (la idea de que el capitalismo es inevitable) como pluralismo en

19. Para Terry Eagleton el énfasis acrítico sobre la diversidad podría estar socavando la unidad de clase social (lo que Charles Wade Mill llamaba "coalición transversal de los desfavorecidos"), el consenso de tono universalista imprescindible para la movilización social y la construcción de una agenda política que limite los efectos disgregadores del capitalismo (2017: 44-45).

20. Estas pueden integrarse sin problema en la definición de cultura que a propósito de las políticas de gestión de la diversidad cultural maneja Ángeles Solanes Corella (2018: 23).

sentido económico[21] y como una liberación del pensamiento dedicado a la mejora del bienestar de las personas (la acepción formativa de cultura).

Frente a la globalización neoliberal, García Canclini refiere protestas alternativas muchas de las cuales tendrían cabida al abrigo de la idea de diversidad cultural de manera análoga a los movimientos contraculturales y alternativos de los años sesenta (1995: 41 y ss.). El pensamiento instrumental sobre el interés, atento sólo a la racionalidad del éxito económico y macropolítico, no alcanza a entender comportamientos que buscan, más bien, legitimar o expresar identidades Sin embargo, la suma de alternativas minoritarias informalmente diseminadas apenas ha acumulado fuerza como para perturbar reuniones y rituales de los globalizadores neoliberales –desde Seattle hasta Cancún– y como observa García Canclini "más que resolver pone en evidencia las dificultades que persisten cuando se quiere articular diferencias, desigualdades, procedimientos de inclusión-exclusión y las formas actuales de explotación" (Ibid., 42-43). Identificar "diversidad cultural" con la diversidad lingüística y religiosa resulta no solo pobre sino conservador en un sentido político. El uso restringido a los ámbitos lingüístico y religioso permite que se naturalice por ejemplo un modelo de globalización. En realidad, lo que es culturalmente diverso remite a formas de vida contrarias a la inercia dominante vertebradas sobre valores alternativos hoy escasamente populares como la austeridad, el amor, la conciencia ecocéntrica, la propiedad común y las comunidades de iguales (Ghodsee, 2024: 72 y ss.).

21. Un pluralismo cultural en sentido fuerte que llegase también a la esfera económica permitiría poner límites a la mercantilización de la vida social. La burocracia estatal ha superado a formas previas de organización de las comunidades políticas, borrando las diferencias culturales, pero esas diferencias ahora regresan reivindicando su lugar en una polis más plural (Aymerich, 2023: 554).

8. Conclusión: la evolución del estereotipo como viaje a ninguna parte

Hemos tratado de mostrar la presencia del estereotipo cultural y en especial de la identidad cultural en dos planos distintos. De un lado, como identificación con algún tipo de homogeneidad racial (la confusión entre lo multicultural y lo multirracial); de otro lado, como reducción de lo cultural por el dominio de la acepción antropológica sobre la "filosófica", de lo descriptivo sobre lo propositivo, de lo que mira al pasado frente lo que mira al futuro, por así decir. La primera confusión se expresa de formas distintas: desde rancias teorías del supremacismo racial a sutiles pero omnipresentes identificaciones o intentos de construcción identitaria.[22] La idea prejuiciosa según la cual es posible trazar una correspondencia entre raza y cultura nos ha parecido un inicio interesante para la reflexión sobre los efectos sociales, morales, jurídicos y políticos del estereotipo cultural. Desde una perspectiva subjetiva, la identidad está constituida por las descripciones de nosotros mismos con las que solemos identificarnos y el estereotipo supone un obstáculo para la tarea (de ecos nietzscheanos) de la "autodescripción personal" (Barker, 2003: 32). En un sentido objetivo, y de acuerdo con autores tan distintos como Stuart Hall o Anthony Giddens frente a visiones estáticas y marcadores estandarizados, la identidad social va asociada a derechos y obligaciones.[23] Y, más allá de estas identificaciones reductivas, las manifestaciones del estereotipo cultural son muy variadas porque opera en un sentido dinámico y en un ámbito universal. Si en los años cincuenta, el

22. En la forma en que los libros de texto usan la expresión "cristiandad" en lugar de "Europa". Podríamos añadir que los pensadores "griegos" provenían de países que hoy llamamos Túnez, Siria, o Turquía.

23. En un artículo de referencia, ya Stuart Hall (1992) identificó tres formas de conceptualizar la identidad cultural: ilustrada, sociológica y posmoderna. En la sociológica (que aquí reconducimos a lo objetivo), Anthony Giddens (1991) pone el acento en la incidencia de instituciones jurídicas y políticas en la identidad.

asunto crucial para Lévi-Strauss era la ruptura de la correspondencia entre raza y cultura (una forma de legitimidad racista del viejo colonialismo) y la explicación de las distintas aptitudes en diferentes grupos humanos bajo el presupuesto de que no existen aptitudes raciales innatas, hoy la identificación raza-cultura ha regresado en manifestaciones de signo muy distinto. Y es que en sí misma, la tesis de una supuesta correspondencia entre raza y cultura no solo supone la base de enloquecidos discursos biologicistas sino que sigue siendo una peligrosa forma de representación de la diversidad cultural presente todavía no solo en lecturas extraídas del mundo de la publicidad según la interpretación de "universo Benetton" sino en fenómenos como las llamadas "batallas culturales". En lugar de promover la irrelevancia de lo racial en el campo de las manifestaciones culturales, observamos cómo la racialización opera como factor de diversidad dentro del paradigma woke, expresión, a su vez, del giro identitarista de la "nueva izquierda". Si todas las culturas son resultado de contactos e intercambios, autores paradigmáticos de esta idea como Appiah invitan a repensar la identidad en términos de hibridación rechazando los estereotipos culturales que constriñen como el término "apropiación cultural" (Appiah, 2019; Marcial, 2021): el verdadero problema no es que sea difícil decidir a quién pertenece la cultura; es que la idea misma de propiedad constituye un modelo equivocado. Igualmente, la representación de la diversidad cultural, incluso en zonas donde el impacto de la globalización es evidente, sigue apelando a rasgos esencializados propios de una definición rígida de lo cultural en sentido etnográfico. Los propios análisis críticos del modelo de globalización aluden al imperialismo cultural a partir del estereotipo de la cultura como si fuera un mero receptáculo pasivo. Las reflexiones de García Canclini, entre la antropología, la estética y la sociología son extraordinariamente pertinentes. Las nuevas formas de hibridación cultural son un rasgo de una globalización que no funciona unidireccionalmente. Los nuevos consumidores y usuarios de la globalización son en realidad complejos habitantes de suburbios posnacionales donde a menudo la identidad estereotipada se resuelve como un objeto espectacular. Aunque las luchas por la significación en los términos son protagonizadas por identidades híbridas o fragmentadas (García Canclini, 2004: 177-178) y el mestizaje es consustancial a la cultura de todos los grupos humanos el estereotipo sigue manifestándose tanto en una expresión cultural tan cercana al modelo de globalización neoliberal como es el de la publicidad y el consumo, como en las política migratoria[24] o en los presupuestos de las políticas de gestión de la diversidad cultural[25] La esencialización de la es dañina para proyectos normativos universalizables como los derechos humanos y fue perfectamente visto por el propio Programa de Naciones Unidas para el Desarrollo (2004: 89):

> Pero justo en el momento en que los antropólogos comenzaban a perder fe en el concepto de conjuntos culturales coherentes, estables y delimitados, la idea era abrazada por un abanico cada vez más amplio de gestores culturales de todo el mundo (...). En la actualidad, tanto los políticos como los economistas y el público en general buscan precisamente una definición de cultura bien determinada materializada, esencializada y atemporal; noción que los antropólogos acaban de abandonar".

A pesar de estas recomendaciones, lo cierto es que todavía en la segunda década del siglo XXI, pensamos la cultura con marcos cognitivos propios del siglo XIX, solo que, dados, por así decir, la vuelta. Ese reverso que se produce en plena fragmentación de los antiguos imaginarios colectivos al hacer partícipe de determinados atributos morales a la diferencia étnica y racial invierte el fenotipo, pero no lo supera.

24. En una parte discutible del razonamiento de Peter Sloterdijk (2020: 33-34), hay estereotipos positivos cuya intención (en las antípodas del odio racista) es extender versiones positivas igualmente estereotipadas del inmigrante.

25. Uno de los efectos colaterales de la publicidad más interesantes a estudiar en el futuro sea el hecho de que sus mensajes, usando la expresión de Rodrigo Alsina, sirven para "interculturalizar la multiculturalidad" (2005: 73- 83).

9. Referencia bibliográfica

Abu-Lughod, Lila (2012). "Escribir contra la cultura". *Andamios. Revista de Investigación Social*, 9(19), 129-157.

Appadurai, Arjun (2001). *La modernidad desbordada. Dimensiones culturales de la globalización*. Trad. Gustavo Remedi. Buenos Aires: Fondo de Cultura Económica.

Appadurai, Arjun (2007). *El rechazo de las minorías. Ensayo sobre la geografía de la furia*. Barcelona: Tusquets.

Appadurai, Arjun (2016). *El futuro como hecho cultural*. México: Fondo de Cultura Económica.

Appiah, Kwame Anthony (2000). "Stereotypes and the Shaping of Identity". *California Law Review*, 88(1), 41-53.

Appiah, Kwame Anthony (2019). *Las mentiras que nos unen. Repensar la identidad. Creencias, país, color, clase, cultura*. Barcelona: Taurus.

Aymerich, Ignacio (2023). "Sobre pluralismo cultural en sentido fuerte: la olvidada dimensión económica". *Cuadernos Electrónicos de Filosofía del Derecho*, 49, 546-554.

Barker, Chris (2003). *Televisión, globalización e identidades culturales*. Barcelona: Paidós.

Bhabha, Homi (1994). *The Location of Culture*. London: Routledge.

Choza, Jacinto (2018). "Prehistoria y posthistoria del derecho" en Ignacio Aymerich Ojea y Jesús García Cívico (coord.), *Derecho y cultura: la norma y la imagen* (págs. 73-134). Valencia: Canibaal.

De Lucas, Javier (2004). "Identidad y Constitución Europea. ¿Es la identidad cultural europea la clave del proyecto europeo?". *Pasajes del pensamiento contemporáneo*, 13.

Diamond, Jared (1998). *Armas, gérmenes y acero*. Madrid: Debate.

Diamond, Jared (2012). *El mundo hasta ayer*. Barcelona: Random House.

Eagleton, Terry (2017). *Cultura*. Trad. Belén Urrutia. Barcelona: Taurus.

El Hachmi, Najat (2021). *El lunes nos querrán*. Barcelona: Destino.

García Canclini, Nestor (1995). *Consumidores y ciudadanos. Conflictos multiculturales de la globalización*, México: Grijalbo.

García Canclini, Nestor (1999). *La globalización imaginada*. Buenos Aires: Paidós.

García Canclini, Nestor (2004). *Diferentes, desiguales y desconectados*. Barcelona: Gedisa.

García Cívico, Jesús (2019). "El ocaso del otro como episodio cultural: el curso antropológico de la alteridad", *Ius Fugit*, 22, 51-81.

García Cívico, Jesús (2020). "La norma en la imagen: poéticas oscilantes de la desigualdad". En Aymerich Ojea, Ignacio y García Cívico, Jesús. *La norma y la imagen. Iconografía y cultura legal* (pp. 63-89). Granada: Comares.

García Cívico, Jesús (2023a). "Cultura, identidad y nueva diversidad cultural: tentativas de revisión de los modelos de gestión de la diferencia". *Anuario de filosofía del derecho*, 39, 315-352.

García Cívico, Jesús (2023b). "La ruptura de estereotipos en la nueva ficción: Problemas y posibilidades de la 'representación correcta'". *Papeles El tiempo de los derechos*, 5.

Ghodsee, Kristen (2024). *Utopías cotidianas*. Trad. Clara Ministral. Madrid: Capitán Swing.

Giddens, Anthony (1991). *La constitución de la sociedad*. Buenos Aires: Amorrortu.

Hall, Stuart (1996). "Who needs identity?". En Hall, Stuart y Du Gay, Paul (Comps.) *Questions of Cultural Identity*. Londres: Sage.

Hall, Stuart (1992). "The Question of Cultural Identity". En Hall, Stuart, Held, David y McGrew, Anthony. *Modernity and Its Futures* (pp. 273-316). Cambridge: Polity Press.

Haraway, Donna (2020). *Las promesas de los monstruos. Ensayos sobre ciencia, naturaleza y otros inadaptables*. Salamanca: Holobionte.

Häberle, Peter (2000). *Teoría de la Constitución como ciencia de la cultura*. Madrid: Tecnos.

Kostakopoulou, Theodora (2009). "Citizenship Goes Public: The Institutional Design of Anational Citizenship". *Journal of Political Philosophy*, 17, 275-306.

Lévi-Strauss, Claude (1996). *Raza y cultura*. Madrid: Cátedra.

Maalouf, Amin (2010). *Identidades asesinas*. Madrid: Alianza.

Marcial, David (2021). "México acusa a Zara de plagiar diseños indígenas". *El País*. Disponible en: https://elpais.com/mexico/2021-05-31/mexico-acusa-a-zara-de-plagiar-disenos-indigenas.html. Revisado el 02 de febrero de 2024.

Monegal, Antonio (2022). *Como el aire que respiramos. El sentido de la cultura.* Barcelona: Acantilado.

Nederveen Pieterse, Jan (2004). *Globalization and Culture. Global Mélange.* Oxford: Rowman and Littlefield Publishers.

Panofsky, Erwin (2004). *El significado en las artes visuales.* Madrid: Alianza.

Pérez-Latre, Francisco (2017). *Marcas humanas: Fundamentos de la publicidad en el siglo XXI.* Barcelona: UOC.

Programa de Naciones Unidas para el Desarrollo. (2004). *Informe sobre desarrollo humano. La libertad cultural en el mundo diverso de hoy.* Madrid: Mundi Prensa.

Reguillo, Rossana (2012). *Culturas juveniles. Formas políticas del desencanto.* Buenos Aires: Siglo XXI.

Rey, Juan (2006). "La publicidad como agente homogeneizador de culturas (ma non troppo)". *Comunicación: Revista Internacional de Comunicación Audiovisual, Publicidad y Estudios Culturales*, 1(4), 193-206.

Rodrigo Alsina, Miquel (2005). "Interculturalitat versus multiculturalitat". En Busquet Duran, Jordi. *Els escenaris de la cultura. Formes simbòliques i públics a l'era digital* (pp. 73-83).

Said, Edward (2008). *Orientalismo.* Madrid: Debate.De bolsillo.

Said, Edward (1996). *Imperialismo y cultura.* Madrid: Debate.

Sloterdijk, Peter (2020). "¿Dónde están los amigos de la verdad?". En *Epidemias políticas.* Trad. Nicole Narbebury. Buenos Aires: Godot.

Solanes Corella, Ángeles (2018). *Derechos y culturas. Los retos de la diversidad en el espacio público y privado.* Tirant.

Trilling, Lionel (2023 [1950]). *La imaginación liberal. Ensayos sobre literatura y sociedad.* Trad. Roberto Ramos Fontecoba. Barcelona: Página Indómita.

Villoro, Luis (2016). *La significación del silencio y otros ensayos.* México: Fondo de Cultura Económica.

Cuestionando y desmontando estereotipos en *Los tres entierros de Melquiades Estrada* (2005) y *Monsters* (2010)

Aitor Ibarrola-Armendariz

1. Introducción

La psicología social y la sociología llevan más de un siglo intentando explicar la formación de estereotipos en la mente humana, los factores que los activan y dan forma en distintos contextos sociales y sus efectos sobre el comportamiento humano (Katz y Braly, 1933; Allport, 1954: 189-205). Si bien hay numerosos aspectos relacionados con los estereotipos que ya son generalmente aceptados por la mayoría de los estudiosos, tales como el hecho de que puedan ser positivos, negativos o neutros o que su utilización está vinculada a otros fenómenos sociales como el prejuicio, la discriminación o el racismo (Fiske, 1998), hay otras áreas en las que el consenso es menos evidente. Así, por ejemplo, a la hora de determinar las funciones que los estereotipos desempeñan en las sociedades modernas, el abanico de posibilidades que distintos estudios ha abierto es inmensamente amplio. Habría que empezar por distinguir entre los análisis que se centran en su función cognitiva (casi siempre con un sesgo interpersonal) y aquellos otros que optan por concentrarse en su función social (en cuyo caso, son las relaciones intergrupales las que hay que tener en cuenta). En nuestro trabajo, vamos a centrarnos sobre todo en estas últimas ya que, como se verá más adelante, nos interesa aclarar el papel que los estereotipos juegan para establecer diferencias entre distintos grupos sociales, explicar sus comportamientos y, sobre todo, ver cómo son empleados a la hora de *justificar* determinadas decisiones y posicionamientos de sectores sociales concretos (Tajfel, 1981). Aunque todas estas funciones están de alguna manera interrelacionadas –ya que todas ellas persiguen establecer diferencias y jerarquías entre distintos grupos–, es diferente perseguir esos objetivos para investigar los rasgos que distinguen a las diversas categorías sociales, que utilizarlos para explicar o justificar un tratamiento desigual o diferenciado de ciertos grupos ante la ley o en los medios. Seguramente, el ciudadano de a pie dé mayor importancia a decisiones políticas o iniciativas legislativas que recurren a los estereotipos para promover –o excusar– ese tipo de tratamiento desigual o diferenciado que a relatos de ficción u obras artísticas que proyectan imágenes sesgadas, distorsionadas o incompletas de determinados colectivos humanos. Sin poner en duda la validez de este juicio, el presente trabajo intenta dejar constancia del importante papel que películas y medios audiovisuales juegan a la hora de justificar, reforzar o cuestionar una serie de estereotipos raciales, de género o culturales que tienen una incidencia capital en cómo la gente percibe las relaciones humanas en distintos entornos y circunstancias (cf. Ono y Sloop, 2002).

Hoy en día ya son pocos los especialistas en Estudios Culturales y Estudios de los Medios que dudan del hecho de que un régimen de representación profundamente racializado ha sido una de las constantes desde el nacimiento mismo del cine (Yuen, 2016; Serna, 2014). Cualquier análisis de ese régimen de representación ha de partir indefectiblemente de una profunda reflexión sobre una serie de prácticas significativas íntimamente ligadas a la utilización de estereotipos. Para Patrick Phillips, por ejemplo, un estereotipo es "una representación 'sucinta' –y, casi siempre, indolente– que se utiliza en la comunicación para clasificar de forma expedita a un individuo [...], reafirmando y explotando una serie de rasgos que convencionalmente se atribuyen a un grupo humano concreto" (2000: 65). La mayoría de los expertos en el estudio de las identidades y su representación en obras artísticas han llegado a la conclusión de que el uso de estereotipos tiene dos efectos fundamentales: por un lado, reducen a un grupo humano a unas mínimas y simplistas características que son entendidas como innatas; por el otro, esas características tan elementales son naturalizadas de tal forma que se convierten en instrumentos de jerarquización de los grupos en un orden simbólico (du Gay, Hall *et al.*, 1997). Este funcionamiento de los estereotipos suele tener por lo general efectos perniciosos, ya que sirve para justificar y perpetuar procesos de construcción de la *otredad* y potenciar la exclusión y el ostracismo hacia grupos específicos. La antropóloga británica Mary Douglas ya señalaba hace más de medio siglo cómo cualquier proceso que categoriza al otro como "diferente" o "fuera de lugar" contribuye a que sea percibido –y estigmatizado– como contaminado, peligroso o tabú (Douglas, 1966). Así pues, los estereotipos tienden a consolidar una estrategia de separación que marca unos límites muy claros entre lo que se considera normal y aceptable frente a aquello otro que se ve como depravado e inaceptable. Richard Dyer afirma en este sentido que "Los límites [...] deben quedar perfectamente definidos de tal forma que los estereotipos, uno de los mecanismos fundamentales para mantener esos perímetros, suelen ser típicamente rígidos, claros e inalterables" (Dyer, 1977: 29). Como se verá más adelante, resulta del todo imposible desligar este funcionamiento de los estereotipos, como estrategia de separación y de perpetuación de un orden simbólico, de la existencia de unas estructuras de poder que tienden a alimentar posiciones dicotómicas. En su libro *Positions*, Jacques Derrida ya sostenía que en regímenes de representación de este tipo es inconcebible hablar de una convivencia pacífica entre las distintas posiciones; bien al contrario, son las claras diferencias jerárquicas las que dominan un panorama en el que uno de los grupos siempre establece su hegemonía (1972: 41).

La industria cinematográfica –y en especial Hollywood– ha sido probablemente una de las expresiones artísticas que con más frecuencia ha recurrido a las imágenes estereotipadas de ciertos grupos humanos (Lee, 2008). Por un lado, esto se debe a que los propios géneros cinematográficos se ven regidos por toda una serie de tropos y códigos que determinan en gran medida los papeles que distintos personajes han de jugar en una narrativa, sea esta un *western*, una historia romántica o una película de terror. Dyer explica que esos esquemas mentales y lugares comunes que usamos para descodificar el lenguaje fílmico no sólo sirven para dar sentido a las tramas, los diálogos y motivaciones, sino que son también utilizados para decidir lo que parece "natural" e "inevitable" en el devenir de los personajes (1977: 30). Obviamente, esos parámetros de normalidad e inevitabilidad vienen marcados por toda una serie de valores, creencias y actitudes que los colectivos dominantes han ido estableciendo como hegemónicos e innatos a nuestra sociedad. En este sentido, no es extraño observar que una persistente "gramática de la representación" en las películas de distintos géneros, tanto en las relaciones interraciales, como en las de clase social o de género (Bogle, 1973), jugando la interseccionalidad un papel preponderante en todas ellas. Pero, además del peso de esos códigos cinematográficos, que limitan y determinan los significados y funciones asignados a muchos personajes, existen otras estructuras de poder más generales a toda la sociedad que también confinan y encasillan a distintos grupos humanos en determinados papeles. Cuando Edward Said defendía que los europeos hemos construido "un Oriente complejo, muy conveniente para su estudio académico, para mostrarlo en los museos, para reconstruirlo en los despachos coloniales y para crear teorías antropológicas, biológicas, lingüísticas, raciales e históricas que lo expliquen" (1978: 7-8) se refería precisamente a ese tipo de "regímenes de representación" que revelan notables desigualdades en términos de poder y conocimiento. Si bien las películas no tienen un poder real para ejercer una opresión sociopolítica –como el colonialismo– o un expolio económico –como el imperialismo– es evidente que cuentan con un poder *simbólico* capaz de estigmatizar, marginalizar y excluir a ciertos colectivos del acceso a determinados espacios y recursos. Graeme Turner ha explicado que la industria del cine muestra intereses políticos que "apoyan a grupos concretos, persiguen sus mismos objetivos, y consiguen atraer al público" hacia su forma de ver el mundo (1993: 134). Aunque este hecho se hará patente en varios apartados del trabajo, también observaremos la capacidad del cine para cuestionar y poner en entredicho algunas de las dinámicas anteriormente descritas y que dependen significativamente de una representación estereotipada del Otro.

El cuerpo de este capítulo queda dividido en tres partes diferentes. La primera, de carácter más descriptivo, se refiere al espacio de la frontera entre México y los Estados Unidos como un territorio que ha dado lugar a toda una serie de lugares comunes y estereotipos que han quedado plasmados en distintos géneros fílmicos. Para Charles Ramírez Berg (2002), algunas películas de ciencia ficción, los *westerns* clásicos de John Huston y John Ford o ciertos filmes que abordan problemas sociales están llenos de "imágenes planas y simplonas" de hispanos que los encorsetan en papeles como el del bandido, busconas, *greasers*, *latin lovers* o prostitutas y que han contribuido a degradar la imagen de este colectivo humano durante más de un siglo (2002: 6). Ramírez Berg también destaca la reciente eclosión de bastantes películas que se resisten y subvierten la utilización de esos estereotipos en un intento de modificar la percepción que se tiene del grupo. En este sentido, los dos filmes analizados en este capítulo muestran claros signos de intentar hacer reflexionar al espectador sobre lo falaces que son las premisas que habían provocado esas imágenes denigrantes (Ciment y Niogret, 2005: 9). Por otra parte, la segunda mitad del capítulo se centra en el análisis de los elementos de las dos películas que han sido heredados ya sea del género cinematográfico al que pertenecen o de unos sesgos y tendencias en la percepción del *Otro cultural* que son relativamente comunes en "zonas de contacto". Turner (1993), al referirse a las aproximaciones culturales al "cine como [arte y] representación", afirma que a la hora de indagar en la relación entre las técnicas representacionales del cine y la ideología hay que tener en cuenta tanto aspectos textuales como contextuales: "La combinación de estos dos enfoques –el textual y el contextual– demuestra tener un enorme poder explicativo" (1993: 131-132). Como la mayoría de los expertos en el tema, Turner otorga tanta importancia al texto fílmico, que siempre incluye información valiosa sobre determinados aspectos culturales, como al análisis de los determinantes industriales, institucionales, sociales y políticos, casi siempre asociados a una industria fílmica nacional. Por último, la tercera parte ofrece un análisis más detallado de las técnicas utilizadas por ambos directores para cuestionar y subvertir muchos de los estereotipos con los que el espectador medio suele venir "cargado" a la hora de descodificar este tipo de películas. Como se observará en este apartado, algunas de esas técnicas tienen que ver con el propio lenguaje cinematográfico, mientras que otras están más ligadas al tipo de personajes y sucesos que suelen aparecer en esta clase de relatos (Dell'Agnese, 2005). Para terminar, se ofrecen unas breves reflexiones sobre el papel que el cine puede jugar en procesos de sensibilización y de cambio al transformar la percepción que se tiene de algunos colectivos humanos y desmontar toda una serie de estereotipos asociados a los mismos.

2. El espacio de "la frontera" y sus estereotipos clásicos

Mary Louise Pratt ha descrito las "zonas de contacto" –o las fronteras– entre dos culturas como espacios especialmente intricados, al producirse en ellos "choques y encontronazos, en contextos donde las relaciones de poder son muy asimétricas, y donde los legados del colonialismo y la explotación han dejado profundas huellas hasta nuestros días" (1992: 34). Esta situación se vuelve aún más complicada en el caso de la frontera del suroeste de los Estados Unidos, pues el propio nacimiento del país se ha visto íntimamente unido a toda la mitología asociada al movimiento de la *American frontier*. Desde que el historiador Frederick Jackson Turner expuso su famosa "tesis de la frontera" a finales del siglo XIX, ese paradigma que relaciona la colonización por asentamiento y la expansión hacia el oeste con la gestación de la nueva nación ha estado presente en muchas de las manifestaciones artísticas y culturales en Norteamérica. Desde la pintura y la escultura, pasando por la música y la literatura, hasta las películas y las series de televisión, prácticamente todas las formas de expresión artística han dedicado capítulos importantes a la "conquista del oeste". Como veremos en el siguiente apartado, las dos películas analizadas en este trabajo, *Los tres entierros de Melquiades Estrada* de Tommy Lee Jones (2005) y *Monsters* (2010) de Gareth Edwards, están plagadas de escenarios e imágenes que rememoran algunos de los clichés en esas obras clásicas, ya sean *wester-*

ns u otras expresiones más imaginativas. Conviene subrayar, sin embargo, que además de pertenecer a géneros cinematográficos bien distintos, ambos filmes retratan la frontera en unos términos que se alinean más con visiones más recientes de la misma (cf. Anzaldúa, 1987) que con aquellas que dominaron la segunda mitad del siglo XIX y la primera del XX. Como Patricia N. Limerick mantiene, hoy ya no tiene mucho sentido aproximarse a ese pasado como una historia optimista de expansión y de conquista de una tierra salvaje; más bien habría que hablar de una "limpieza étnica, expropiación de tierras y destrucción del entorno" (2000: 88). Si bien las alusiones a este tipo de procesos históricos aparecen sólo de forma muy soslayada en ambas películas, más adelante se verá que ambos directores construyen relatos claramente alternativos a los que habitualmente anticipamos en los *westerns* clásicos y las películas de ciencia-ficción sobre alienígenas.

Los tres entierros comienzan con una escena de caza en el desierto tejano en la que dos cazadores viajan en un 4x4. Después de disparar un poco al azar a un coyote, los cazadores descubren que su presa había estado escarbando en la tumba de un mejicano que aparentemente ha fallecido por la bala de otro rifle. El espectador pronto deduce que el cadáver es el de Melquiades Estrada (Julio César Cedillo), un vaquero mejicano que llevaba cinco años trabajando de forma ilegal en Texas y que se había ganado la confianza y el afecto del capataz de un rancho de la zona, Peter Perkins (Tommy Lee Jones). Melquiades es enterrado por segunda vez en una misera fosa sin ningún tipo de exequias, tras lo cual el sheriff local decide que el caso no es digno de investigación alguna. Entre tanto, hemos conocido también a Mike Norton (Barry Pepper), que acaba de llegar desde Ohio con su joven esposa (January Jones) para trabajar en la Patrulla Fronteriza. Ambos se sienten aburridos y hastiados por su nuevo entorno y el estilo de vida en el pequeño pueblo de Van Horn, Texas. Mike, en especial, descarga su ira en los "espaldas mojadas" cada vez que su patrulla se topa con algún grupo de ellos. Poco después, el espectador descubre que fue Mike el que mató de forma accidental a Melquiades y enterró su cuerpo apresuradamente en el desierto. Gracias a algunos *flashbacks*, también se nos pone al tanto de que Peter, el ya canoso capataz y amigo de Melquiades, le había prometido algún tiempo atrás que, si algo le ocurría, él mismo se encargaría de llevar su cuerpo más allá del Río Grande para enterrarlo en su pueblo natal. Tras descubrir que Mike fue el autor de la muerte de su amigo mejicano, Peter lo secuestra en su propia casa, le hace desenterrar el cuerpo de Melquiades y le obliga a acompañarle en un viaje de redención hasta México. Perseguidos tanto por la policía como por la Patrulla Fronteriza, la antagónica pareja viaja a caballo por las montañas y los desiertos de los agrestes paisajes tejanos. Su viaje está sembrado de encuentros inesperados, intentos de huida del cautivo, situaciones de gran peligro y diálogos de Peter con el cadáver en descomposición de su amigo, hasta que por fin llegan al lugar donde, supuestamente, había estado la casa de Melquiades. El final de la película adquiere un tono místico pues, después de enterrar por tercera y última vez al desafortunado vaquero mejicano, un vínculo especial surge entre secuestrador y secuestrado que hace evidente su profunda transformación durante el tortuoso viaje. Como varios analistas han comentado, "esta película da un giro sustancial al género del *Western*, al dejar atrás muchas de sus convenciones y poner en evidencia que existe un vasto territorio aún por explorar en los territorios fronterizos de los filmes de pistoleros" (Feinberg, 2006; French, 2006). Aunque *Los tres entierros* retoma algunos de los temas clásicos del género –tales como el del hogar, la lealtad, la venganza o la sed de justicia– estos adquieren aquí unas connotaciones muy distintas al ser vinculados a determinados fenómenos que se producen en zonas fronterizas actuales: las migraciones ilegales, el debilitamiento de algunas instituciones, nuevos intereses económicos, la soledad y el aislamiento o la relajación de ciertos códigos morales (cf. Martínez, 2006: 4-10).

Las gigantescas criaturas alienígenas de *Monsters* se asemejan a cualquier manada de animales terrestres inmersos en sus actividades diarias. Como explica uno de los guías que llevan a los protagonistas de la película a través de la jungla mejicana, "Si no les molestas, ellos tampoco te molestan a ti" (Edwards, 2010). De hecho, estas criaturas no han venido a invadir la tierra. Fueron traídas desde el espacio exterior por una sonda de la NASA que se desintegró encima de México al intentar entrar en la atmósfera terrestre. Al no tratarse de una forma de vida alienígena con una inteligencia superior interesada en la destrucción de los humanos, estas criaturas se convierten de hecho en una muestra más de la incapacidad de la ciencia y la tecnología humana de controlar los efectos de sus propios avances. Por lo que se observa desde el inicio de la película, se trata de unos pulpos gigantescos que, como cualquier otro animal, se pueden volver peligrosos cuando se ven atrapados en circunstancias adversas. Por lo demás, estas criaturas no muestran mayor interés en dar caza o aniquilar a los seres humanos con que se cruzan. Aunque la "bestia" del militarismo –e imperialismo– americano se cuela en la pantalla repetidamente en forma de helicópteros y cazas de guerra, la película centra la atención del espectador en las experiencias de los dos protagonistas: un fotoperiodista, Andrew Kaulder (Scoot McNairy), en busca de imágenes melodramáticas al que sus jefes obligan a sacar a la hija del dueño de su periódico, Samantha Wynden (Whitney Able), del territorio peligroso. Las aventuras de Andrew y Sam al cruzar desde el sur de México a través de la Zona Infectada (por los "monstruos") hasta la frontera de los Estados Unidos "puede interpretarse como una historia de amor trágico entre dos jóvenes americanos un tanto disfuncionales en sus relaciones sociales" (Combe, 2015: 1015). Sam está huyendo de un prometido con el que no está segura de querer casarse, mientras que Andrew tiene problemas para gestionar su relación con su hijo de seis años. A medida que la pareja viaja a través del peligroso territorio de la frontera, los lazos de afecto mutuo se estrechan al pasar por experiencias muy duras y descubrir ambos los problemas que están intentando superar. Al final de la película, como el público en cierta forma espera, Andrew y Sam se funden en un beso apasionado, aunque esto ocurre justo antes de que Sam muera durante un enfrentamiento entre las tropas americanas y las criaturas alienígenas. En realidad, como afirma Deleyto, "es la experiencia que los personajes tienen del ambiguo espacio de la frontera lo que principalmente define su viaje y lo que da forma a esa química que surge entre ellos" (2020: 334). Como este mismo crítico concluye, "*Monsters* es una película de frontera: un filme en el que ese territorio se convierte en un espacio privilegiado en el que las personas han de definir su posición en nuestro mundo globalizado y en el que aparece la urgencia, pero también la ambigüedad, de una ética más cosmopolita" (2020: 334). Más adelante veremos que la aparición de esta nueva ética está estrechamente ligada al cuestionamiento y la superación de toda una serie de estereotipos asociados tanto a la *monstruosidad* en este tipo de películas como a la percepción del *Otro cultural* en territorios fronterizos.

Gloria Anzaldúa describe "la frontera entre Estados Unidos y México" como "una herida abierta en la que el Tercer Mundo roza brutalmente contra el primero y sangra. Y antes de que se forme una postilla, vuelve a sangrar de tal forma que la sangre de los dos mundos se mezcla en un tercero –la cultura de la frontera" (1987: 3). Para esta pensadora, la frontera marca una línea divisoria que separa un *nosotros* de un *ellos*, y se encuentra habitada por "los prohibidos, los indeseados": "*Los atravesados*" (1987: 3 [cursivas en original]). No es de extrañar por ello que la mitología del oeste norteamericano haya dado lugar a toda una serie de estereotipos que pueblan indefectiblemente las películas que tienen lugar en estos territorios. Como muchos expertos han convenido, la percepción que el público tiene de la *otredad* hispana está basada en las rígidas dicotomías a las que Dyer se refería anteriormente: orden-desorden, riqueza-pobreza, lo conocido-lo desconocido, en la que el *Otro cultural* siempre ocupa el segundo lugar de las mismas (Noriega, 1992). Los bandidos, los forajidos, los desposeídos, los contrabandistas, las mestizas, las tunantas, etc. son personajes que proliferan en un contexto casi siempre caracterizado por el peligro, la violencia, la volatilidad y las relaciones desiguales. No es casual que muchos de los clásicos del *western* dirigidos por nombres tan ilustres como John Ford, Robert Aldrich o Sam Peckinpah recurran a esta galería de personajes estereotipados en muchas de sus películas. En opinión de Ramírez Berg, estas obras han servido para denigrar históricamente a los latinos al presentarlos casi siempre como "malvados bandidos o prostitutas mestizas" (2002:

31). Como este autor, siguiendo los pasos de Homi Bhabha (1999: 66-84), también indica, los estereotipos evolucionan a lo largo del tiempo y adquieren nuevas formas que, aunque retienen parte de su rigidez primigenia, los convierte en constructos más contradictorios que oscilan entre el escarnio y el deseo. En los siguientes apartados se observará que, en efecto, si bien es cierto que las dos películas aquí analizadas contienen elementos reconocibles de tradiciones fílmicas que, por lo general, han representado al *Otro cultural* como carente de integridad, clarividencia moral, ética de trabajo, autosuficiencia o de merecer confianza, también incluyen algunos elementos de resistencia y autoafirmación que contribuyen a entender los estereotipos como potencial fuente de "ambivalencia *productiva* del objeto del discurso colonial" (Bhabha, 1994: 67 [cursivas en original]).

3. Elementos heredados de la tradición del género

Llegados a este punto, el lector podría plantearse con toda la razón del mundo: ¿por qué elegir dos películas pertenecientes a géneros tan diferentes como el *western* y la ciencia-ficción? ¿No hubiese sido más sencillo elegir dos filmes enraizados en la misma tradición y que por lo tanto recurren a estilos y convenciones más parecidos? En principio, estas preguntas tienen todo su sentido pues, en efecto, cada género es "un sistema de códigos, convenciones y estilos visuales que permiten al espectador determinar con rapidez y cierta perspicacia el tipo de relato que están viendo" (Turner, 1993: 85). Así, por ejemplo, la mayoría del público familiarizado con los *westerns* son conscientes de que sus tramas suelen venir articuladas en base a unas simples oposiciones binarias: civilización frente a salvajismo, los buenos frente a los malos, los fuertes vs. los débiles, los justos vs. los perversos, etc. Sin embargo, es también evidente que estas mismas dicotomías son perfectamente trasladables a otros géneros y espacios sin que las dinámicas básicas se vean sustancialmente alteradas (cf. Wood, 2018: 79). No es sorprendente que buena parte de los estudios más reseñables sobre géneros fílmicos suelan partir de análisis de corte antropológico (Claude Lévi-Strauss), folclórico (Vladimir Propp) o mítico-semiótico (Roland Barthes) de las narrativas tradicionales (Metz, 1975: 121-150). En esta línea, el análisis de la morfología del cuento de Propp ha sido aplicado con notable éxito a películas tan dispares como *Centauros del desierto* (1956) o la saga de *La guerra de las galaxias* (1977-2005). Así pues, la decisión de embarcarnos en el estudio de dos películas tan distintas está justificada por dos motivos bien diferentes. De una parte, se observará que nos topamos con elementos estructurales que, debido sobre todo al contexto en que tienen lugar las historias, resultan perfectamente comparables. Por otro lado, es también curioso constatar que la aparición de estereotipos tiene tantas probabilidades de surgir en películas de corte dramático-realista como en aquellas otras de estilo más expresionista-fantástico. Este hecho nos remite a algunas teorías psicológicas sobre la formación de los estereotipos que la vinculan a un periodo en nuestra infancia en que "la estructura profunda de nuestro sentido del ser y del mundo se construye sobre la imagen ilusoria de un mundo dividido en dos facciones, 'nosotros' y 'ellos'" (Gilman, 1983: 20). Para Sander Gilman y otros muchos autores, los estereotipos van a surgir inevitablemente en todo tipo de textos –ya sean literarios, fílmicos o de otras clases– pues "la creación de esos textos es un intento de conseguir una sensación de control" sobre los *Otros* (26-27). Como veremos a continuación, ya se trate de una película del oeste o de una distopia futurista, lo que parece subyacer y justificar la aparición de estructuras estereotípicas es la negación o represión por parte de sociedades enteras de sus propias tendencias negativas, asignándolas a un *Otro cultural* (cf. Wood, 2018: 75-76).

Existen varias razones para emparentar *Los tres entierros* con la tradición del *western*. Por un lado, un sucinto repaso a las reseñas de la película revela que en prácticamente todas ellas se hace referencia y se compara el filme de Jones a clásicos del género: *Rio Grande* (1950), *Sed de mal* (1958) o *Quiero la cabeza de Alfredo García* (1974). French concluía en su reseña que el director tejano había hecho un "excelente western moderno" utilizando uno de los motivos más recurrentes es esa tradición: "el derecho de todo ser humano a ser enterrado con dignidad, ya sea en las llanuras o en cualquier pueblo fronterizo" (2006). Si bien el título de la película se hace eco de este motivo recurrente, hay toda una serie de elementos estructurales y de caracterización que permiten analizar *Los tres entierros* a través del prisma genérico del western. Para empezar, habría que referirse a los inhóspitos parajes del desierto y las montañas que sirven de escenario y refuerzan las tensiones que se producen entre los personajes. Tanto la fotografía de Chris Menges como los sonidos asociados a estos paisajes tan desoladores introducen al espectador en un mundo en el que la pura supervivencia se convierte en un reto (cf. Ibarrola-Armendariz, 2013: 154-155). Además, otro aspecto de la película de Jones que la conecta claramente con la tradición del *western* es el uso extremadamente económico y frugal del lenguaje. En palabras de Jane Tompkins, "los Westerns desconfían del lenguaje. Una y otra vez se crean situaciones cuyo mensaje es que las palabras son frágiles y equivocas, sólo las acciones cuentan; las palabras son inmateriales, sólo los objetos son reales" (1992: 49). Evidentemente, una de las consecuencias lógicas de este empleo tan reducido de los diálogos es que la mayoría de los personajes llevan unas vidas aisladas y llenas de soledad que desembocan con demasiada frecuencia en la pura desesperación. Llama la atención que las únicas conversaciones que adquieren cierta profundidad en *Los tres entierros* sean entre Perkins, el capataz, y Estrada, su subordinado en el rancho, lo cual crea un vínculo muy especial entre ambos (cf. Feinberg, 2006). Por último, dos motivos que también ligan a la película de Jones con la mitología y los estereotipos del *western* son la destacada presencia de la violencia y la muerte, así como la sed de justicia. Richard Slotkin (1996: 517-568) y otros críticos culturales han insistido en la importancia de estos tropos para llegar a entender la mentalidad de los estadounidenses, sobre todo en lo que respecta en sus relaciones con los *Otros culturales*. En este sentido, resulta natural que *Los tres entierros* acabe siendo un relato de venganza en el que el vaquero solitario, las fuerzas del orden –casi siempre inefectivas– y la presencia de los "atravesados" tengan un papel muy destacado en la historia. Como bien explica Samuel Manickam, esto la convierte en un *western* contemporáneo en el que algunos de los estereotipos tradicionales se ven profundamente trastocados por nuevos fenómenos transnacionales y más paradójicos en la frontera entre México y los Estados Unidos (2009: 128).

La crítica cultural y teórica de los medios Vivian Sobchack explica que la ciencia-ficción como género fílmico tiende a utilizar "métodos empíricos y ciencia especulativa" para intentar abordar problemas sociales contemporáneos y ayudarnos a lidiar con sus paradojas (1997: 63). Buena parte de las reseñas de *Monsters* apuntaban en esa misma dirección al describirla como una especie de "misión de reconocimiento que explora la delgada línea existente entre nuestros privilegios y nuestros prejuicios" (Atkinson, 2011: 32). Al igual que ocurre con la película de Jones, la de Edwards también emplea muchos de los códigos y convenciones que son característicos de los filmes de monstruos y alienígenas para dramatizar de hecho "la lucha por reconocer todo aquello que nuestra civilización reprime y oprime" (Wood, 2018: 79). Numerosos estudios han demostrado que filmes clásicos del género como *La isla de las almas perdidas* (1932) o *King Kong* (1933) retratan al monstruo como extranjero y salvaje, exagerando a menudo aquellos rasgos que nos resultan incomprensibles o inaceptables en nuestras culturas. En una entrevista con Heather Wixson (2011), el propio Edwards confesó a la reportera que se vio altamente sorprendido por los subtextos –algunos relacionados con la inmigración, otros con el armamentismo– que muchos espectadores descubrieron en su obra y de los que él no era para nada consciente. Lo que parece indudable es que buena parte de esos subtextos derivan precisamente de la utilización que el director hace de ciertos motivos y estereotipos que son típicos en muchas otras películas del género. Así, por ejemplo, dentro de las visiones más distópicas de la ciencia-ficción, los relatos sobre invasiones alienígenas de la tierra se han convertido en un subgénero en sí mismas. Desde *La guerra de los mundos* (1950) y *La invasión de los ladrones de cuerpos* (1956) hasta *Independence Day* (1996) el tropo de las invasiones por seres extraterrestres ha sido una de las fórmulas más utilizadas para representar "el miedo hacia los Otros" (cf. Wood, 2018: 80). Por lo general, estos relatos incluyen también toda una galería de personajes –que pueden ir desde el traidor hasta el intermediario corrupto– que responden a actualizaciones de algunos estereotipos en la literatura clásica. Además, en el caso de *Monsters* nos encontramos con toda una serie de estructuras e instituciones –desde el aparato militar hasta los medios de comunicación– que pueden interpretarse como los verdaderos "monstruos" que amenazan nuestra supervivencia tanto o más que las criaturas alienígenas (Combe, 2015: 1012). Un aspecto que distingue la película de Edwards de otras muchas en el género es el hecho de que el espectador se preocupa no tanto por la supervivencia de la estirpe humana en su conjunto, sino más bien por el destino de los dos protagonistas principales. Sin embargo, como Phillips (2000: 65) y otros expertos han señalado, es también relativamente común que en estos largometrajes uno o una pareja de personajes se conviertan en índices –o sinécdoques– de todo un grupo al que representan. Como veremos más adelante, el hecho de que Andrew y Sam puedan ser vistos como representantes del género humano permite a Edwards reflexionar sobre las contradicciones y tensiones que con inusitada frecuencia surgen en territorios fronterizos (Deleyto, 2020: 334-336).

Como afirma Turner (1993), es necesario estudiar los géneros fílmicos en detalle para intentar comprender sus variaciones: "Ese estudio revelará lo dinámicos que pueden llegar a ser los géneros, cómo cambian constantemente, y se reinventan; los géneros son el producto de una negociación a tres bandas entre el público, los directores y los productores" (1993: 38). En efecto, a pesar de que, como ya hemos visto en este apartado, las películas de Jones y de Edwards siguen manteniendo una serie de motivos y personajes perfectamente reconocibles en sus propios géneros, no es menos cierto que ambos directores introducen aspectos innovadores en esas tramas y estereotipos que problematizan la interpretación de los mismos. No cabe duda de que algunos de esos estereotipos seguirán siendo interpretados de forma mayormente negativa, como muchos de los estudios clásicos sobre el fenómeno ya auguraban (cf. Katz y Braly, 1933; Tajfel, 1981). Así, no es de extrañar que aquellos personajes que cruzan la frontera ilegalmente en la película de Jones o las criaturas alienígenas en la de Edwards sean todavía percibidos con mucho recelo por numerosos espectadores y sean asociados a las connotaciones perversas vinculadas a lo desconocido. Estos personajes residen en las "fronteras de la diferencia" y representan los peligrosos "límites de lo posible", convirtiéndose así en "creaciones imaginativas que sirven para que el público se mantenga dentro del perímetro de las creencias y hábitos ratificados por la sociedad" (Cohen, 1996: 12). Sin embargo, como se verá a continuación, tanto las expectativas de los espectadores como los nuevos posicionamientos de algunos directores están sirviendo para cuestionar e incluso socavar buena parte de los significados asociados a esos estereotipos –del extranjero– en épocas pasadas (cf. Cortés, 2000). Pero sería un tanto iluso suponer que toda una serie de poderes fácticos –como el gobierno norteamericano, la industria armamentística, algunos medios de comunicación o la propia industria del cine– no van a seguir proyectando y reproduciendo prácticas significativas del pasado que continuarán justificando una visión y un tratamiento del *Otro cultural* que tienden a perpetuar su marginación y exclusión en distintas esferas sociales.

4. Cuestionando y subvirtiendo estereotipos en relatos alternativos

Si bien es cierto que, como se señalaba anteriormente, una buena parte de las reseñas de ambas películas se refieren a la "deuda" que las dos tienen con algunos de los clásicos de sus respectivos géneros, no lo es menos que algunas de esas mismas reseñas destacan que ambos largometrajes incorporan elementos originales que llevan a ambos géneros hacia nuevos derroteros (Kitses, 2006; Atkinson, 2011). En este sentido, estos críticos y analistas las alaban por contribuir a dar un nuevo giro –como también lo hicieron *Érase una vez en México* (2003) o *Distrito 9* (2009)– a géneros cinematográficos que para algunos estaban ya exhaustos. Buena parte del éxito de ambas producciones a la hora de generar tramas y arquetipos originales está íntimamente ligado a las nuevas dinámicas que se producen en territorios fronterizos y que se recogen en ellas. Oscar Martínez ha señalado que "el aislamiento, las laxas instituciones, las débiles estructuras administrativas y unas expectativas laborales a menudo distintas llevan a la gente que viven en la periferia a desarrollar estrategias improvisadas para resolver sus problemas y mantener unas relaciones más fluidas a través de la frontera" (2006: 4). Tanto el *post-western* de Jones como la atípica película de monstruos alienígenas de Gareth nos trasladan a unos entornos donde lejos de prevalecer distinciones y diferencias se observan claros signos de interacción étnica, procesos de hibridación cultural y todo tipo de movilidades y transferencias económicas y sociales. Anzaldúa se refiere a la aparición de una "nueva consciencia mestiza": "Soy el producto de un amasamiento, de una unión y una mezcla que no solo ha producido una criatura de la oscuridad y una de la luz, sino también una criatura que cuestiona las definiciones de la luz y la oscuridad, y les otorga nuevos significados" (1987: 81). Sin lugar a dudas, uno de los ejemplos más evidentes de este tipo de procesos en la película de Jones es la estrecha amistad que surge entre Melquiades y Peter Perkins que, según varios críticos, puede incorporar matices de parentesco o incluso de homosexualidad. Lo que parece indudable es que esta relación –que implica lealtad, confianza mutua e interconexión– desmonta moldes tradicionales del estereotipo del vaquero y del "espalda mojada" (Jones, 2005). Algo parecido cabría afirmar de las relaciones de Sam y Andrew con los lugareños que les ayudan a llegar hasta los límites de la Zona Infectada. A pesar de que Sam pueda parecer responder al principio al estereotipo de la rubia guapa y adinerada del norte, como indica Combe, "ella nunca se comporta de forma petulante o paternalista. Ni tampoco se siente superior a los mexicanos. Bien al contrario, parece sentirse cómoda con esta gente y su cultura" (2015: 2016). Por supuesto, el hecho de que tanto ella como Perkins en *Los tres entierros* puedan comunicarse con relativa fluidez en español es un puente importante que les permite conectar con los "vecinos" del sur de forma más estrecha y fraternal. Varios especialistas han subrayado la importancia de que ambas películas puedan considerarse bilingües ya que para seguir sus líneas argumentales en toda su complejidad es preciso llegar a apreciar el papel que ambos idiomas juegan en las relaciones de los personajes (Carter, 2012: 1; Deleyto, 2020: 335). Como la mayoría de los teóricos de la frontera, Anzaldúa da gran peso al contacto y los intercambios entre distintas lenguas en estos contextos al estar estas en la raíz misma de esas identidades híbridas por las que ella aboga (1987, pp. 55-60) y que, sin duda, contribuyen al cuestionamiento de diferenciaciones y estereotipos.

Además de utilizar de forma innovadora y productiva algunos de los fenómenos que son característicos de los territorios fronterizos, como el transnacionalismo o las identidades múltiples, tanto Jones como Edwards recurren en sus películas a unos recursos narrativos que pueden llegar a desorientar a los espectadores al regular de forma muy consciente el tipo de información con la que cuentan para interpretar y evaluar el comportamiento de los personajes en distintos momentos de los relatos. En el caso del largometraje de Jones, la mayoría de los críticos atribuyen los saltos en el tiempo y las discontinuidades en la historia –sobre todo en la primera mitad de la película– a la intervención del guionista, Guillermo Arriaga, que ha convertido estas rupturas y digresiones en una especie de marca de la casa. A este respecto, Feinberg señala que "la trama de esta película no contiene los suficientes secretos y misterios como para justificar esos *flashbacks* y saltos en el tiempo que a veces ralentizan en exceso el ritmo de la acción" (2006; [cursivas propias]). *Los tres entierros* podría haber recurrido a una narración más lineal de la historia sin que el mensaje final de la misma se hubiera visto muy modificado. Sin embargo, Matthew Carter y otros analistas han manifestado que esas discontinuidades en la trama resultan fundamentales tanto para conseguir que el espectador escape de las coordenadas de "espacio" y "tiempo" que son típicas en filmes más convencionales, como para advertirle de los "imponderables" que con frecuencia dictan los destinos de los distintos personajes (Carter, 2012: 6-7). Resulta interesante, por ejemplo, ver cómo la fuerte animadversión inicial entre los personajes de Perkins y Norton se va deconstruyendo como resultado de una serie de encuentros fortuitos –con eremitas, "coyotes", ilegales o curanderas– que les hacen conscientes de su vulnerabilidad y de los rasgos que les unen, a pesar de sus muchas diferencias. Para Phillip French, el "ritmo pausado y la estructura un tanto laberíntica" de la película están perfectamente justificados por esa necesidad de que el espectador deje atrás muchas de sus preconcepciones sobre los personajes (2006). Algo parecido cabría afirmar de *Monsters* que, al contrario que muchas películas recientes de ciencia-ficción –más interesadas en la acción frenética y los efectos especiales–, se centra en profundizar en la relación de los dos protagonistas e indagar en cómo esta se ve afectada por el difícil entorno. Deleyto explica en su artículo que Edwards es un auténtico maestro a la hora de combinar técnicas de cine documental con efectos visuales generados por ordenador o grabaciones directas de audio con diálogos añadidos posteriormente para construir un espacio cinematográfico y una narrativa no solo convincentes, sino que "facilitan una comprensión diferente de la humanidad, la individualidad y la identidad" (2020: 340). Este hecho no solo convierte a *Monsters* en un filme bastante "más reflexivo y menos beligerante" de lo que es habitual en películas fantásticas sobre monstruos alienígenas (cf. Atkinson, 2011: 33), sino que además permite al público darse cuenta de los muchos prejuicios y estereotipos con los que habitualmente nos aproximamos a este género. Al referirse al "discurso colonial", Bhabha observa sobre este mismo punto que, "como forma de separación y creación de dicotomías, el estereotipo requiere, para su efectiva significación, una constante y repetitiva cadena de otros estereotipos" (1994: 77).

Hasta aquí hemos visto que las relaciones interpersonales entre los personajes principales juegan un papel fundamental a la hora de ayudar al espectador a trascender muchas de las convenciones y presunciones con las que descodifican estás películas. Sin embargo, no conviene olvidar que esos personajes, además de sujetos individuales, vienen también marcados por sus roles en la sociedad que, en muchos casos, también condicionan el papel y la función que van a desempeñar en una película. Will Wright (1975), por ejemplo, en su ya clásico estudio sobre la evolución del *western,* asigna un papel capital en el desarrollo del género –desde el "clásico", pasando por el de "transición", hasta el "profesional"– a la relación que el héroe mantiene con la sociedad y con el sistema jurídico vigente. Como bien explica Turner, "Existe una clara tentación de relacionar esos cambios en los rasgos del género con un punto de vista sobre el contexto social en los EE.UU., y con las ideologías que lo construyen en cada momento" (1993: 93). Estas ideas resultan especialmente fructíferas en el análisis de largometrajes como *Los tres entierros* y *Monsters* en los que resulta relativamente sencillo ver a casi todos los personajes como iconos o representantes de distintos colectivos sociales. En este sentido, Manickam hace notar que en el pueblo Van Horn, Texas, "las dos empresas más importantes del lugar tienen que ver con los inmigrantes mexicanos –la patrulla de la frontera y los grandes ranchos" (2009: 129) y las posiciones de los personajes principales en esas empresas determinan su relación con Melquiades. Sin embargo, uno de los sentidos fundamentales del viaje de Perkins, Norton y el difunto vaquero mexicano a través de la frontera es precisamente convencer al espectador de lo equivocadas y resbaladizas que pueden ser las posiciones iniciales de los personajes. Tanto el director como el guionista de la película explican en los extras sobre el rodaje que el objetivo último de ese viaje es "indagar en el alma humana" para ver cómo puede verse transformada por ciertas experiencias y contactos (Jones, 2005). Algo parecido ocurre con los dos protagonistas de *Monsters*, que se ven obligados a redefinir sus visiones del *Otro cultural* y de los propios monstruos desde sus perspectivas como fotoperiodista y turista a medida que avanzan por el país vecino y por la Zona Infectada. Combe mantiene que, "al igual que en el relato de Conrad, el viaje de Sam y Andrew hacia el corazón de las tinieblas revela que el verdadero origen de la oscuridad está en el colonialismo de los occidentales, y no en el primitivismo de los Otros (ya sean mexicanos o criaturas extraterrestres)" (2009: 2016). Para este crítico, la verdadera lección que la película de Edwards imparte tiene mucho que ver con la transformación que Andrew y Sam experimentan al tener que dejar atrás sus roles y presuposiciones provenientes de la sociedad a que pertenecen.

Para concluir, solo un par de ideas importantes sobre las películas de Jones y Edwards que pueden explicar algunos de los giros y cuestionamientos anteriormente descritos en sus obras. En ambos casos se trataba de las *óperas primas* de los dos directores y ambos pusieron el énfasis en varias entrevistas en que querían escapar a los márgenes que las respectivas tradiciones cinematográficas podían imponer a sus visiones (Ciment y Niogret, 2005: 9; Wixson, 2011). Por ello, no solamente utilizan formulas narrativas e innovaciones estilísticas –desde el registro musical hasta algunos efectos especiales– que subvierten explícitamente muchos de los lugares comunes y estereotipos habituales de esos géneros, sino que proponen relatos alternativos para entender las relaciones humanas en zonas de contacto cultural. En palabras de Atkinson, la película de Edwards está llena de ambivalencias que hacen que el espectador reflexione sobre "nuestra delirante obsesión por el control, nuestros miedos a fenómenos naturales y a lo diferente, nuestra indiferencia hacia la gente de otras culturas y el inmenso pavor que sentimos cuando nuestro dominio se muestra frágil ante determinados procesos" (2011: 33). Prácticamente todos los críticos han coincidido en destacar que los finales de ambas películas dejan a los espectadores incómodos porque no pueden "agarrarse" ni a las convenciones interpretativas tradicionales, ni a los valores que pudieran derivarse de nuestras ideas del honor, la lealtad o la justicia. Como Bhabha explica, "nuestros conocimientos estereotípicos, teorías racializadas y legados colonialistas están en la base misma de las ideologías políticas y culturales" que nos ayudan a explicar –y justificar, a veces– la realidad y ciertos comportamientos (1994: 83). Cuando algunas obras artísticas o artefactos culturales ponen en entredicho muchos de esos parámetros, resulta del todo normal que aparezca ese sentimiento de intranquilidad que invade a muchos espectadores al final de estas películas.

6. Breves reflexiones finales

En el capítulo final de su libro sobre la imagen de los *Latinos* en el cine –titulado "¿El final de los estereotipos?"–, Ramírez Berg (2002) se pregunta hasta qué punto la representación de este colectivo en el séptimo arte ha cambiado a principios del siglo XXI. Su respuesta es un tanto ambigua ya que, mientras señala que la creciente presencia de actores, guionistas, directores y productores con raíces en este grupo garantiza que sus representaciones fílmicas y su importancia se ajustarán cada vez más a las realidades del futuro, parece también inevitable que ciertos estereotipos de este grupo social sigan emergiendo en las películas (2002: 270). En efecto, la experiencia histórica de otros grupos –como los irlandeses o los afroamericanos– apunta a que, si bien se han dado pasos significativos a la hora de reconfigurar la imagen que de estos colectivos proyecta la industria cinematográfica, no resulta sencillo escapar de las convenciones, estructuras de poder/conocimiento e ideologías que con frecuencia construyen los relatos fílmicos. No cabe duda de que *westerns* como *Lone Star* (1996) de John Sayles o *Brokeback Mountain* (2005) de Ang Lee, al igual que películas recientes de ciencia-ficción como *V de Vendetta* (2006) o *Hijos de los hombres* (2006) de Alfonso Cuarón, han servido para dar un giro importante a los tropos y estereotipos que suelen aparecer en ambos géneros. Como Noriega ya indicaba hace más de tres décadas, "el cine puede convertirse en un importante actor social al transformar la percepción que la audiencia tiene de algunos grupos humanos" que históricamente han sido vilipendiados por la industria cinematográfica (1992: 3). Este trabajo muestra que no es tarea fácil abstraerse de todas las convenciones y prejuicios –tanto textuales como contextuales– que con demasiada frecuencia gobiernan el arte de contar historias en determinados contextos –sobre todo, cuando esos entornos son terriblemente volátiles y conflictivos– (cf. Ibarrola-Armendariz, 2013: 164). Nuestro análisis de *Los tres entierros de Melquiades Estrada* y de *Monsters* revela la capacidad de las películas para hacer que sus espectadores se vean obligados –o al menos animados– a percibir a determinados grupos humanos desde una perspectiva ciertamente diferente. Como Carter concluye respecto a la película de Jones, "*Los tres entierros* subvierte muchos de los tropos y estereotipos tradicionales de la frontera y [...] y sugiere un relato más amplio e inclusivo de los fenómenos que se producen en ese controvertido territorio" (2012: 16).

En la introducción de este capítulo ya se adelantaba que las películas no pueden aspirar a tener el mismo impacto que algunas medidas políticas o propuestas legislativas tienen en el trato que algunos colectivos reciben en nuestra sociedad. Sin embargo, Bhabha subraya que "el repertorio de posiciones de poder y resistencia, de dominio y dependencia que el sujeto de enunciación construye" en estas obras tiene gran efectividad a la hora de definir la respuesta del público a "algunos personajes típicos y estereotipos en el discurso colonial" (1994: 67). Si se tiene en cuenta que entre el 80 y el 85% del mercado internacional del cine está copado por el que nos llega desde Hollywood, es importante que directores como Jones y Edwards sigan haciendo películas que cuestionen y dejen atrás esos estereotipos tradicionales (cf. Lee, 2008: 395). Si, además, lo hacen desde lo que Eric Williams ha llamado los "supergéneros" cinematográficos, esto es, esas categorías de narrativas fílmicas que tienden a ser especialmente preferidas por los espectadores, es indudable que su impacto será más significativo (2017: 21). El objetivo fundamental de nuestro trabajo no ha sido otro que visibilizar esos esfuerzos de algunos artistas por transformar, en lo posible, nuestra percepción de algunos colectivos sociales al desmontar y poner en entredicho algunos de los estereotipos tradicionales de los mismos.

7. Referencias bibliográficas

Allport, Gordon W. (1954). *The Nature of Prejudice*. Addison-Wesley Publishing Company.

Anzaldúa, Gloria (1987). *Borderlands/La Frontera: The New Mestiza*. Aunt Lute Books.

Atkinson, Michael (2011). "Gareth Edwards' Monstrous Realism". *In These Times*, February 28, 2011, 32-33. https://inthesetimes.com/article/gareth-edwards-monstrous-realism

Bhabha, Homi K. (1994). *The Location of Culture*. Routledge.

Bogle, Donald (1973). *Toms, Coons, Mulattos, Mammies and Bucks: An Interpretative History of Blacks in American Films*. Viking Press.

Carter, Matthew (2012). "'I'm Just a Cowboy': Transnational Identities of the Borderlands in Tommy Lee Jones' *The Three Burials of Melquiades Estrada*". *European Journal of American Studies*, (7, 1), 1-18. https://journals.openedition.org/ejas/9845

Ciment, Micheal y Niogret, Hubert (2005). "Entretien avec Tommy Lee Jones: Je vis dans une société bi-culturelle". *Positif*, (538, December), 8-14.

Combe, Kirk (2015). "Homeland Insecurity: Macho Globalization and Alien Blowback in *Monsters*". *The Journal of Popular Culture*, (48, 5), 1010-1029.

Deleyto, Celestino (2020). "Wonderland: The Digital and the Cosmopolitan at the Borderlands in *Monsters*". *New Review of Film and Television Studies*, *18* (3), 325-344.

Dell'Agnese, Elena (2005). "The US-Mexican Border in American Movies: A Political Geography Perspective". *Geopolitics*, 10, 204-221.

Derrida, Jacques (1972). *Positions*. University of Chicago Press.

Douglas, Mary (1966). *Purity and Danger*. Routledge and Kegan Paul.

Du Gay, Paul, Hall, Stuart, Janes, Linda, MacKay, Hugh, y Negus, Keith (1997). *Doing Cultural Studies: The Story of the Sony Walkman*. Sage/The Open University.

Dyer, Richard (1977). *Gays and Film*. British Film Institute.

Edwards, Gareth (2010). *Monsters*. Vertigo Films.

Feinberg, Lexi (2006). "Review of *The Three Burials of Melquiades Estrada*". *Cinema* Blend.com, May, 2006. https://www.cinemablend.com/reviews/

Three-Burials-Melquiades-Estrada-1422.html Recuperado el 4 de diciembre de 2024.

Fiske, Susan T. (1998). "Stereotyping, Prejudice, and Discrimination." In Daniel T. Gilbert, Susan T. Fiske y Gardner Lindzey (coord). *The Handbook of Social Psychology*, vol. 2, 4th edition, pp. 357-411. McGraw-Hill.

French, Philip (2006). "*The Three Burials of Melquiades Estrada*: Even Death Is No Guarantee of Peace in Tommy Lee Jones' Sublime Tex-Mex Odyssey". *The Guardian,* April 2, 2006. https://www.theguardian.com/film/2006/apr/02/philipfrench9 Recuperado el 4 de diciembre de 2024.

Ibarrola-Armendariz, Aitor (2013). "On Third Thoughts: The Ambivalence of Border Crossing in Tommy Lee Jones' *The Three Burials of Melquiades Estrada*". *Journal of English Studies*, (11), 149-167.

Jones, Tommy L. (2005). *Los tres entierros de Melquiades Estrada*. Europa Corp y The Javelina Film Company.

Katz, Daniel y Braly, Kenneth W. (1935). "Racial Prejudice and Racial Stereotypes". The Journal of Abnormal and Social Psychology, (30, 2), 175-193.

Kitses, Jim (2006). "Days of the Dead". *Sight and Sound Magazine*, (16,4): 14-18.

Lee, Kevin (2008). "'The Little State Department': Hollywood and the MPPA's Influence on U.S. Trade Relations". *Northwestern Journal of International Law and Business*, (28, 2), 371-397.

Limerick, Patricia (2000). *Something in the Soil: Legacies and Reckonings in the New West*. W.W. Norton y Co.

Manickam, Samuel (2009). "Los encuentros entre México y los Estados Unidos en *Spanglish* y *Los tres entierros de Melquiades Estrada*". *Filología y Lingüística*, (35, 2), 127-134.

Martínez, Oscar J. (2006). *Troublesome Border*. Revised edition. The University of Arizona Press.

Metz, Christian (1975). *Language and Cinema*. Praeger

Noriega, Chon A., ed. (1992). *Chicanos and Film: Representation and Resistance*. University of Minnesota Press.

Ono, Kent A. y Sloop, John M. (2002). *Shifting Borders: Rhetoric, Immigration and California's Proposition 187*. Temple University Press.

Phillips, Patrick (2000). *Understanding Film Texts: Meaning and Experience.* British Film Institute Publishing.

Pratt, Mary Louise (1992). *Imperial Eyes: Travel Writing and Transculturation.* Routledge.

Ramírez Berg, Charles (2002). *Latino Images in Film: Stereotypes, Subversion, and Resistance.* (Texas Film and Media Studies Series). University of Texas Press.

Said, Edward W. (1978). *Orientalism.* Random House.

Serna, Laura Isabel (2014). *Making Cinelandia: American Films and Mexican Film Culture before the Golden Age.* Duke University Press.

Silberg, Jon (2010). "DIY or Die: Gareth Edwards Brings Monsters to Life". *Videography*, November 2010, 20-22.

Slotkin, Richard (1996). *Regeneration through Violence: The Mythology of the American Frontier, 1600-1860.* Harper Perennial.

Sobchack, Vivian Carol (1997). *Screening Space: The American Science-Fiction Film.* Rutgers University Press.

Tajfel, Henri (1981). "Social Stereotypes and Social Groups". En John C. Turner y Howard Giles. *Intergroup Behaviour*, pp. 144-167. Blackwell.

Tompkins, Jane (1992). *West of Everything: The Inner Life of Westerns.* Oxford University Press.

Turner, Graeme (1993). *Film as Social Practice.* Routledge.

Williams, Eric R. (2017). *The Screenwriters Taxonomy: A Roadmap to Collaborative Storytelling.* Routledge.

Wixson, Heather (2011). "Exclusive: Gareth Edwards Talks *Godzilla* and a Sequel to *Monsters*!". Dread Central, February 2, 2011. https://www.dreadcentral.com/news/22086/exclusive-gareth-edwards-talks-godzilla-and-a-sequel-to-monsters/. Recuperado el 4 de diciembre de 2024.

Wood, R. (2018). *Robin Wood on the Horror Film: Collected Essays and Reviews.* Wayne State University Press.

Wright, Will (1975). *Six Guns and Society: A Structural Study of the Western.* University of California Press.

Yuen, Nancy Wang (2016). *Reel Inequality: Hollywood Actors and Racism.* Rutgers University Press.

Anexo:

Películas sobre territorios fronterizos en este capítulo

Blomkamp, Neill, dir. (2009). *Distrito 9*. Wingnut Films et al.

Cuarón, Alfonso, dir. (2018). *Hijos de los hombres*. Universal Pictures.

Cooper, Merian C., dir. (1933). *King Kong*. RKO Radio Pictures.

Edwards, Gareth, dir. (2010). *Monsters*. Vertigo Films.

Emmerich, Roland, dir. (1996). *Independence Day*. Centropolis Entertainment.

Ford, John, dir. (1956). *Centauros del desierto*. Warner Bros.

———, dir. (1950). *Rio Grande*. Argosy Pictures.

Haskin, Byron, dir. (1953). *La guerra de los mundos*. Paramount Pictures.

Jones, Tommy Lee, dir. (2005). *Los tres entierros de Melquiades Estrada*. Europa Corp y The Javelina Film Company.

Kenton, Erle C., dir. (1932). *La isla de las almas perdidas*. Paramount Pictures.

Lee, Ang, dir. (2005). *Brokeback Mountain* (*En terreno vedado*). Focus Features.

Lucas, George, dir. (1977). *La guerra de las galaxias. Episodio IV: Una nueva esperanza*. 20th Century Fox.

McTeigue, James, dir. (2006). *V de Vendetta*. Warner Bros.

Peckinpah, Sam, dir. (1974). *Quiero la cabeza de Alfredo García*. United Artists.

Rodríguez, Robert, dir. (2003). *Érase una vez en México*. Columbia Pictures.

Sayles, John, dir. (1996). *Lone Star*. Castle Rock Entertainment.

Siegel, Don, dir. (1956). *La invasión de los ladrones de cuerpos*. Allied Artists.

Welles, Orson, dir. (1958). *Sed de mal*. Universal Picture